増訂版

# カント研究

## 批判哲学の倫理学的構図

*Studies on the Critical Philosophy of Kant*

鈴木文孝

以文社

# 序

本書は、旧版『カント研究――批判哲学の倫理学的構図』（一九八五年、初版。二〇二〇年、新装第二版）に加筆・補訂を施し、併せて補論「カントの自我論」、「補遺」（Notes）を増補した、同書の増訂版である。本書の初刊から既に三十九年を超える歳月が経過している。その間に、学術用語を含めて言葉の用法にも変化が見られる。その点をも考慮して、旧版の一文一文について用語法等を吟味して、自分としては最善の加筆・補訂を施したつもりである。なお、本版における増訂に伴い、書名の欧語表記を *Studies on the Critical Philosophy of Kant* に改めた。

巻末の「初出一覧」に掲記した諸論文（本書の第一章〜第六章に組み入れられている諸論文）は、初めから一書にまとめるつもりで執筆したものではないので、それらをまとめて一書の原稿を作成するためには、あるいは加筆を施し、あるいは大幅に書き改めることが必要であった。初版の「序」にも記したように、起稿当時、四十代前半であった私は、数年間、原稿作成の仕事に全力を集中した。原稿執筆の作業はそれ以降、現在に至るまで継続するのであるが、現在も自分が健康でいることができるのも、その時に身に付けた執筆作業への集中力のお蔭であると思っている。

岩波文庫の中村元訳『ブッダのことば――スッタニパータ――』（一九五八年。同書は一九八四年に、新版が刊行されている）を読んだのは三十代後半であった。本書、初版の執筆構想をまとめ始めた時期に重なる。私は同書に人生の拠りどころを学んできた。傘寿を迎えて以降、私は同書を始めとする初期仏教の経典に親しんでいる。仏典に即して言えば、衆生の迷妄の根源にあるのは「我執」・「妄執」である。ブッダの無我思想においても、カントの批判哲学においても、哲学の要諦は自我論である。本書に付論「カントの自我論」を増補した所以である。

今夏、私は満八十四歳の誕生日を迎えた。今般、以文社社長前瀬宗祐氏に旧版『カント研究』の増訂版の出版をお願いして、本書を制作していただいた。御尽力に衷心より感謝申し上げる。

二〇二四年七月二十四日

鈴木文孝

# 旧版（新装第二版）序

本書は、旧版『カント研究——批判哲学の倫理学的構図』（一九八五年第一刷）に同書の執筆構想をレジュメにまとめた旧稿「カント批判哲学の倫理学的構図」を〔付録〕として収録し、併せて旧版に若干の加筆を施した、同書の新装第二版である。

『カント研究——批判哲学の倫理学的構図』の初刊から、既に三十五年近い歳月が経過している。令和元年七月、私は傘寿を迎えた。同書の刊行後も、現在に至るまで、私はカント研究を主軸に、自分なりに哲学・倫理学の研究に携わってきたが、その際、私は思考が行き詰まる度ごとに、私にとって最初の単著の著書である『カント研究——批判哲学の倫理学的構図』に立ち返って、考究を続けてきた。その間に私は筑波大学に学位論文を提出して文学博士（論文博士）の学位を取得したが、私の博士学位論文『カント批判哲学の倫理学的研究』は、『カント研究——批判哲学の倫理学的構図』（同論文第一部）と『カント批判——場の倫理学への道』（同論文第二部）との二巻で構成されている。

自著の刊行に際しては、長年月にわたって以文社にお世話になってきた。本書の刊行を快諾してくださり本書の制作に万全の配慮をもって御尽力を賜った以文社社長前瀬宗祐氏に心よりお礼を申し上げる。

二〇一九年十二月十五日

鈴　木　文　孝

# 旧版（初版）序

本書は、私の既発表の論文を再構成し体系づけたものである。再構成の作業においては不要部分を削除し、論旨を一貫させるために加筆を施した。大幅に書き改めた部分もあるが、旧稿を全面的に書き改めることは不可能であったし、その必要も感じなかった。再構成の作業は初めに予期したようにはスムーズにははかどらなかったが、決して苦しい仕事ではなかった。二十歳の頃に着手したカント研究を通して自分なりに倫理学の体系の構築を目指してきたことがおぼろげながら自覚されて、ほのぼのとした気持が湧いてくるのである。全く無智、無才の私を一冊の書物をまとめることができるところまで育ててくださったのは、大学院修士課程博士課程在学時の恩師小倉志祥先生である。先生には今もなお御指導を賜り続けている。本書の構想をレジュメにまとめたものをお読みいただき、懇切な御教示を賜ったのは、昭和五十八年の夏であった。本書の出版についても配慮してくださった。昭和五十九年度の新学期からは、私は公務外の時間はできるかぎりこの作業に充てるよう心掛け、本書の完稿に最大限の努力を払った。

また、このような形で著作をまとめるよう御教導してくださったのは、筑波大学教授高橋進先生である。先生はお目に掛かる度、いつも温かく励ましてくださった。先生のお励ましがなかったならば、本書は生まれなかったであろう。

そして、全く無名の私の書物の出版を快諾してくださり本書の制作に万全の配慮をもって御尽力を賜った以文社社長井上智行氏に心よりお礼を申し上げる。

一九八五年初春

鈴　木　文　孝

# 増訂版　カント研究——批判哲学の倫理学的構図　目次

目　次

# Contents

# 凡　例

カントからの引用は原則としてアカデミー版「カント全集」により、同全集の巻数をローマ数字で、ページをアラビア数字で示した。ただ、本書の基になっている諸論文は長年月にわたって執筆されたものであるゆえ、エルトマン版の『純粋理性批判』、哲学文庫（フェリックス・マイナー書店）版のカントの諸著作、インゼル書店版「六巻本イマヌエル・カント著作集」により訳出した場合もある。それらについても巻数、ページはアカデミー版「カント全集」によって示した。ただし、『純粋理性批判』については第一版（A版）、第二版（B版）のページを示した。

また、ライプニッツからの引用は『形而上学叙説』、『理性に基づく自然と恩寵の原理』、『単子論』については哲学文庫（フェリックス・マイナー書店）の仏独対訳本

G. W. Leibniz: *Metaphysische Abhandlung*. Übers. u. hrsg. v. H. Herring.

G. W. Leibniz: *Vernunftprinzipien der Natur und Gnade / Monadologie*. Übers. v. A. Buchenau. Hrsg. v. H. Herring.

により、その他の著作についてはゲルハルト版「G・W・ライプニッツ哲学著作集」による。同著作集からの引用に際しては、巻数をローマ数字で、ページをアラビア数字で示した。訳出に際しては、岩波文庫の河野与一氏訳、ライプニッツ『形而上学叙説』、同氏訳、ライプニッツ『単子論』を参考にさせていただいた。

本書における引用箇所の傍点は必ずしも原文での強調部分に対応するものではなく、原則として著者の裁量で施したものである。また、〔　〕内の部分は、原文の文意を明確にするために著者が挿入した章句である。

なお、節（§）、ページ等を（以下……）と示す場合には、その「以下」は直前の文章を含むものとする。また、或る引用箇所だけが前後の引用箇所と異なる場合には、〈 〉で引用の巻数、ページ等を示した。

また、」や ）の後に語句が続く場合には、」や ）の前の句点は省略した。

巻末の参考文献に掲げた書物からの引用等については、第二版以後の出版年を記してあるものはその版によりページを示した。ただし、H. J. Paton: *The Categorical Imperative* (1947) については、巻末の参考文献欄には初版と第七版（一九七〇年）の版次を併記したが、同書を主要な参考文献としてまとめた旧稿「定言命法の諸法式」（一九六八年夏稿）の執筆に際しては、H・J・ペートン、同上書、第五版（一九六五年）を使用したので、同稿を収録した本書、第四章、第二節においては、直接には、同書、第五版により引用箇所、参考箇所のページを示してある。（ここでは版次による内容上の異同はないと思う。）

＊本書、二二四ページ、二一行目の、哲学者 J. MACMURRAY の人名表記に関して、〈J. Macmurray〉という表記には〈J. MacMurray〉という表記が用いられている場合があることに気づいた。したがって、同箇所については、〈J. Macmurray〉という表記に〈J. MacMurray〉という表記を併記して、〈J. Macmurray (J. MacMurray)〉という表記を用いることが可能であることを、ここに追記したいと思う。

# 第一章　ライプニッツの共同態理論

## 第一節　倫理的共同態の理念

カント（Immanuel Kant, 1724-1804）の批判哲学が、叡智的世界を開明《エアヘレン》しようとする根源的志向において、ライプニッツ＝ヴォルフ学派の形而上学に極めて親和的であることは、ハイムゼート（Heinz Heimsoeth, 1886-1975）がカント生誕二百年に寄せて学術誌「カント研究」一九二四年四月記念号等に発表した諸論文[1]で指摘して以来、カント解釈における定説になっている。批判哲学の端緒を開いた正教授就任論文『感性界と叡智界の形式と原理について』（*De mundi sensibilis atque intelligibilis forma et principiis*, 1770）にも、『純粋理性批判』（*Kritik der reinen Vernunft*, 1781――なお、第一批判の第二版の刊行は一七八七年であった）の完成を目指して苦闘していた時期のカントの形而上学の講義――それはペーリッツ編『イマヌエル・カントの形而上学講義』（以下『形而上学講義』（$L_1$）と記す）に再現されている――にも、我々はその親和性を窺うことができる。カントがライプニッツ＝ヴォルフ学派の《独断的形而上学 dogmatische Metaphysik》の完全な超克を成就したのは、『純粋理性批判』においてであった。ただし、《独断的形而上学》の完全な超克とはいっても、批判哲学そのものが、カントの晩年の未完成の懸賞論文『形而上学がライプニッツ及びヴォルフの時代以降ドイツでなした実際の進歩はいかなるものであるか？』――アカデミー版「カント全集」での標題は『形而上学の進歩についての懸賞論文』――における言葉で言うなら、「実践的＝定説的形而上学 praktisch-dogmatische Metaphysik」の構築を志向しているのであるから、『純粋理性批判』はライプニッツ＝ヴォルフ学派の形而上学を完全に払拭することを意図しているわけではない。《独断的形而上学》の批判によって却って力動的に浮上して来る形而上学的諸理念は、伝統的形而上学における諸理念と異なるものではない。

「倫理」とは、字義的には、「人倫共同態の理法」の謂である。ここにいう「人倫共同態」は、一つの規範理念である。それは、あらゆる人格の汎通的 durchgängig な倫理的共同態でなくてはならない。カントは、そのような規範理念としての倫理的共同態を構想し、その共同態 Gemeinschaft の理法として《倫理 Sittlichkeit》を捉えた。正教授就任論文においてカントは、叡智界に関して、叡智界の構成要素である単純実体相互間の普遍的・汎通的な交互作用 commercium（「普遍的」は「凡てにわたっての」、「汎通的」は「限無き」の意で用いる）は叡智界に《世界》としての統一が成立するために不可欠な要件であるとし、ライプニッツ（Gottfried Wilhelm Leibniz, 1646–1716）のいう「予定調和」とは単子相互間の単なる「観念的、共感的」な汎通的交互作用でしかないから、予定調和説によって叡智界の《世界》としての統一を基礎づけることは不可能である、と述べている。ただ、我々は次のことに留意しなくてはならない。すなわち、《世界》をその構成要素である単純実体相互間の普遍的・汎通的な交互作用の全体――その交互作用が「実在的、本性的」であれ、「観念的、共感的」であれ――として形而上学的に捉えるという発想は、ライプニッツの単子論に端を発しているということに。ライプニッツの単子論によれば、単子相互間の交互作用が「観念的、共感的」であるからこそ、宇宙には各単子の恣意性に妨げられないで「普遍的調和」が成立しているわけであるが、カントはライプニッツのそのような世界構造論をニュートン力学を念頭に置いて否定しているのである。

ライプニッツの予定調和説は、少なくとも私の立場から言えば、人間の共同態には適用できない。人間の共同態においてはそれぞれの人間が能動的な行為者なのである。人間の共同態は力動的 dynamisch な共同態である。それぞれの人間における認識作用 Erkennen・感得作用 Fühlen・意志作用 Wollen の究極的主観（主体）は、カントによれば、「超越論的主観（主体）」、すなわち超越論的統覚「我考う Ich denke」における《我》である。注意すべきは、デカルト（René Descartes, 1596–1650）も「思惟するもの」を、「疑い、理解し、肯定し、否定し、欲し、欲せぬ、さらに、想像し、感覚するもの」と定義していることである。[2] デカルトのいう »cogito« の中にもカントのいう超越論的統覚 »Ich denke« の中にも、人間のあらゆる精神的作用が包括されている。その点に限定して言えば、カントの超越論的統覚の概念はデカルトの »cogito« の概念の系譜上にある。もっとも、デカルトの視界には cogito 相互間の交互関係、すなわちフッサール（Edmund Husserl, 1859–1938）のいう「間主観性」の問題は入って来なかった。デカルトは »cogito« において「思惟実体」を把捉できたと考えて、»cogito« についてはそれ以上追究しなかった。『純粋理性批判』においてカントは、デカルトの実体論的な »cogito« 把握を払拭して、超越論的統覚「我考う」の作用性それ自体に即して「超越論的主観（主体）」の概念を確立した。その「超越論的主観（主体）」は「我考う」という「意識の単なる形式」（A382）における《我》であって、それ自体としては、シェーラー（Max Scheler, 1874–1928）のいう「具体的な作用中心」[3] としての《人格 Person》の作用性・力動性のエネルギーを具えてはいない。二十世紀の人間学を踏まえて言えば、その「超越論的主観（主体）」に作用性・力動性のエネルギーを供給するのは、S・フロイト（Sigmund Freud, 1856–1939）の精神分析理論で言えば »Libido« であるし、シェーラーの晩年の哲学的人間学で言えば »Leben（生）« である。[4] 人間の身体的・精神的エネルギーの本源を »Libido« と捉えるべきであるか »Leben« と捉えるべきであるかについては措くが、私は、人間の精神生活の基底に生理的エネルギーの働きを認めるS・フロイトやシェーラーの人間観を重視したい。カントにおいても、「超越論的主体」は自己の《身体》を媒介にして間主体的に《行為する handeln》

能動的な《人格》として捉えられている。だから、人間相互間の確執をも視界に入れる、力動的な人間共同態の理論が構築されなくてはならない。人間のそのような力動的共同態を倫理学的に理念化して「道徳的世界」（『純粋理性批判』の「純粋理性の規準」の章、『人倫の形而上学』第二部『徳論の形而上学的基礎論』）ないし「目的の王国」（『人倫の形而上学の基礎づけ』）という人間の倫理的共同態の規範理念を得、それに基づいて道徳法則・定言命法を法式化したのが、カントの倫理学であった。カント倫理学においては、諸人格の普遍的・汎通的な倫理的共同態の理念的基礎づけがその中心的課題であるが、そのようなカント倫理学の基本的構図を正確に把握するためにも、ライプニッツの共同態理論すなわち予定調和説について考察してみよう。

## 第二節　予定調和

「二つの大時計あるいは二つの懐中時計 deux horloges ou deux montres があってそれらが互いに完全に一致していると想像されたい。さて、それは三通りの仕方でなされうる。第一の仕方は、それらの一方が他方へと及ぼし合う交互の影響によって可能である。第二の仕方は、それらに〔常に〕注意している人が世話をすることによって可能である。第三の仕方は、それらの固有の正確さにおいて可能である。第一の仕方、すなわち〔物理的〕影響 l'influence のそれは、故ホイヘンス氏によって大きな驚きをもって実験的に発見されたものである。〔つまり振子の共振の実験〕……時計が悪くても二つの時計を常に一致させておく第二の方法は、絶えずそれらを一致させるに違いない有能な職人に常に注意させていることによって可能であるだろう。そして、これが私が〔外的〕助力 l'assistance の途と呼ぶものである。最後に第三の方法は、それら二つの時計を最初から、後になってもそれらの一致を確信しうるだけの十分な技巧と正確さをもって製作することだといえよう。そして、これが予定調和 le consentement préétabli〔ou l'harmonie préétablie〕の途である。さて、二つの時計の代わりに精神l'ame と物体 le corps とを置かれたい。……」(IV 500f.『第三解明』) 時計の合わせ方に三通りあるごとく、精神と物体の「一致若しくは共感」にも三通りの仕方が考えられうる(501)。「〔物理的〕影響の途は通俗の哲学の採る途である」(ibid.)。「スコラ学派の哲学者たちは身体と精神の間に交互的な物理的影響が存していると信じていた」(VI 135.『弁神論』)。「〔外的〕助力の途は機会原因説の途である」(IV 501)。これは「『真理の探究』の著者〔マールブランシュ Nicolas de Malebranche, 1638-1715〕の優れた思索によって非常に流行するようになった」(IV 483.『実体の本性及び実体相互間の交通、並びに精神と物体との結合を説明するための新説』(以下『新説』と記す))。予定調和の途はもちろんライプニッツ自身の仮説である。もちろん時計製作者には世界建築者としての神が代わる。有名な時計の比喩は、エルトマン版「ライプニッツ哲学作品集」でいう『実体の交通についての〔新〕説の第二解明』、『第三解明』にほぼ同様の形で述べられている。ライプニッツが「予定調和」という言葉を最初に用いたのは、『実体の交通についての新説の〔第一〕解明――一六九五年九月十二日付け『学芸雑誌』所載の〔フシェ氏の〕覚え書きに対する答弁として――』においてである。ただし、「この〔予定調和という〕言葉を用いることが許されているとすれば」とある(IV 496)。対アルノー書簡では「併起の仮説 l'hypothèse de la concomitance」、「実体相互間の一致の仮説 l'hypothèse de l'accord des substances entre elles」と呼ばれていた。『新説』でも「対応説 le système de correspondance」(最初の草稿)、「一致の仮説 l'hypothèse des accords」と呼ばれていた。「予定調和」という言葉は『新説』の解明で初めて生まれたのである。もっとも、予定調和の思想そのものは、既に一六八六年の『形而上学叙説』(以下『叙説』とも記す)において確立されている。これはライプニッツが彼の形而上学の体系を初めて叙述した書物であるが、単子論形而上学の全思想が既にこの書物に出尽くしているとも言える。

さて、ライプニッツは時計の比喩において、「いかにして物質的分子あるいは非物質的な形象若しくは性質がこれら二つの実体の一方から他方へ移行しうるのかは理解できない」がゆえに、物理的影響説は斥けられねばならない、とする（IV 501）。また、機会原因説をも、「私が考えるには、これは機械仕掛けの神 Deus ex machina を自然的で通常的な事柄に導入するのであるが、そこでは、理性に従って考えれば、神は他の凡ての自然の事柄に協力するのと別の仕方で〔それらの事柄に〕干渉するはずがない」と言って斥ける（ibid.）。残るところは予定調和説のみである。「時計の比喩はライプニッツが考え出したものではなく、彼の根本仮説の通俗的説明に使用するために、当時流行していた機会原因説の学術用語から借りたものである。[5]」とりわけゲーリンクス（Arnold Geulincx, 1625–69）は、ライプニッツとほぼ同じ意味で時計の比喩を用いている（『汝自身を知れ。別名、倫理学』）。ライプニッツの時計の比喩がゲーリンクスに倣ったものであるか否かについては措くが、時計の比喩の最もふさわしいのは予定調和説であることは確かである。ライプニッツはそのことを十分に意識して、時計の比喩を用いたのかもしれない。ゲーリンクスは自分の機会原因説の説明に時計の比喩を用いているのであるけれども、それは結局ライプニッツの「予定調和の途」になってしまっている。

ライプニッツに時計の比喩を用いる直接のきっかけを与えたのは、それに対して『新説』の三つの解明が書かれた、ゲルハルト版「ライプニッツ哲学著作集」でいう『実体の交通についての新説に対するディジョンの僧M・フシェの異議』であると思われる。その中でフシェ（Simon Foucher, 1644–96）は、ライプニッツの精神の諸事象と身体の諸事象との「併起」の説に時計の比喩を当てはめ、次のごとく言っている。「しかし要するに、諸実体の中におけるこの大掛かりな技巧は、実体同士が、本当はそうではないのだけれども、交互に作用を及ぼし合っていると信じさせるためにでないとしたら、一体何の役に立ちえようか?」（IV 489）ライプニッツもそれを認める。例えば「コペルニクス学説の信奉者」が「日の出」と言っても「人がそれを正しく理解していさえすれば差し支えないように、調和の諸法則の帰結として一方が他方のうちにおける諸変化の原因であるということを人が理解していさえすれば、諸実体が交互に作用を及ぼし合っていると言ってもそれは極めて真実である、と私は思う」（IV 495.『第一解明』）と言う（『叙説』§27 をも参照）。これに倣えば、機会原因説でも、「実体が交互に作用を及ぼし合う」と言うことができる。いずれの場合においても、結果的には、実体が交互に作用を及ぼし合っているのと何ら異ならないのである。しかし、予定調和説や機会原因説では、実体が実体に及ぼす実在的作用を考えることはできない。「物理的（本性的）作用 une influence physique」ではなく、「観念的作用 une influence idéale」（『単子論』§51）しか考えられえない。カントに倣って言えば、予定調和説や機会原因説によれば、実体相互間の commercium（交互作用）は「観念的・共感的 ideale et sympatheticum」であって、「実在的・本性的 reale et physicum」ではない（正教授就任論文）。この区別は重要である。

実体相互間のコンメルキウムの問題が哲学の主題になったのは、周知のごとく、デカルトの物心二元論が残した身心関係の問題をめぐってであった。しかし、デカルト学派の機会原因説においては、問題は精神・身体相互間のコンメルキウム（正確に言えば、共感）に限られていた。全く別の実体論から出発したライプニッツにおいては、「宇宙の普遍的調和」（『叙説』）ということが問題になる。「精神と物体〔身体〕との結合」は宇宙の予定調和の一部として説明される。

この実体関係論は、もちろん「予定調和」という考えをば排した上でであるが、批判期前・批判期を通じてカント哲学の根底を貫いて活かされている。『形而上学的認識の第一原理の新解明』（*Principiorum primorum cognitionis metaphysicae nova dilucidatio*, 1755）において、カントは「決定理由律」（ライプニッツのいう「充足理由律」）から「形而上学的認識の第一原理」として「継起の原理 principium successionis」と「同時存在の原理 principium coexsistentiae」との二原理を導出する（以下 I 410-416）。もしも実体相互間に全くコンメルキウムが存しないとしたら、有限的諸実体は「決して変化することはできないし」――それは世界が全き静止の状態に置かれた場合にも言えることである――（410）、「決して相互に関係し合うこともない」（412）。したがって、有限的実体相互間にコンメルキウムを認めないとすれば、ライプニッツの説くごとき時間・空間関係も成立しえない。有限的実体相互間のコンメルキウムの原因をカントは「ニュートンの引力、つまり普遍的重力」（415）に求め、引力の根源を唯一なる神に帰する。もちろん予定調和説は「根本から覆さ」れる（412）。批判哲学の端緒を成した一七七〇年の正教授就任論文においては、既に、時間、空間は「純粋直観 intuitus purus」（II 400, 402）、「感性界の絶対的に第一なる形式的原理 principium formale mundi sensibilis absolute primum」（402, 405）とされており、その叡智界構造論――つまり、この論文ではまだ、「知性的認識は……諸事物が〔物々自体として〕在るがままの諸事物の諸表象である」（392）という立場が取られている――に万有引力説を持ち込むことは斥けられているが、そこでも本質的には『形而上学的認識の第一原理の新解明』におけるのと同じ「〔改善された形態における〕物理的影響〔説〕」（II 409）の立場が取られ、あらゆる実体は「あらゆる事物の共通原因 causa communi omnibus」（409）としての神に把持されているゆえ、有限的実体相互間には「必然的」に（ibid.）実在的コンメルキウムが存する、と考えられている。『純粋理性批判』においては現象的実体相互間の普遍的・汎通的なコンメルキウムについては「経験の類推」の第三の類推で、叡智的実体相互間の普遍的・汎通的なコンメルキウムをも包括する、実体相互間のコンメルキウムについては「純粋理性の理想」の章で論究されている。コンメルキウムの理念は、倫理学においては「目的の王国」の理念として展開されている。

カントの「目的の王国」の理念には、また、ライプニッツの「神の国 la Cité de Dieu」の理念の著しい影響も見られる。――「精神一般は被造物の宇宙の生きている鏡若しくは姿 les miroirs vivans ou images である。しかし、理性的精神 les Esprits〔＝Ames raisonnables〕は、更に神そのものすなわち自然の創作者そのものの鏡若しくは姿である。……」（以下『単子論』§§ 83–89. なお、『叙説』§ 36 参照。）だから、神が他の被造物に対する関係は、発明者がその機械に対する関係であるが、神が理性的精神に対する関係は、それにとどまらず、君主が臣下に対する関係、さらに父が子に対する関係でもある。「そこから容易に、あらゆる理性的精神の集合は神の国すなわち最も完全な君主の下において可能であるところの最も完全な国家を構成しなければならない、という結論が出て来る。この神の国、この真に普遍的な君主国は、自然の世界の中における道徳的世界である。」つまり、「自然の物理的王国 le regne Physique de la Nature と恩寵の道徳的王国 le regne Moral de la Grace との間に、すなわち宇宙という機械の建築者として考えられた神と理性的精神の神聖な国の君主として考えられた神との間に」も予定調和が存し、「この調和は諸事物 les choses を正に自然の途を経て恩寵に導かせる」。「建築者としての神はあらゆる事柄において立法者としての神を満足させる。」――カントの「目的の王国」の解釈においてはペートンのそれが非常に優れているが、そのペートンの解釈と比較されたい。（H. J. Paton: *The Categorical Imperative.* ただし、ペートンは、例えば「自然の王国としての目的の王国」という表現の説明において、ニュートン物理学の自然観とのつながりについては触れていても、ライプニッツのいう「予定調和」の世界とのつながりについては触れていない。）さらに、『純粋理性批判』の「純粋理性の規準」の章の第二節で「最高善の理想」を説くくだりの次のごとき一節を想起されたい。「ライプニッツは世界を、そこにおいて最高善の支配下における理性的存在者及び彼らの道徳法則に従っての連関のみが顧慮されるかぎり、恩寵の王国と呼んで、それを自然の王国から区別した。……」（B840）カントのいう「道徳的世界」（「純粋理性の規準」の章）、「目的の王国」は、ライプニッツのいう「恩寵の王国」に外ならない。

しかし、ライプニッツは、単子相互間に実在的コンメルキウムが成り立つことを認めなかった。
ライプニッツは言う。「叡智的精神は自分が何であるかを知っており、意味の深いこの『自我 MOY』という言葉を口にすることができるから、単に形而上学的に他の精神よりもはるかに長くそのままで存続・自存する **demeure et subsiste** ばかりでなく、道徳的にも同じままでいて、同一の人格を成すのである」（『叙説』§34）。ライプニッツの人格概念はこれに尽きる。彼は自己意識の自同性をもって人格の表徴とする。「道徳的人格性」の概念はカントに至って初めて確立される。そのカントにおいては、「超越論的人格性」が時間において現象したものが「心理学的自我」であり、空間において現象したものが「肉体我」であるという図式――したがって人格性（超越論的人格性）と身体性との相即性――が考えられうるが（和辻哲郎『人格と人類性』）[6]、ライプニッツの場合には身体は理性的精神とは全く別の《合成実体》であり、かつ「精神は精神自身の法則の法則に従い、物体もまた物体自身の法則に従っている」（『単子論』§78）。それぞれ独立に作用するのである。ライプニッツの立場では主体的な行為 Handlung[7] というものが基礎づけられうるか否かも問題である。――それにもかかわらず、ライプニッツは、形而上学の最高理念としてあの「恩寵の道徳的王国」の理念を掲げた。

## 第三節　個体的実体の概念

ライプニッツが「モナド」という言葉を初めて用いたのは、一六九六年九月三日（新暦十三日）付けのファルデルラ宛書簡においてであるという。ジョルダーノ・ブルーノ（Giordano Bruno, 1548–1600）から得たとする説もあるが、友人であるオランダの哲学者ファン・ヘルモント（Francus Mercurius van Helmont, 1618–99）から得たとする説の方が有力である。一六九八年の『自然そのものについて』という論文には「私が『モナド』の名称で呼ぶのを常としているところのもの」（IV 512）とある。既にライプニッツの用語になっていたことが窺われる[8]。しかし、モナドの概念も、つとに『形而上学叙説』において確立されている。モナドは、『形而上学叙説』

では「個体的実体 substance individuelle」と呼ばれている。ライプニッツがなぜモナドに窓がないと考えたかを知るためには、『形而上学叙説』を看過することはできない。しからば、そこでは個体的実体の概念はどのように説明されているか。

「なるほど、多くの述語が同一の主語に属し、この主語はもはや他のいかなる主語にも属さない場合に、それを個体的実体と名付けることは正当である」（『叙説』§8）。これは、アリストテレス以来の伝統的な「実体」の規定である。しかし、ライプニッツに言わせれば、「しかしこれは十分ではない。かかる説明は名目的にすぎない」(ibid.)。ライプニッツは「一つの事物を他の諸事物から識別する諸表徴だけしか含まないところの名目的定義 definitio nominalis」と「一つの事物が可能であることがそれらに基づくところの実在的定義 definitio realis」とを区別する（IV 424f.『認識、真理、観念についての省察』（以下『省察』と記す））。「名目的定義 definition nominale」に関しては、「人は定義された概念が可能であるかどうかをなお疑うことができる」（『叙説』§24）。つまり、それは「矛盾を内含している概念」（IV 424）、すなわち「真でない観念」(IV 425) であるかもしれない。さて、右の「個体的実体」の規定を見るに、そこでは、「真に或る一定の主語に属しているとは何であるか」（『叙説』§8）が説明されていない。だから、それは、言わば「不明瞭 caecus あるいはさらに記号的 symbolicus」（IV 423）な、「仮定的 suppositive」（IV 450）な定義である。「名目的定義」を「実在的定義 definition reelle」に転ずる途は、この場合においては定義の十全化である。「凡ての真の述語設定 predication が事物の本性の内に何か或る根拠を有しているということは常に確実である。或る命題が自同的でない場合、すなわち述語が表明的に expressement 主語の内に含まれていない場合には、述語は主語の内に潜勢的に virtuellement 含まれているはずである。これを哲学者たちは『内在 in-esse』と称し、述語は主語の内に在る、と言う。それゆえ、主語の名辞 le terme は常に述語の名辞を含んでいるはずである。したがって、主語の概念を完全に理解する者は、また、述語がそれに属している、という判断を下すことになる。こういう次第であるから、我々は、個体的実体すなわち完足的な存在者 un estre complet は本性上この概念が属しているところの主語の〔つまり、この概念を主語にしたとき、その主語の〕凡ての述語を理解するに足りまたそれから演繹するに足りるくらい完全な概念を有している、と言うことができる。これに反して、偶有性は、その概念がそれに人がこの概念を帰するところの主語に人が帰することのできる凡てのものをば含んでいないところの存在者である」（『叙説 §8』）。ライプニッツに言わせれば、今や「個体的実体」の定義は「完全な parfaite」ものになった。そこにはライプニッツ独特の実体概念が導かれている。しかし、述語は主語の内に在る、つまり個体的実体の概念はそれに関する凡ての述語を含んでいるということは、果たして一般に真であろうか。我々にとっては正にこれこそが問題である。しかし、ライプニッツは、この点をば問題にしなかった。ライプニッツに言わせれば、「個体的実体」の定義が仮定的定義から完全な定義へ十全化され、そこに何の論理的矛盾も存しないことが明らかになったのだから、もはや「実在的定義」が成立したわけである。

また、一六八六年六月の対アルノー書簡では、「無限箇の可能的なアダム」を考えるということは不可能ではないか、というアルノー（Antoine Arnauld, 1612-94）の指摘に対して、「決定された一つの個体」としてのアダムについてなら誠にそのとおりであるとし、次のごとく言っている。（以下 II 54）「……或る一人のアダムを決定するところのものは、彼の凡ての述語を絶対的に包含していなければならない。そして、普遍性の理由を個体に rationem generalitatis ad individuum 決定するのは、この完足的な概念なのである。なおまた、私は同一の個体の多数性〔という観念〕からは非常にかけ離れており、さらに既に聖トマスが叡智に関して教えたところのことを非常に確信しているのであり、完全に同じような、あるいは数においてのみ solo numero 異なる二つの個体が在るということは可能でないという学説は普遍的〔な真理〕であると考えているのである。」――ここには個体的実体が「完足的な概念」であるということと並んで、個体的実体の概念と《不可識別者同一の原理》との相即性が述べられている。もし個体的実体がそれに関するあらゆる述語を包含＝包越しているものでないとしたら、《不可識別者同一の原理》は基礎づけられなくなってしまうわけである。先のごとき個体的実体の概念をライプニッツが抱くに至ったゆえんは、ますます明らかである。

「個体的実体すなわち完足的な存在者」に対応するのは、《任意の述語の集合》ではなく、《あらゆる述語の総体》である。しかし、その述語の数は無限にあるゆえ、私は右に個体的実体はそのあらゆる述語を「包含＝包越している」という表現を用いた。かくて、個体的実体はその完足性について見れば超時空的＝叡智的であるということも明らかである。――『形而上学叙説』は先の引用文に続けて言う。「神がアレキサンダー〔大王〕の個体概念すなわちこのものたること heccéité を見れば、そこに同時に、彼について言われうるところの凡ての述語、例えばダリウス、ポルスに打ち勝つであろうということの根拠・理由を見ることができる。否、それにとどまらず、彼が自然死したか毒殺されたかというような我々が歴史によってしか知ることのできない事柄をアプリオリに（経験によらずに）知ることまでできる。」――ライプニッツが単子に窓がないと考えるのは、何よりもまず「個体的実体」のかかる説明からの帰結である。更に言えば、窓がないというのは、窓は要らないということなのである。各単子は自己完結的であり、したがって閉じた世界ではあっても、その《小宇宙》は決して孤立的ではないのである。アレキサンダー大王についての述語は、当然、他の個体的実体（例えば彼の父フィリップ、ペルシア王ダリウス）についての述語と関連しているはずである。そして、他の個体的実体についてのその述語は、また他の個体的実体についての述語と関連している。そのように諸事物の関連は無限に拡大し無限の重層構造を成している。それは世界建築者としての神がこの宇宙に与えた秩序である「宇宙の普遍的調和」に窮まる。アレキサンダー大王に関する述語も、その大宇宙の普遍的秩序の一環として、全体との連関において存立するのである。右の引用文に続けてライプニッツは言う。「また、人が諸事物の関連 la connexion des choses をよく考察すれば、人はアレキサンダーの精神 l'ame の内にはいつも、彼に既に起こった凡てのことの名残や彼に起こるであろう凡てのことの兆しのみならず、宇宙に起こる凡てのことの形跡 les traces さえもが存している、と言うことができる。もっとも、それら凡てを認めることは神にのみ属する〔能力〕であるが。」今や、「凡ての実体は完全な世界 un monde entier のごときものであり、神の鏡あるいはむしろ全宇宙の鏡のごときものである。実体は全宇宙を各々自分流儀に表出 exprimer している。……」（『叙説』§9）と言うゆえんも明らかである。

個体的実体はそれに関するあらゆる述語を包含＝包越しているということは、「各々の特殊的実体に起こることとは全くその実体の観念あるいは完全な概念からの帰結に外ならない」ということである。（以下『叙説』§14）だから、「特殊的実体は決して他の特殊的実体に作用を及ぼさないし、それから作用を被りもしない」。つまり、単子には窓がないことになる。だからといって、実存の交わりが不可能であるというようなペシミスムを連想してはならない。単子に窓がないということは決して単子の不完全性の謂ではなく、逆に単子の完全性・独立性の謂である。『単子論』は次のごとく言っている。「人は Entelechie という名を凡ての単純実体、すなわち創造された単子に与えることができるであろう。なぜなら、それらはそれらの内に或る完全性 une certaine perfection を有しているからである（echousi to enteles）。そこに存する自足性 une suffisance（autarkeia）によって、それらはそれらの内的作用の源、言わば非物体的自動体となっているのである」（§18）。ついでに言っておくと、イタリア＝ルネサンスのアリストテレス学者ヘルモラウス・バルバルス（Hermolaus Barbarus, 1454-93）は》Entelechie《なる語を》perfectihabies《（perfectum＋habeo）と訳しているが（『単子論』§48）、ライプニッツは》Entelechie《なる語を使用する際、そういう意味を念頭に置いている。

しかし、「個体的実体はいつかそれに起こりうるところの凡てのことを一度に包含している。〔だから〕この概念を考察すれば、人はそこにそれについて真に述べられることができるところの凡てのことを見ることができる」ということからは、「大きな困難」が生ずる。(以下『叙説』§13)「それによれば……もはや人間の自由の成り立つ余地はなくなり、そして絶対的宿命が我々のあらゆる作用並びに世界の他の凡ての出来事を支配するようになりそうに見える。」ライプニッツによれば、この困難は「確実な certain ものと必然的な necessaire ものとを区別する」ことによって除去される。「未来の偶然的な出来事は、神がそれらを予見しているのであるから確実で asseurés ある、ということをば誰しも認めるが、しかし、だからといって、それらは必然的である、と言う者はいない。」ライプニッツは必然的なものと確実なものとの区別を次のごとく示す。「結合あるいは因果関係 la connexion ou consecution には二種類がある。一つは絶対的に必然的で、その反対は矛盾を含む。そしてその演繹は、幾何学の真理がそうであるような、永久真理の中で行われる。他は仮定によって必然的であるにすぎず、言わば偶然的に必然的であるにすぎない。その反対は少しも矛盾を含まないから、それはそれ自体としては偶然的である。この結合は神の全く純粋な観念 les idées toutes pures 及び単純な悟性 le simple entendement に基づいているばかりでなく、なお自由な決定 ses decrets libres 及び宇宙の過程 la suite de l'univers にも基づいている。」——ライプニッツの個体概念は神の自由を否定することになるのではないか。『形而上学叙説』の「概要」(目次)を受け取ったヤンセン派の碩学アルノーはまずかかる異議を挟む。対アルノー論争が始まるわけである。それに対してもライプニッツはこの仮定的必然と絶対的必然との区別をもって答えている。かくて、仮定的必然と絶対的必然との区別——それは結局、偶然的真理と必然的真理との区別に外ならないが——は、人間の意志の自由をも神の自由をも救うことになる。一六八六年四月十二日付けのエルンスト・フォン・ヘッセン＝ラインフェルス伯爵宛書簡は、「神の自由」を弁護する過程で次のごとく述べている。「或るソシヌス派の人々のように、(神の自由を支持するという口実で)神を場合場合に従って決心する人間のように考えるのは、神にはふさわしいことではありません」（II 18）。同日付けの同伯爵宛の別の書簡（それら書簡の日付は「アルノー書簡集」による）の表現を用いて言えば、神の観念の内に在る無限箇の可能的なアダムのうちから「そのようなことを行いそのような子供たちを持つであろうと神が〔永遠にわたって〕予見した、そのような一人のアダムを選んだ」ということこそ「神の自由」にふさわしくないか（II 23）、と言うのである。それについての凡ての述語がそれから帰結するというライプニッツの個体的実体の概念は、「神の自由」ということから一層確固たるものになる、と言うのである。[9]

しかし、人間の意志の自由は、本当に神との関係においても維持されうるのか。この問題に少し触れておこう。ライプニッツによれば、偶然的真理の「充足理由あるいは最後の理由 la raison suffisante ou dernière」は「事物の系列」の外すなわち「一つの必然的実体の中に存するはずである」（『単子論』§§ 37-38）。また、ライプニッツは、例えば「被造的実体はそれらを保存するのみならず、一種の流出によって絶えずそれらを生産しているところの神に依存している」（『叙説』§ 14）というごとき、多分に流出論（あるいは機会原因説）を思わせる表現をしばしば用いている。（『叙説』ではまだ他にも用いられているし、『新説』でも『単子論』（§ 47）でも用いられている。）これらのことを考えると、凡ては神が決定するのであって人間の意志の自由は成り立ちえないのではないか、とも思える。しかし、『形而上学叙説』は、「人間の意志に及ぼす神の作用」について次のごとく述べている。（以下 § 30）「神は我々の意志を無理強いすることなく、我々の意志に最善と見えるものを選ばせる。なぜなら、絶対的に言えば、我々の意志は必然性と対比させられた意味での無関心性の状態にあり、そして我々の意志は他のように行為したりあるいはまた自分の行為を全く中止する能力を持っているからである。両者共可能であり、可能であり続ける。」かくて、神との関係においても「人間の自由」は擁護せられる。だから、ライプニッツ哲学は、スピノザ主義とは明白に異なる。それにもかかわらず、ライプニッツの個体的実体の概念は、その、神からの完全な独立性にまでは徹底していない。もっとも、ライプニッツにとってはそこまで徹底させる必要はなかったわけであるし、またそれは不可能だったわけであるが。自由について『形而上学叙説』は、例えば次のごとく述べている。「凡て実体は完全な自発性を有していて（それは叡智的実体においては自由となるが）、実体に起こることは凡てその観念若しくはその本質からの帰結であり、神だけを除けば何一つ実体を決定するものはない。」（以下　§32）――しかし、ライプニッツによれば、個体的実体には窓がないわけであるから、個体的実体は諸他の個体的実体（偶然的実体）からは完全に独立している。だから、右の引用文に続けて言う。「精神のこの独立性とこの範囲ほど強く精神の不死性を理解させるものはない。」――単子相互間の実在的コンメルキウムの否定は、却って倫理学（自我の実体性（＝独立性）の確立）や宗教に大きな力を与えるのである。

ライプニッツが単子に「窓」がないと考えたのには『形而上学叙説』の「個体的実体」の規定の他にも色々な理由、きっかけが挙げられる。

㈠　これは認識論に限られるが、生得観念説からの帰結。『形而上学叙説』は、我々の理性的精神 l'esprit は生得的に我々のあらゆる観念、真理を有していることを、プラトンの想起説を引き合いに出して説く。そして、そこに言う。「私は、我々の精神の、それが何か或る本性、形相又は本質を表出するかぎり、この性質こそ本当の意味での事物の観念であって、それは我々の内に在り、我々がそれを考えていてもいなくても、常に我々の内に在るものだと信じている。」それゆえ、「我々の精神が外からもたらされる形象を迎え入れるかのごとく考えたり、またそれが戸口や窓 les portes et les fenetres を持つかのごとく考える」のは誤りである。（以上　§26）かつ、この「固有の観念」の説は、「我々の観念そのものも神の内に在って、決して我々の内にはない」、「我々は神の観念によって考える」とする機会原因論者マールブランシュの認識論を斥け、「我々の精神の全き範囲・独立性 toute l'etendue et independance de nostre ame」を確立する論拠ともなりうる。（以上　§29）

(二)　単子は「単純な実体」であり、単子には「部分がない」。「部分がないところには延長も形も可分性もありえない。」単子こそ「自然の真の原子 les véritables Atomes de la Nature」である。だから、「単子にはまた少しも分解の惧れがなく」、単子は「創造によってしか生ずることができず、絶滅によってしか滅びることができない」。「それから、また、どうして単子がその内部を何か他の被造物によって変質される、若しくは変化されることができるのかということも、説明のしようがない。人は何物をも〔部分のない〕単子の中へ移し入れることはできないし、また、単子の中に、単子の中で惹き起こされたり操られたり増されたり減らされたりすることのできるいかなる内的運動を考えることもできない。……単子は、それを通って物が出たり入ったりすることができるような窓を全然持っていない。昔スコラ学派の人たちが説いた感性的形象のように偶有性が実体から離れたり実体の外をさまよったりすることはできない。それと同様に、実体も偶有性も外から単子の中へ入ることはできない。」(以上『単子論』§§ 1-7)

(三)　精神・身体相互間の実在的コンメルキウムの否定に限られるが、「物質の中における同一方向全体の保存の自然法則」。「デカルトは、物質の中には常に同一量の力があるゆえ、精神が物体に力を与えることは全くできないということを認めた。けれども、精神が〔動物精気に働き掛けて〕物体の方向を変えることはできると信じた。」これはデカルトが右の自然法則を知らなかったためである。「もしそれに気付いていたとすれば、デカルトも私の予定調和説を採るようになったであろう。」(以上『単子論』§ 80)

(四)　不死性ということ。生物の発生に関しては、ライプニッツは予先形成説を採る。そして、「発生」とは「展開及び増大」であり、「死」とは「包蔵及び減少」である、と言う(『単子論』§ 73)。いずれも、「栄養作用における dans la Nutrition」のとは異なって、「一時に」「突然著しく起こる」(『理性に基づく自然と恩寵の原理』(以下『原理』とも記す))。確かに、ライプニッツは、「精神は本性上、身体(物体)なしには決して存在しない」(IV

474.『新説』第一草稿。『単子論』§72 参照）と記し、もちろん動物の変態をば認めるが、しかし「輪廻あるいは魂の転生」をば認めない。輪廻、転生においては、魂が一時全く身体を離れることになってしまうから（『単子論』§72）。しかし、もし身心相互間に実在的コンメルキウムが存するとすると、動物的精神あるいは理性的精神の不死性、あるいはそれらの予先形成は説明し難くなると思われる。

右の㈠、㈢も単子相互間一般の実在的コンメルキウムの否定につながるモーメントは多分に持っている、と言える。㈠に関して言えば、単子の本性が「表象 la Perception」にあるとすれば、人間の「理性的精神 Ame Raisonnable, Esprit」こそが単子の典型であるからである。㈢に関して言えば、精神と身体との「緊密な」結合は、デカルトも言うごとく、実体間の《実在的結合》――それが存するとすれば――の一つの典型だからである。[10] もちろん、ライプニッツにおける単子相互間の実在的コンメルキウムの否定は、一般的には、㈡を論拠にしていると考えてよい。しかし、根源的には、『形而上学叙説』における「個体的実体」の論理的規定の帰結であると言えよう。

## 第四節　単子の本性

個体的実体の概念からは、個体的実体には窓がないということが帰結される。しからば、個体的実体をして個体的実体たらしめているのは何であるか。

『形而上学叙説』はスコラ哲学の「実体形相 forme substantielle」の概念を復活させる。物体にも「物体の精神すなわちその実体形相」があるはずである。デカルトの延長実体という考えは斥けられる。さて、デカルト一派は「神は常に世界の内に同一の運動量を保存するというあの有名な規則」を採り、これに「自然の法則の基礎」〈IV 505.『自然そのものについて』〉を求めている。（以下『叙説』§§ 17-18）彼らは「運動量、すなわち速度に運動体の大きさを乗じたものは、完全に運動力 la force mouvante に一致する」と考えた。しかし、ライプニッツによれば、力 la force と運動量 la quantité de mouvement とは区別されねばならない。神によって「常に規則的に」保存されるのは、同一の運動量ではなくて、同一量の力なのである。ライプニッツは運動の相対性を指摘し、「場所の変化」ということだけしか考えないとすれば、運動は「完全に実在的 reelle なもの」ではない、と言う。「これらの変化の力あるいは近接原因 cause prochaine は、もっと実在的なものであって、それを他の物体に帰しないで或る物体に帰するための根拠が十分にある。だから、それによってのみ人は、運動が特にどの物体に属するかを知ることができるのである。」かくて、ライプニッツは、「それゆえ我々は、近代の学者たちが追放してしまった或る本質あるいは形相 quelques estres ou formes を復活することを余儀なくされる」と言うのである。続けて言う。「自然のあらゆる特殊的現象は、これを理解する人々によって数学的若しくは力学的に説明されうるけれども、物体的自然の一般的原理、また力学の一般的原理さえも、幾何学的というよりもむしろ形而上学的であって、物体的な、すなわち広がりを有する物質の塊に属するというよりも、むしろ現象の原因としての或る不可分な形相あるいは本性に属すると、ますます思われてくる。」また、ライプニッツは、「力の法則」と、既に触れた「方向の法則」との「自然の二大法則」〈II 94. 一六八七年四月三十日付け対アルノー書簡〉を考える。（以下『叙説』§§ 21-22）デカルトの力学原理では「一つの体系の形成に全く反する……多くの規則を認容しなければならなくなる。しかし、常に全体において同一の力と同一の方向とを保存しようとする神の智慧の決定は、それ［すなわち体系の形成］を用意した」。（自然の二大法則が予定調和に連関することを窺うことができる。）そして、ライプニッツは、自然研究において「作用因の途」と「目的因の途」とが共可能的であることを説く。（作用因、目的因の理解の仕方は、『単子論』では少し異なっている。『単子論』は物体（身体）は作用因によって作用し、精神は目的因によって作用すると考え（§79）、作用因の王国と目的因の王国との間に予定調和を考えている（§87）。）

実体形相・力が何であるかということについては『形而上学叙説』はそれ以上のことは述べていない。——一六九四年の『第一哲学の改善と実体の概念』という論文は言う。「》vires《 あるいは 》virtus《（ゲルマン人が 》Kraft《 と呼びガリア人が 》la force《 と呼ぶところの）の概念は実体の真の概念の理解のために非常に多く〔の〕光明をもたらすものであり、力学という特別な学は〔それの解明に〕使命づけられていると私は考えている」（IV 469）。今や実体形相・力は力学的に解明されることになるのである。『形而上学叙説』の「実体形相」は「能動的力 vis activa」という言葉で置き換えられる（ibid.）。「実体形相の本性は力のうちに存する」（IV 479. 『新説』）のである。『第一哲学の改善と実体の概念』は続けて言う。「能動的力は何か或る作用すなわちエンテレケイアを包含しており、作用能力と作用それ自体との中間に在って、傾向力 conatus を含んでいる。それゆえ、それ自体で活動に導かれる。諸々の助力をば必要とせず、ただ障碍が取り除かれるだけでよい」（IV 469）。この「能動的力」とは何であるか。そこに言う「傾向力」とは、『理性に基づく自然と恩寵の原理』、『単子論』でいう「欲求 Appetition」すなわち「一つの表象から他の表象への変化若しくは推移を惹き起こすところの内的原理の作用」（『単子論』§15）のことである。『理性に基づく自然と恩寵の原理』の表現を借りれば、「一つの表象から他の表象へ向かう単子の諸傾向 tendences」、「変化の原理」のことである（§2）。しかし、右の『第一哲学の改善と実体の概念』からの引用文の後に、ライプニッツは次のごとく言う。かかる「能動的力」は「諸物体の衝突によって本性において様々に制限され、抑制される。……被造的実体は他の被造的実体から作用力それ自体を受け取るのではなくて、既に先在している自己努力すなわち作用能力に対する制限と決定とだけを受け取る」（IV 470）。例えば、『自然そのものについて』においても、「物体的実体の内に在る」「原初的原動力 vis motrix primitiva」は「諸物体の衝突 concursus の結果、傾向力及び衝動 impetus によって様々に変化させられる」、と言っている（IV 511）。なるほど、これは、「諸物体の衝突においてはそれぞれの物体は既にその内に在る運動によって惹き起こされるそれに固有の活動力〔の作用〕しか被らない」（IV 486.『新説』）ということかもしれない。しかし、それにしても、右に引用したごとき表現からするかぎり、物体的実体の衝突が各物体的実体の作用に影響を及ぼすということになりはしないか。つまり、物体的実体相互間に物理的影響を認めることになってしまわないか。空間は「同時存在の秩序」、時間は「非同時存在の秩序」であり、物体は実体ではなく、運動は「現象」に外ならない、としてもである。単子の本性を力学的な力と考える間はそうである。かつ、力学的に言えば、宇宙の最も完全な調和はあらゆる実体の運動の静止ということであろう。もちろん、力学的な調和というものも考えられえようが、運動するかぎり、衝突、したがって不調和は避けられえないであろう。確かに、ライプニッツは、例えばニコラ・レモン（Nicolas Rémond.『単子論』は彼のために書かれた。ただし、送付されはしなかったが）宛書簡（ただし未発送）の中で、「諸単子が実在的空間の内に在る点のごとく、動かし合い、押し合い、接触し合うと考えてもいけない」（III 623）と言っている。しかし、もしそうだとすると、例えば物体の衝突という典型的な力学的現象を説明することは不可能になってしまうのではないか。もし物体的実体相互間に実在的な衝突が存するならば、宇宙には諸物体の衝突によって不調和が生じうることになってしまう。確かに、デカルトの《延長実体》の概念に代わるに《力》の概念は有用である。しかし、予定調和の擁護のためには、「実体」のかかる力学的な規定は乗り越えられなくてはならないであろう。やがてライプニッツが表象・欲求——人間の精神からの類推によって持ち出された概念である——を単子の表徴とするゆえんではなかろうか。ライプニッツが》perception《という概念を単子の規定に初めて使用したのは『新説』においてであると言われている。[11]（ライプニッツは、既に、》exprimer《（『叙説』）、》représenter《（『叙説』、対アルノー書簡）という語を、実体一般の本性を説明するために用いている。しかし、例えば『形而上学叙説』で「個体的実体は各々全宇宙を自分流儀に表出している」（§9）と言う場合、それは心理学的意味で用いられているとは言えない。例えば一六八七年十月九日付けの対アルノー書簡（日付は「アルノー書簡集」による）は次のごとく説明している。「（私の用語で）一つの事物が他の一つの事物を表出する exprimer というのは、一方について言われうることと他方について言われうることとの間に、一つの恒常的で規則的な関係が存する時のことである。こうして、遠近法の投影〔図〕はその実測図を表出している。……」（II 112）もっとも、『形而上学叙説』に一箇所、「凡ての実体の表象あるいは表出」という表現が出て来るが（§14）、その場合にも「表象」という語には厳密に心理学的な意味は含まれていない。『新説』に至って初めて、実体一般について心理学的規定が持ち出されるのである。）その『新説』の「実体」の規定には、力学的側面と我々の《自我》からの類推による心理学的側面との両面が見られるが、後者の方が強く現れている。三年後の『自然そのものについて』の「実体」の規定には、前者の方が強く現れている。しかし、それはこの書の内容による。注意すべきは、力学的側面を強く出している『形而上学叙説』や『自然そのものについて』でも、「実体形相」という術語の適用を物体に限っているということである。「〔実体的原理は〕生物においては精神（霊魂）anima と呼ばれ、他の諸物においては実体形相 forma substantialis と呼ばれる」（IV 511.『自然そのものについて』）。ライプニッツが実体形相の概念を持ち出したのは、専ら物体的実体の規定のためにである。そして、その実体形相の説明のために、ライプニッツは最初《力》の概念を持ち出したが、今度は「表象……及びその欲求（すなわち一つの表象から他の表象へ向かう、単子の傾向）」の概念を持ち出す。（以下『原理』§2）単子の本性は単子の「内的な性質及び作用」に求められることになる。「表象」とは、「一 l'unité すなわち単純な実体の中に多を含み、かつこれを表現する推移的な状態」のことである。（以下『単子論』§14）ただし、「人はこれを意識的表象 l'apperception 若しくは意識 la conscience と区別すべきである」。ライプニッツは、理性的精神のみならず「動物の精神や他のエンテレキー」にもこれを認める。『形而上学叙説』においても、「物体の本性のうちにも精神と関係のある何か或る物を認めねばならない」（§12）という表現がなされていた。やがて「実体」の力学的規定は斥けられ、実体形相も心理学的に説明されることになる。「我々の意識する最もわずかな思想でもその対象の内に多様性を含んでいるということを見いだすとき、我々は自身で単純な実体の内に多を経験する。」（以下『単子論』§§16–17）これが単子一般に適用されるのである。そして、「表象及び表象の変化」が「単純な実体の内的作用の全部」である、と言う。

ライプニッツが実体の力学的規定から外れていったもう一つの理由として、動物の精神、なかんずく理性的精神を力学的に説明することは不可能である、ということが挙げられると思う。動物の精神については、ライプニッツはスワンメルダム（Jan Swammerdam）、マルピーギ（Marcello Malpighi）、レーウェンフック（Anton Leeuwenhoek）らの影響を受けて、予先形成説を採る。これも予定調和説の確立に或る程度の影響を与えていると思われる。ちなみに、『自然そのものについて』では、予定調和のことは「神の予先形成によって生ずる一致」と呼ばれている（IV 510）。ライプニッツが動物の構造をいかに考えたかについては省くが、顕微鏡の発明による微生物や精子の発見は、ライプニッツに大きな関心を呼び起こした。『理性に基づく自然と恩寵の原理』で「自然全体が生命に充ちている」（§1）と言い、『単子論』で「物質の各部分は植物に充ちた庭のごときもの、魚に充ちた池のごときものと考えられうる。しかし、その植物の各枝、その動物の各肢体、その水の一滴一滴がまた、そういう庭であり、若しくは池である。その庭の植物の間に挟まっている土や空気又はその池の魚の間に挟まっている水は、植物でも魚でもないけれど、それらがまた植物や魚を含んでいる。しかし、ほとんどの場合、我々が表象できないほど微細なものである。それゆえ、宇宙の中には未耕のもの、不毛のもの、死んだものは全く存在しない。外見以外には渾沌も混雑も全く存在しない」（§§67–69）と言うゆえんである。さて、動物の実体的原理は精神 l'Ame である。人間の理性的精神 l'Ame raisonnable（これの働きを力学的に説明することは不可能であろう。——『単子論』§17 参照）との類比も考えられうる。しかも、右のごとき汎生命論的な予先形成の考えに従えば、物体的単子もまた、そういう生物と考えられうるかもしれない。ライプニッツが単子一般の本性として表象・欲求を考えるようになったゆえんは理解できる。（『形而上学叙説』には右のごとき予先形成の考えは持ち出されていない。それは対アルノー書簡で持ち出された。）表象・欲求（ライプニッツの用語としての）が単子の本性であるとすれば、実体相互間に衝突・矛盾は生じない。ライプニッツが《予定調和》を説くゆえんの一つである。また、こうも言える。《予定調和》を説くために、ライプニッツは「実体」の力学的規定を斥け、右のごとき心理学的規定を持ち出したのである、と。

## 第五節　宇宙の表出

ライプニッツによれば、「二つの実体が全く相似ていてただ数においてのみ異なっているということは真ではない。……」（『叙説』§9）「各単子は他の各単子と異なっているに違いない。なぜなら、自然の中には、互いに完全に同様であるような、すなわちそこに内的差異、つまり内在的規定に基づく差異を見いだすことが不可能であるような二つの存在は決して存在していないのだから」（『単子論』§9）。なぜライプニッツはそのように考えたのか。《不可識別者同一の原理》はライプニッツにおいてはかかる実体観の帰結であるゆえ、《不可識別者同一の原理》でもってそれを説明することはできない。右の実体観は、『形而上学叙説』では第八節の「個体的実体」についての実在的説明から導かれる結論の一つであるとされ、また、『単子論』では「もし単純実体がそれらの性質によって互いに異なっているのでなければ、諸事物の中のどんな変化をも意識する方途は存しないであろう」（§8）ということと関連づけて述べられている。それも解らなくはないが、しかし、原理的には、右の実体観は、「凡て実体は世界全体 un monde entier のごときものであり、神の鏡あるいはむしろ全宇宙の鏡 un miroir de Dieu ou bien de tout l'univers のごときものである。実体は全宇宙を各々自分流儀に表出している」（『叙説』§9）という思想と関連づけて理解されるべきである。右の引用に続けて、ライプニッツは言う。「〔それは〕言ってみれば、同一の都市がそれを眺める人の様々な位置に従って様々に表現されるようなものである。したがって、宇宙は実体が存在するのと同じ回数だけ、或る仕方で倍される。そして、神の栄光も、同様に、神の業 ouvrage についての全く異なった表現があるだけ、倍加される。」単子の数は実無限である。宇宙は無限に倍される。『単子論』は言う。「これは、可能なかぎり多くの多様性を、しかも能うかぎり立派な秩序と共に得る方法である。すなわち、能うかぎり多くの完全性を得る方法である」（§58）。我々は本章第三節で、ライプニッツが実体を宇宙の鏡と考えたゆえんを別の仕方で説明した。しかし、実体即宇宙の鏡という考え方は、根源的には、神の業の完全性を讃えるために持ち出されたものである、と言うべきである。そして、この実体即宇宙の鏡という考え方からは、容易に、「各単子は他の各単子とは異なっている」ということが導かれる。けだし、単子の本性が宇宙の表出 l'expression（ただし、表出作用一般をではなく、表出作用と表出内容との全体を考えられたい）に求められるとすれば、各単子が表出する宇宙は凡て異なるゆえ、凡ての単子には内的差異があるということになるであろうから。今、神の業の完全性の讃美——これはライプニッツ哲学における本質的モーメントの一つを成している——という点に触れたが、ちなみに、『形而上学叙説』の最初の七節は神の業の完全性の讃美に終始している。

全知、全能の神は、当然、あらゆる視点から己自身ないし己の業を眺めているはずである。ライプニッツは単子の実体性（＝叡智性・独立性[12]）をこのことのうちに求める。『形而上学叙説』は次のように言う。「神は、己の栄光を表明する manifester ために生産することをよいと彼が考えるところの現象の普遍的体系 le systeme general des phenomenes を、言わばあらゆる側面からあらゆる仕方で回転している。そして、神は、神の全知を免れるところの関係 rapport は全く存しないのだから、世界の凡ての側面を可能なかぎり多くの仕方で眺めている。もし神がおのが思想を実現しその実体を生産することをよいと考えるならば、或る場所から眺められたごとき、宇宙の各眺めの結果は、宇宙をこの眺めに従って表出しているところの一つの実体である」(§14)。単子は、根源的には、神が己自身ないし己の業を眺め讃える一つ一つの視点として創造されるものなのである。つまり、単子の実体性の根源は、神の対自的作用に求められる。『形而上学叙説』第十四節は、続けて、各実体は「神以外の他の凡ての物から独立」であると、各特殊的実体の神に対する依存性をほのめかし、また、同節の終わりで、「各実体に起こることは全くその実体の完全な観念あるいは概念からの帰結に外ならない」ことの理由を説明する際、「私に起こるまたは現れるであろう凡てのこと」は、「たとえ私の外に在る凡てが破壊されたとしても、神と私だけ残りさえすれば」「挫折することなく全くそのとおりに起こるであろう」と、殊更《神と私》ということを強調している。そのゆえんも明らかであろう。単子は神が己の業すなわち宇宙を眺め讃えるために設けた無限箇の視点なのである。だから、各単子は、表出作用の根源においても表出の対象においても同一である。そこからライプニッツは単子相互間の普遍的・汎通的な調和を基礎づけようとする。

「あらゆる被造的実体は、同一の最高存在者が同一の計画に従って連続的に生産するものであり、同一の宇宙すなわち同一の諸現象を表出しているのだから、互いに正確に諧和する」(II 57. 一六八六年六月(七月)対アルノー書簡)。しかし、各単子はお互い同士異なっている。つまり、各単子が表出する宇宙の眺めは、相異なっている。だから、「凡ての実体は同一の現象を表出しているのだけれども、そのためにそれらの表出が完全に同様であるというわけではない」(『叙説』§14)。しかし、ライプニッツによれば、「個体の現象の対応」のためには「それらの表出が比例していさえすれば十分である。ちょうど多くの見物人が、銘々自分の視点の尺度に従って見、話していているにもかかわらず、同一の事物を見ていると信じ、実際に話が合うがごとく」(ibid.)。右に言った「一致」とは、この「比例」ということなのである。

単子相互間には同一の宇宙の表出という点で一致が存するということは、もっともである。人間の理性的精神に限って言えば、凡ての人間に一致した世界像が成り立つわけである。しかし、物体の運動（例えば天体の調和的運行を思われたい）、有機体の構造、身心の結合、宇宙の目的論的な秩序（更に言えば、恩寵の秩序）等々を考えると、これだけで凡ての予定調和を基礎づけることは不可能であることが分かる。同一の宇宙の《表出》における一致ということだけなら、殊更「予定調和」という言葉を用いる必要はないであろう。『形而上学叙説』が——神の業の完全性を讃えるために——「宇宙の普遍的調和」ということを説きつつも、「予定調和」という言葉を用いなかったゆえんである。予定調和説は、ライプニッツが彼の個体的実体の概念のゆえにやがて採らざるをえなかった仮説であるし、なかんずく身心関係の説明のために温められていった発想である。——我々は予定調和の根源を一層深く探究せねばならない。

単子相互間には実在的コンメルキウムは存しない。しかし、「我々は我々が或る仕方で意識する appercevons ことを他の物に帰して、それを我々に作用を及ぼす原因とする」(『叙説』§14)。「その判断の基礎及びそこに存する真実な点」(ibid.) をライプニッツはどのように説明するか。——ライプニッツによれば、単子は、まず、「根源的単純実体 substance simple primitive」と「その結果であるところの派生的実体 la substance derivatives」(『原理』§9) とに分類され、派生的実体は、更に、「理性的精神」、「精神」(動植物の)、「実体形相」(物体の) に大別される。それらの相違は、宇宙の表出における完全性の相違である。つまり、宇宙を判明に表出するか混雑に表出するかという相違である。派生的実体間には無限に完全性の程度の差がある。しかも、各実体においても、表象の判明性は時々に異なる。〔ライプニッツはなかんずく「デカルト学派の人たちが、通俗の考えに従って、長い失神状態を厳密な意味での死と混同してしまった」ことを批難する（『単子論』§14）。既に我々は、神は常に世界の内に同一量の力を保存する、とライプニッツが考えていたことを見てきた。そして、『形而上学叙説』等においてライプニッツが実体の本性を「力」でもって説明しようとしていることを見てきた。『形而上学叙説』はいわゆる実体相互間の交互作用を次のごとく説明する。「凡てを表出するものとして無限の広がりを持つ実体は、より多く完全であるかより少なく完全であるかというその表出の仕方によって、制限を受けることになる。それゆえ、このようにして人は、実体がお互い同士妨げ合うあるいは制限し合うと考えることができる。したがって、人はこの意味において、実体が互いに作用を及ぼす、そして言わばそれらの間で折り合いをつける s'accomoder ことを余儀なくされる、と言うことができる。なぜなら、一つの実体の表出を増し他の実体の表出を減ずるところの変化が起こりうるからである。〔というのも、世界の内には常に同一量の表出力が働いているのだから。〕……それゆえ、それによって多くの実体が影響を及ぼされるところの変化が起こるときには、〔実際、凡ての変化は凡ての実体に触れる〔のだが、ちょうどその〕ように〕人は、それによって直接により高い程度の完全性すなわちより完全な表出に移るところの実体は、その能力を働かせて作用を及ぼす agit、そしてより低い程度の完全性に移るところの実体は、その無力を示して作用を被る patit、と言うことができる、と私は思う。……」（§15）『単子論』においても、「作用を及ぼす」、「作用を被る」は同様に説明されている。「被造物はそれが完全性を有するかぎり、外に作用を及ぼすと言われ、それが不完全であるかぎり、他のものから作用を被ると言われる。それゆえ、人は、単子が判明な表象を有するかぎり、それに能動的作用 l'Action を帰し、また、それが混雑な表象を有するかぎり、それに受動的作用 la passion を帰する。人が一つの被造物のうちに他の被造物のうちに起こるところのことの理由をアプリオリに示すのに役立つところのものを見いだす場合には、その被造物は他の被造物よりもより完全である。そして、これによって人は、それが他のものに作用を及ぼす、と言う」(§§ 49–50)。特に『形而上学叙説』からの引用文に注意していただきたい。このように、同一量の力(この力はやがて表象力と規定されるのだが)の保存の法則に、実体相互間の観念的コンメルキウムないし予定調和の力学的・心理学的な根拠が求められる。単子の能動的作用と受動的作用とは、宇宙全体においては常に均衡を保っている。ライプニッツは——必ずしもその叙述は意図していないが——このことから、宇宙の普遍的調和を基礎づけようとする。もちろん宇宙の普遍的調和は神の世界設計に根源を持つ。しかし、ライプニッツは、その普遍的調和を自分が発見した力学原理によって説明しようとしたのである。ライプニッツはその力学原理の発見を非常に誇っていた。

しからば、ライプニッツは「精神と身体との結合というあの大きな神秘」(『叙説』§ 33)をどう説明するか。『形而上学叙説』は言う。「……精神のあらゆる現象若しくは表象は、宇宙全体に起こるところのことにおのずから符合するが、精神の用に供せられている身体に起こることには、とりわけ特別にとりわけ完全に符合する。なぜなら、精神は、或る仕方において或る時の間、他の物体が彼の身体に対する関係に従って、宇宙の状態を表出するのだから」(ibid.)。我々はここで、二つの事柄に注目しなくてはならない。一つは、身体が「精神の用に供せられているところの物体」であるということである。もう一つは、精神は「他の物体が彼の身体に対する関係に従って宇宙の状態を表出する」ということである。第一の点に関して言えば、身体が(物体ではなく)身体であるゆえん、さらには身心相互間の予定調和を、力の保存律によって力学的ないし心理学的に説明することは不可能である。形而上学的ないし神学的な説明が要求されるゆえんである。第二の点に関して言えば、そこで我々は「宇宙の表出」の具体的構造を捉えることができる。更に言えば、第一の点に関しては、身心間の結合の問題と身体を構成する単子間の結合の問題との、二つの問題がある。『形而上学叙説』は前節で実体相互間の予定調和を説いていた。機会原因説を思わせる説き方であるが、ともかく「神のみが実体〔相互間〕の連絡 la liaison あるいは交通 la communication を図る」ということが述べられていた。右に引用した身心関係の説明は、そのことを念頭に置いているのであろう。しかし、例えば『単子論』では次のようにも述べられている。「……精神と身体とはあらゆる実体相互間の予定調和によって一致する。なぜなら、諸実体は凡て同一の宇宙を表現しているのだから」（§78）。しかし、諸実体がすべて同一の宇宙を表現しているということから直ちに、実体相互間に予定調和が存するということを導くことは不可能である。予定調和説の根源にある思想については後で触れる。次に、「精神（霊魂）l'Ame」を「中心単子」（『原理』§3）として身体を構成する、諸単子の結合の問題であるが、ここではライプニッツが対デ・ボス（des Bosses）論争においてそれの説明のために、ライプニッツ解釈で単子論のアポリアとされている「実体的紐帯 vinculum substantiale」の説を持ち出していることを指摘するにとどめる。(13)

さて、精神は他の物体が彼の身体に対する関係に従って全宇宙を表出・表現している。先に私は「諸物体の衝突」を認めることは物体相互間に実在的コンメルキウムを認めることになると言ったが、精神が身体を媒介にして全宇宙を表出・表現しているということは、物体相互間の実在的コンメルキウムを念頭に置いて言われていると思われる。『形而上学叙説』には、「宇宙のあらゆる物体は共感し合っているゆえ、我々の身体は他の凡ての物体の印象を受ける」とある。（以下 §33）身体が受けるその印象を媒介にして、我々の精神は全宇宙の状態を感覚するのである。もちろん「我々の精神には凡てのものを個々別々に注意することは可能でない」。「我々の感覚の表象は、それが明晰な場合であっても、必ず何か混雑な知覚を含んでいるに違いない」ということのゆえんである。我々が明晰に意識する s'appercevoir のは、ただ「他よりも勝った」顕著な表象のみである。（「共感」とは、偶有的状態 pathos 間のコンメルキウムであり、したがって観念的コンメルキウムであって実在的コンメルキウムではないが、ライプニッツが、精神が全宇宙を表出・表現しているということを説明するために身体性に根拠を求めたことを考えれば、「共感」を物体相互間の実在的コンメルキウムと解してもよい。）また、『単子論』は言う。「凡てが充たされている tout est plein――したがってあらゆる物質は連結している――ので、また、充実空間の中では凡ての運動は隔たった物体にも距離に応じて効果を及ぼすゆえ、各々の物体はそれに接触する物体から状態の変化を受け、それらに起こる凡てのことを何らかの仕方で感ずるばかりでなく、また、それらのものを介して、各々の物体に直接触れている物体に更に触れている物体の作用を感ずる。……」（§61）（ここでは明らかに物体的実体相互間に実在的コンメルキウムが認められている。）身体はこうして「宇宙全体を表出している」ゆえ、「精神は、特別〔に緊密〕な仕方でそれに属しているところのこの物体〔身体〕を表現することによって、同時に宇宙全体を表現する」（『単子論』§62）。――身体性についてもう一点述べておこう。一六八七年四月の対アルノー書簡に次のごとくある。「精神は宇宙全体を或る一方向から、そして特に諸他の物体の、その身体への関係に従って、表出している。なぜなら、精神は凡ての物を等しく表出することができないからである。さなくば、諸々の精神の間には全く区別が存しなくなってしまうであろうから」（II 90）。各単子（人間の理性的精神に限るが）がお互い同士異なるゆえんは、ここでは身体性に求められている。精神は《身体を媒介にして》宇宙全体を表出しているとする考えが、ここでは《不可識別者同一の原理》によって証明されているのである。――物体も物体の連結（結合）・運動も実体ないし実体の規定ではなく、「しっかりと根拠づけられた諸現象 les phénomènes bien fondés」（III 622）にすぎない。物体相互間に作用・反作用の実在的コンメルキウムを認めることは、ライプニッツに従って言えば、単子相互間に実在的コンメルキウムを認めることにはならないのである。

さて、精神は身体を媒介にして「全宇宙の状態を感覚する」というが、精神・身体相互間には実在的コンメルキウムが存立しているわけではない。予定調和が存立しているにすぎない。精神は身体を媒介にして全宇宙を表現するというのは、精神は自己の身体と緊密な関係にある物ほど判明に、しからざる物ほど混雑に表現するということである。と同時に、身体もまたミクロコスモスであるということである。有機体である身体がミクロコスモスであるとすれば、マクロコスモスの様子を想像することもできる。目的論的な宇宙観（世界観）が成立する一つの根拠である。

身心相互間の予定調和について『単子論』は次のごとく述べている。「精神は目的因の法則に従い、欲求、目的及び手段によって作用する。物体〔身体〕は作用因の法則すなわち運動の法則に従って作用する。しかも、この二つの王国、すなわち作用因の王国と目的因の王国とは互いに調和している」（§79）。身心の結合・一致は作用因の王国と目的因の王国との予定調和の一環なのである。しかし、「作用因の考察ないし物質の考察のみをもってしては、運動の法則の理由を説明することはできない」（『原理』§11）。機械論的世界観の基本原理である「運動の法則」も、神に究極の根拠を置く目的因に還元される。作用因の王国と目的因の王国とは異なった二つの世界ではなくて、異なった観点から観られた同一の世界に外ならないのである。『理性に基づく自然と恩寵の原理』は続けて言う。「というのは、私は〔運動の法則の証明のためには〕目的因の力を借りなくてはならないということ、そしてこれらの法則は論理学、算術、幾何学の真理のごとく必然 la necessité の原理に依存するものではなくて、適合 la convenance の原理、すなわち智慧の選択に依存するものであるということを発見した。そして、これは、これらの事柄を深く研究することのできる人々にとっては最も有効で最も分明な、神の存在の証明である。」物心相互間の予定調和は、究極的には、目的因の世界の目的論的調和に、すなわち神によって築かれた「宇宙の普遍的調和」に還元される。《各単子は同一の宇宙を表出・表現しているがゆえに、単子相互間には予定調和が成立する》ということは、この「宇宙の普遍的調和」を念頭に置いて言われている。我々は、次、に、単子相互間のその普遍的調和の形而上学的ないし神学的な根拠について考えてみることにしよう。

ライプニッツは、「偶然的真理すなわち事実の真理」の「充足理由すなわち最後の理由」は「諸事物の系列」の外なる「必然的実体」すなわち「神」の内に存する、と考える。（以下『単子論』§§.36-40）いわゆる神の存在の宇宙論的証明である。そして言う。「この必然的実体の内には諸変化の〔すなわち諸事物の理由の系列の〕細部が泉の中におけるごとく全く卓越的に eminemment 存している。……さて、この実体はこの凡ての細部の充足理由であり、この細部はまた汎通的に連結されて lié partout いる。〔だから〕ただ一つの神しか存在しない。そして、この神だけで十分である。……この最高実体 Substance Supreme に依存していないものは他に一つもない。」神の存在は諸事物の細部が汎通的に連結していることによって裏打ちされる。諸事物の全系列は唯一なる必然的実体（神）の内にその根拠を有している。予定調和の根拠はそこに求められる。神の悟性における、諸事物の「凡ての細部」の汎通的な調和・統一の理念に対応して、宇宙の凡ての事物の、凡ての細部にわたる汎通的調和が帰結する、と考えることができる。（ただし、左に述べるごとく、流出論を考えてはいけない。）「異なった実体のすべての現象の一致は、結局、諸実体がすべて同一の原因すなわち神の所産であるということにのみ由来している。だから、各々の個体的実体は神が宇宙全体に関してなした決心を表出しているということになる」(II 70. 一六八六年十一月二十八日、十二月八日付け対アルノー書簡の下書き)。ここでも、凡ての実体が唯一なる神の所産であるということから、宇宙の普遍的調和が基礎づけられている。もちろん我々人間の作品においては、或る人が或る時に作ったものと別の時に作ったものとの間に何の対応関係も存しないということがしばしばある。しかし、ここで言われているのは、凡ての事物を凡ての細部にわたり永遠にわたって見通している全知、全能の神の作品についてである。それらの間に汎通的な「一致」が成立するとするゆえんは明白である。それから、ここで「決心」という語が用いられているごとく、予定調和は神の世界建築者としての「決心」と「業」とによって築かれているものであるゆえ、流出論を考えてはいけない。さて、我々は先に各単子はそれぞれ神の対自態

――己の業を各視点から眺め讃美するための――と見られうるということを述べたが、それらの総体たる宇宙全体こそが、本来的意味での、神の対自態である。かくて、実体相互間に実在的コンメルキウムは存していなくても、少なくともライプニッツにおいては、世界は実在的全体であろう。ライプニッツは「宇宙の普遍的調和」の根拠を色々な仕方で説明しているが、右のごとき神学的説明こそが、最も徹底した説明の仕方なのである。

さて、『単子論』は神のその「決心」について次のように述べている。「ところで、神の持っている観念のうちには無限に多くの可能的宇宙が存するのに、宇宙はただ一つしか実在することができないのであるから、神をして他の宇宙を差し措いてこの宇宙を選ぶように決定させている神の選択の十分な理由がなければならない。そして、この理由は、適合ということのうちに、若しくはこれらの世界が含んでいる完全性の程度のうちにしか見いだされることができない。各々の可能的なものは、それが含んでいるところの完全性に応じて、実在性を要求する権利を持っている。これが最善なるものの実在の原因であって、神は智慧によって最善なるものを知り、善意によってこれを選び、勢力によってこれを生産する」(§§ 53-55)。「共可能的 compossible」なるものの総体が、ここにいう「可能的宇宙」である。その可能的宇宙は無数考えられる。その「無限に多くの可能的宇宙」(§ 53)の中から神がこの宇宙を選んだのは、この宇宙がそれらの中で最善のものだからである。これがライプニッツの最善観《オプティミスム》である。注意すべきは、ここで「最善」というのは、《最善の宇宙》、《共可能的なるものの最善》ということである。だから、この宇宙には最も完全な最善の調和が存しているはずである。予定調和の根源はここに求められるべきである。ところで、我々はこの世界に対してしばしば不満を抱く。しかし、「神は世界をただ我々のためにだけ創ったと信ずるのは大きな誤りである」(『叙説』§ 19)。視野を拡げ宇宙の普遍的調和という観点から見れば、この世界ほど完全な世界はありえない。「賢明で有徳な人々は、もし我々が宇宙の秩序を十分に理解することができたならば、我々はその秩序が最も賢明な人々のあらゆる願望よりも優れているということ、そしてそれを現在におけるよりも更に善くすることは不可能であるということを見出すであろう、ということを認める。しかも、これは単に一般的全体にとってだけでなく、特別に我々自身にとっても言えることである。……」(『単子論』§90) ライプニッツの予定調和の思想は彼のこのような最善観《オプティミスム》に還元される。しからば、なぜ、ライプニッツは宇宙の普遍的調和について「予定」ということを強調したのか。

『新説』は言う。「なぜなら、どうして、神がまず初めに実体にそれに生起するであろう凡てのこと、すなわちそれが持つであろう凡ての現象ないし表出を、しかも他の被造物の助力なしに（精神的あるいは形相的な自動人形、理性を分有している実体においては、自由な自動人形におけるごとく）秩序に従って生産することのできるような本性あるいは内的力を与えておくことができないわけがあろうか？ ……同様に人は、この一致の仮説こそが最も合理的な仮説であり、宇宙の調和と神の業の完全性とについて驚嘆すべき観念を与える、ということが分かる。……」(IV 485) なかんずく「神の業の完全性」という表現に注意していただきたい。個体的実体が己の内に凡ての述語を含んでいるということは、根源的には神の業の完全性ということに基づいて説明される。そのことについては既に触れた。ここでは、予定調和も、神の業の完全性ということに基づいて説明されている。例えば、対アルノー書簡でも言っている。「……この併起〔＝予定調和〕は、あらゆる他の仮説よりも更によく創造者の感嘆すべき智慧を表している。人は、この併起が少なくとも可能であること、そして神がそれを制作することができる、十分な力を持った偉大な職人であることを否認することはできない」(II 94f. 一六八七年四月)。このように、一つには個体的実体の完足性ということ、一つには神の業の完全性ということが、予定調和説の根底にあるのである。

ライプニッツに従って考えれば、単子相互間に実在的コンメルキウムが存することは予定調和のためには必要でないし、また、もしそれが存するとすれば、宇宙の普遍的調和ないし神の業の完全性が損なわれてしまうであろう。ライプニッツの「予定調和」の世界は最善の世界であり、単子（したがって人格）相互間の実在的コンメルキウムが否定されているにもかかわらず、カントが理想とした目的の王国の実現された姿に外ならない。

予定調和説の背後にあるエートスとしては、一つには最善観《オプティミスム》、一つには実践的自由の意識の欠如を挙げることができる。一体、ライプニッツは、人間の実践的自由・能動性についてはどう考えていたか。『単子論』は言っている。「理性的精神は〔「被造物の宇宙の生きている鏡若しくは姿」である上に〕更に神そのものすなわち自然の制作者そのものの姿であって、宇宙の体系を知ることができ、建築術の雛型によって或る点まで宇宙を模倣することができる。〔それゆえ〕それぞれの理性的精神は、自分の管轄区域における小さな神のごときものである」（§83）。ここでは、あたかも人間の能動性・実践的自由を強調しているかのごとくである。しかし、結論的には消極的である。『単子論』は最後の節に言う。「……だから、賢明で有徳な人々は、推定の、すなわち先行する神の意志 **la volonté presomptive, ou antecedente** に適っていると思われる凡てのことに力を尽くすとともに、神が神の秘密の、結果として判明する、確定した意志 **sa volonté secrete, consequénte ou decisive** によって実際に惹き起こすことにも満足する」（§90）。

各単子が宇宙・神を表現して普遍的・汎通的に調和している世界――それがライプニッツの「予定調和」の世界すなわち「恩寵の王国」であった。しかし、近代精神の展開は、やがて、人間の実践的自由の理念を確立する。人間は身体を媒介にして自然に、そして他の人間に働き掛ける者であることが自覚されてくる。当然、人間・自然間にあるいは人間相互間に実在的コンメルキウムが存立していることが自覚されることになる。そして、ライプニッツ流の最善観《オプティミスム》は、例えば「根本悪」（カント）を認めることによって否定される。現実の世界を予定調和の世界と観る観方は否定される。

## 第六節　カントの単子論

ここで、『物理的単子論』（*Metaphysicae cum geometria iunctae usus in philosophia naturali, cuius specimen I. continet monadologiam physicam*, 1756）におけるカントの単子論、及び『純粋理性批判』における、ライプニッツの単子論に対するカントの批判を概観しておこう。

周知のごとく、デカルトは有限実体に思惟実体（精神）と延長実体（物体）との二種類を考えた。しかし、空間は、したがってデカルトの考える、延長を属性とする物体は、無限に分割可能であるゆえ、物体の実体性を延長に求めることは不可能である。「合成体があるのだから単純実体がなくてはならない」（『単子論』§2）。ライプニッツは「自然の真の原子」、「事象の〔究極的〕要素」をもって実体と考える（『単子論』§3）。かくて、延長という属性は斥けられ、表象・欲求が実体（単子）の普遍的属性とされた。カントの単子論、すなわち「物理的単子論」もほぼ同様の発想から出発しているが、ライプニッツの単子論とは全く異なった結論を取る。空間は無限に分割可能であるが、空間は「結合した諸単子の外的関係の現象」（I 479）にすぎぬゆえ、そのことは実体の単純性――単子は単純実体である――に矛盾しない。カントは物理的単子の本性を《作用》に求める。「単子はそれが現存している小空間を境界づけるが、それらの実体的な諸部分の多数性によってではなくて、それの両側に現存している外部の単子がそれ以上それに相互的〔関係〕に〔おいて〕接近することを防ぐ作用圏によってである」（480）。その作用圏、すなわち単子の容積は、「現存の中心点」たる質点の「不可貫入性の力」すなわち「斥力」（これは距離の三乗に比例して減衰する）と「引力」（これは距離の自乗に比例して減衰する）とが等しくなる範囲（球）であるとする（484f.）。かつ、カントは単子の容積は凡て等しいと考えるゆえ、物体の質量の相違を説明するために、「物体の質量」は「物体の惰力」すなわち「〔物体の〕凡ての要素〔単子〕の惰力の総和」に外ならないとする(485)。そして、単子は弾性(圧縮性)を有するが、斥力は「単子の中心点においては無限大であるはずであり、考えられうるかぎりのいかなる力によっても要素〔単子〕の内部に貫入することのできないことは、明らかである」(487)。カントの単子論はライプニッツの単子論の特色を何ら活かすことなく、物理学のみを顧慮して展開されている。

しかしその背後には、『形而上学的認識の第一原理の新解明』における、時間を「継起の原理」、空間を「同時存在の原理」と見なす時空観が控えている。[14] その時空観を、カントはライプニッツの予定調和説を斥けて、諸実体相互間のコンメルキウムによって基礎づけた。基礎づけの仕方は異なっているが、時間は「継起の原理」であり、空間は「同時存在の原理」であるという時空観それ自体は、ライプニッツの時空観を踏襲したものである。

しからば、カントは、ライプニッツの単子論をどう受け止めたか。『純粋理性批判』「超越論的分析論」末尾の「付録　経験的悟性使用と超越論的悟性使用との混同による反省概念の多義性について」(B316-324)及び「反省概念の多義性の注」(B324-349)はそれを示す。

カントは「同一性と差異性 Einerleiheit und Verschiedenheit」、「一致と反対 Einstimmung und Widerstreit」、「内的なるものと外的なるもの das Innere und Äußere」、「質料と形式 Materie und Form」の四対の反省概念を考える。ライプニッツは悟性と感性に、「判明な表象」と「混雑な表象」という「論理的」区別しか考えなかったが、それらの「超越論的」区別を明らかにし、それら両者の結合においてのみ我々の認識が成立しうるとするカントは、これらの反省概念が純粋悟性において用いられるのか感性的直観との連関において用いられるのかを判別する「超越論的反省」(B319)ないし「超越論的場所論」(B324, usw.)の不可欠性を説く。「かかる超越論的場所論を欠いていたために、したがって反省概念の多義性に欺かれて、高名なライプニッツは世界の知性的体系を打ち建てた。あるいはむしろ、凡ての対象を悟性と悟性の思惟の分離された形式的諸概念と比較するだけで、諸事物の内的性質を認識しうると信じた」(B 326)。純粋悟性によって表象すれば、ライプニッツの説くごとく、不可識別者同一の原理が考えられ、実在性間に対立はありえないということ(つまりマイナスの実在性は存しないということ)が考えられ、実体概念においては内的なるものが外的なるものに先立ち、単子の本性として表象作用という「絶対的に内的なるもの」〈vgl. B 333〉が考えられ、そして、質料が形式つまり空間・時間に先立ち、空間は単子の共存の、時間は各単子における表象の継起の《関係》と考えられることになる。ライプニッツは反省概念の多義性に欺かれていたのである。「反省概念の多義性の注」で、ライプニッツの「単子」の規定〔第三の反省概念〕に関連して、カントはライプニッツが予定調和説を採らざるをえなかったゆえんを次のごとく説明している。「けだし、凡ての実体〔単子〕はただ内的に、すなわち己の表象にしか携わっていないがゆえに、一つの実体の表象の状態は他の実体〔単子〕の表象の状態とは全くいかなる作用的結合のうちにも立ちえなかった〔=立ちえないとされた〕」(B 331)。

しかし、我々は、カントの形而上学的世界は本質的にはライプニッツのいう「単子」(これは叡智的実体であり、カント流に言えば「物自体」である)の世界であること、ライプニッツによる絶対空間・絶対時間——ニュートンやクラークが考えたような——の否定はカントの空間・時間論の先駆けをなすものであったことをも看過してはならない。

注

(1) H. Heimsoeth: *Studien zur Philosophie Immanuel Kants* I (小倉志祥監訳『カントと形而上学』、須田朗・宮武昭訳『カント哲学の形成と形而上学的基礎』)にそれらの論文が収録されている。

(2) アダン、タヌリ版 *Œuvres de Descartes*, VII 28.

(3) *Die Stellung des Menschen im Kosmos*, 1927, *Max Scheler・Gesammelte Werke*, Francke Verlag, Bd. 9, S.

105 Anm. シェーラーが《人格》を《具体的な作用中心》として捉えていることについては、更に *Der Formalismus in der Ethik und die materiale Wertethik*, 右記全集 Bd. 2, S. 382ff. を参照されたい。以下、シェーラーからの引用は右記全集により、その巻数とページを記す。

(4) 特に *Die Stellung des Menschen im Kosmos*, Bd. 9, S. 62ff. を参照されたい。

(5) G. W. Leibniz *Hauptschriften zur Grundlegung der Philosophie* Übersetzt von A. Buchenau (Philosophische Bibliothek), Bd. II, S. 272 Anm.

(6) 「和辻哲郎全集」(岩波書店)、第九巻所収。特に「カントにおける『人格』と『人類性』」の章の「三　身体の問題」(S. 341-351) を参照されたい。

(7) 周知のように、》Handlung《 は 》Hand 手《 を語根とする言葉であり、したがって、》Handlung《 とは、字義に即して言えば、身体的行為である。

(8) 以上に関しては、特に河野与一訳『単子論』(岩波文庫)、二一〇—二一二ページの訳注を参考にした。

(9) ライプニッツに従って叙述すればこのようになるが、「事実の真理」が「仮定的に必然的」であるということをもって「人間の自由」や「神の自由」を基礎づけうるとするライプニッツの論の運びには無理がある、と私は思う。

(10) 落合太郎訳、デカルト『方法序説』(岩波文庫、一九五三年、一九六七年第一七刷改版)、七三ページ参照。

(11) 河野与一訳、ライプニッツ『単子論』(岩波文庫)、七四ページ参照。

(12) ただし、神に対する独立性の問題は別である。ここでは、他の被造物に対する独立性を考えられたい。

(13) 「実体的紐帯」の概念については、左記を参照されたい。Bertrand Russell: *A Critical Exposition of the Philosophy of Leibniz*, $^{7}$1967, pp. 151-152, 273-274.

(14) 森口美都男『「世界」の意味を索めて』、一九七九年、「II　カント研究」、第一章「物理的単子論——初期カントの空間概念」。

(付記)

本章及び本章の基になっている論文の執筆に際しては、特に、左記のものを参考にした。

河野与一訳、ライプニッツ『形而上学叙説』(岩波文庫。一九五〇年第一刷での書名表記は、『形而上學敍説』)。

河野与一訳、ライプニッツ『単子論』(岩波文庫。一九五一年第一刷での書名表記は、『單子論』)。

下村寅太郎『ライプニッツ』、昭和十三年（昭和二十二年、第三版）。

永井博『ライプニッツ』、一九五八年。

なお、ライプニッツについての専門書としては、右記の諸著作の他に、左記のものを参照した。
**H. Schmalenbach:** ***Leibniz,*** **1921.**
山本信『ライプニッツ哲学研究』、一九五三年。

永井博『ライプニッツ研究――科学哲学的考察』、一九五四年。

なお、本章では『形而上学叙説』、『理性に基づく自然と恩寵の原理』、『単子論』からの引用についてはページは示さず、節の番号を示したが、ゲルハルト版「ライプニッツ哲学著作集」は第四巻四二七―四六三ページに『形而上学叙説』を、第六巻五九八―六〇六ページに『理性に基づく自然と恩寵の原理』を、同巻六〇七―六二三ページに『単子論』を収録している。ライプニッツの著作から原語を引用する場合には、テキストどおりの表記を用いた。

# 第二章　批判哲学の世界観

## 第一節　宇宙生成論

### 一　宇宙論的エートス

我々は『純粋理性批判』の「経験の類推」の論においてニュートン物理学の力学的世界像が哲学的描出において再現されているのを見る。その第三番目の原則は、諸実体の「汎通的交互作用」の原則である。すなわち、「凡ての実体は、それらが空間において同時的なものとして知覚されうるかぎり、汎通的交互作用をなしている」(B256)。《カント倫理学の基本的構図》は、そこに再現されているニュートン物理学の力学的世界像に対応している。諸実体すなわち諸物体が存在していてそれらの交互作用において力学的世界が成立しているというニュートン物理学の力学的構図は、諸人格が存在していてそれらの交互作用において目的の王国という倫理的共同態を実現すべきであるという《カント倫理学の基本的構図》にそのまま反映している。また、『実践理性批判』(*Kritik der praktischen Vernunft*, 1788) の「純粋実践的判断力の範型論について」等においては、カントは力学的自然法則こそがその普遍妥当性のゆえに道徳法則の範型たりうるものであることを説いている。——もっとも、そこでは力学的自然法則は、後に見るように、目的論的法則として把握されているのであるが。——『天界の一般自然史と理論』（*Allgemeine Naturgeschichte und Theorie des Himmels*, 1755）において、若きカントは能うかぎり徹底して唯物論的・機械論的に宇宙の創生・進化を説明しようとした。カントのそのような力学的思惟様式は、批判哲学においても一貫して認められる。そして、批判哲学の背後には、したがってカントの倫理思想の背後にも、固有の宇宙論的エートスが控えている。

『純粋理性批判』においてカントは言う。「天文学者たちの観測と計算は我々に多くの驚嘆すべきことを教えたが、最も重要なことは恐らく、彼らが我々に無知の深淵を暴露したということである。この無知の深淵をば人間理性はこれらの知識なくしては決してそのように大きなものとは表象しえなかったであろう。そして、無知の深淵に関しての思索は、我々の理性使用の究極的諸目的の規定に大きな変化を生ずるに相違ない」（B603 Anm.）。この叙述は、『実践理性批判』の「結語」と本質的には同じ主旨のことを述べていると解することができる。「……我が上なる星の輝く大空は私が外的感性界で占めている場所から始まって、そのうちに私が立っている結合を諸世界を超えた諸世界、諸体系の諸体系との結合へと測り知れない大きさに拡大し、更になお、それらの周期的運動の、その始まりと持続の、限界のない諸時間へと拡大する。……無数の世界集合を一見すれば、動物的被造物としての私の重要性は言わば無化される。動物的被造物は、それからそれらが生成した物質を、それが短い時間（いかにしてかは知れないが）生命力を与えられていた後で、諸惑星（宇宙においては単なる一点〔であるにすぎない〕）に再び返さねばならない。……」「それに対して、我が内なる道徳法則は叡智者としての私の価値を私の人格性によって無限に高める」というのである。（以上 V 162）

かかる叙述の背後にある、カントの宇宙観を明らかにするために、そして、カントの思惟様式がニュートン物理学に則した力学的思惟様式にいかに徹底していたかを証示するために、『天界の一般自然史と理論』における彼の宇宙論ないし宇宙生成論について考察することが、本節の目標である。この書は一七五五年刊行のものであるが、カントは、この書に述べられた見解が彼の名を天文学史の上に永久にとどめるものであるという確信を終生持ち続けた。また、『神の現存在の証明のための唯一の可能的証明根拠』（*Der einzig mögliche Beweisgrund zu einer Demonstration des Dasein Gottes*, 1763）の第二部、第七考察「宇宙生成論」は、『天界の一般自然史と理論』の要約である。

小倉志祥先生が指摘しておられるように、『神の現存在の証明のための唯一の可能的証明根拠』においては、『天界の一般自然史と理論』における、時空的無限性 zeit-räumliche Unendlichkeit をもって「神の述語」とする考えは批判され、自足・自存性 Allgenugsamkeit が「神の述語」とされている。(1) その転換は、カントにおける神観念の根本的変革であった。それは、「世界霊魂 Weltseele」としての世界内在的ないし汎神論的な神の観念からの脱却を意味する。その脱却がなかったならば、批判哲学における、「純粋理性の理想」という超越神の理念の形成・基礎づけもありえなかったであろう。しかし、『天界の一般自然史と理論』におけるカントの宇宙生成論そのものは、その転換によって否定されはしなかった。私も、主題を宇宙生成論に限定して、『天界の一般自然史と理論』を概観することにする。

## 二　銀河系構造論

「一七五一年の『ハンブルク自由論評』で知ったダーラムのライト〔Thomas Wright of Durham〕氏の論文」が、カントに諸恒星を「惑星系と非常に類似した体系」と見なす最初の機縁を与えた。（以下 I 231）カントは恒星を「より高次の秩序の、ゆっくり動いている遊星」であろうと考える。ブラッドリー（James Bradley, 1693-1762）は、なかんずくアークトゥールスの赤緯がティコ・ブラーエやフラムスチードが規定した場所から「彼らの観測の不正確さ」による誤差以上に大きく外れていることを述べている。カントは、トマス・ライトのこの説を展開し、ド・モペルテュイの論文『天体形状論』に述べられている「星雲状の星々」（銀河系外星雲）をはるか遠方の「強力な回転によって扁平化された大きな明るい塊」で、恒星の体系群に相違ないものと考える（232 Anm.）。「ライト氏は諸恒星を無秩序な、無意図的に散在する群とは見なさず、全体における体系的構成 Verfassung と、これらの天体の、それらが占める諸空間の主要平面に対する普遍的関係を発見した。」（以下 248f.）「天界の観測者たち」が銀河構造の本質への洞察を欠いてきたのは、驚きである。「なぜなら、人は〔銀河系の〕恒星が最大円の方向を、しかも連続した連繫を成して全天界を回って、占めているのを見るからである。……〔銀河平面への〕この関係は全く疑う余地のない現象なので、銀河の白く光っている帯の中に包含されていない諸他の星自身も、その場所が銀河の円に近ければ近いほど、それだけ集積・密集して見え、また肉眼が天界に見いだす二千個の星の大部分が、その中央を銀河が占める余り広くない地帯に見出される。」「銀河は、言わば新しい星々の獣帯でもある」のである（253）。ここに「新しい星々」とあるのは、銀河の星々の一つ一つは判別しえないほど微少にしか見えないので、銀河を構成している星の大部分は誕生して間もない星である、というのであろう。カントは「星雲状の星々」は正面から眺めれば円形であり、側面（斜め）から眺めれば楕円形であるであろう、と考える。（以下 254f.）カントは星雲を「多くの星の体系群 Systemata」と考え、それらが遠距離に在り、「測り知れぬ多数の星であるがため」「一つの一様な淡い微光」にしか見えないのだ、と考える。銀河系が属する局部星雲群の横綱格は、同じ渦巻き星雲Sb型の、アンドロメダ大星雲（M31）と、それから約二百万光年離れた我が銀河系とであり、銀河系の構造の研究は、M31の研究を通して展開してきたのである。カントは「恒星系が多数あること」（241）を考えているが、今日の天文学によれば、星雲は星雲群、星雲団といった超銀河系を構成し、更には超超銀河系（超星雲団）を構成しているのかもしれない。カントは言う。（以下 255f.）地球が遊星宇宙においてはほとんど気付かれぬほど小さな砂粒であることが我々に驚嘆 Bewunderung を与えるとすれば、銀河宇宙の巨大さは我々にいかなる驚愕 Erstaunen を与えることか。しかし、銀河宇宙も更に巨大な宇宙の単位を成すものにすぎず、こうした連関は無限に展開していく。「我々が述べた学説は、我々に創造の無限の領域への眺望を開き、偉大なる技術師 Werkmeister の無限性に適合した神の業についての表象を提供する。……我我は諸世界と諸体系との前進する関係の第一項を見る。この無限級数の第一部分は既に、人が全体から何を推測すべきかを認識させる。ここには終わりはなく、その中では人間の諸概念の全能力が、たとえそれが数学 Zahlwissenschaft の助けによって高められようとも、沈没してしまう、真の不可測性の深淵がある。啓示された智慧、善性、力は無限であり、まさしくそれに応じて豊穣で活動的である。それらの啓示の計画は、それゆえ、まさしくそれらと同じく無限で限界なし ohne Grenzen でなくてはならない。」

我々の太陽系においてすら、その広大さのゆえに、未発見の天体がある、とカントは考える。彼によれば、惑星の軌道の離心率は、太陽からの距離に従って増大する。「まさしくこの離心率が彗星と惑星との本質的区別を成すということは、確実である」(257)。カントは自然の連続性の原理に基づいて、土星の彼方に、恐らくは土星の軌道を横断するであろうような「最後の惑星で最初の彗星」である「新惑星」を想定している(256ff.)。ここで、カントが土星を一番外側の既知の惑星と考えているのは、一七八一年F・W・ハーシェル(Frederick William Herschel, 1738-1822)が天王星を発見するまでは、土星の外側の惑星は知られていなかったからである。

現代の天文学によれば、銀河系の中心は、星が一番密集している射手座の方向にあるが、カントは、「我々の太陽がその中へ属している恒星系の中心点」は「シリウスすなわち天狼星」であると考える(328f.)。それは、シリウスが「全天界で最も明るい星」(実視等級約マイナス一・六等)であることによるのであろうが、カントはこの「シリウスの卓越した形態」に注目するのみならず、更に、以下のごとき証明を加える(328 Anm.f.)。太陽が銀河の中心点にないことは明白である。「銀河の帯は白鳥座と射手座の間の部分で最も幅広い。したがって、この部分は、我々の太陽の場所が〔銀河の〕円形の最外周辺に最も近い側である。そしてこの部分において我々は、鷲座と鷲鳥を伴った孤座の在る場所を、特に最も近い場所と見なす。なぜなら、同所では、銀河が分かれる間隙から星々が最大の見掛け上の分散を成して光を放っているからである。」それゆえ、「ほぼ鷲の尾の近くの場所から」銀河平面の中央を通って反対点まで直線を引くと、それは銀河系の中心点に的中するはずであるが、「それは実際に非常に正確にシリウスに出会う」。「この調和化的遭遇」からも、シリウスは銀河系の中心天体であると思われる、と言うのである。

カントの太陽系生成論は、銀河系外星雲も銀河系も扁平な円盤状を成しているところから着想されている。扁平な円盤状物体は、物体の回転によって生まれる。「万有引力の法則によれば、この回転的に振り回された世界素材 Weltstoff の内では凡ての部分が……平面を切断しようと努力してきたに違いないことが明白である。……」(II 146) 星雲には種々の形態があるが、猟犬座M51で、一八四五年渦巻き星雲の構造を初めて観測したロズィ伯爵の驚きは、大きかった。星雲が力学的法則に従って構成されていることが、そのようにして確認されていったのである。

## 三　太陽系生成論

カントの宇宙生成論は、太陽系生成論を中心に展開される。惑星軌道の離心率が太陽からの距離に従って増大する、というカントの説は誤りである。離心率の最も大きいのは冥王星であるが、離心率は、土星、天王星、海王星の順に減少している。冥王星の次に離心率の大きいのは水星であり、次は火星であるが、カントもこの二星の離心率が大きいことをば認めており、それは太陽、木星という大きな星が近くに在るからだと考えている (I 280)。火星の場合には、近くに在る木星の引力によって形成粒子を奪い取られ、かつ「太陽に向かって拡がる余地しか残さず、それによって中心力と離心率との超過を招く」と言っている(ibid.)。続いて水星についての説明があるが、太陽の自転周期は水星の公転周期に対して三・五倍以上も速いゆえ、カントの説明は誤っている。しかし、我々は、離心率についてのカントの考えは、カントの宇宙生成論と不可分に結び付いた考えであることを認めねばならない。

ニュートン(Isaac Newton, 1642–1727)は宇宙生成の原動力を「神の直接の手」(262, 333)にゆだねた。しかし、カントは、『ニュートンの諸原則に従った、全宇宙の構成と力学的起源とについての試論』(『天界の一般自然史と理論』副題)を試みる。カントは言う。「人はここで或る意味で不遜なしにこう言うことができよう。『私に物質を与えよ。私は物質で世界を築こうと欲する！　すなわち、私に物質を与えよ。私は君たちに、いかにして世界が物質から成立するはずであるかを示そうと欲する』」(230)。「最も取るに足らぬ植物や昆虫」、「一匹の毛虫」の創作(ibid.)、「既に現存している植物における生長や内部運動が、それに従って生ずる諸法則」、あるいは「その内では六角形の星形の規則正しさが、外観上惑星軌道の円形よりもより正確である唯一つの雪片の創作」(II 138)についてよりも、「大宇宙体系の起源についての説明」(ibid.)の方がずっと容易である、とカントは考えている。力学的世界観の徹底化という点でも、また、カントの着想が現代の宇宙生成論に与えている影響という点でも、カントの宇宙生成論を概観しておくことは必要である。

物質の創生の問題は、宇宙論ないし素粒子論の究極の問題として、最後まで残るであろう。カントは、「その諸固有性と諸力とが凡ての変化の基礎になっている根本物質自体は、神の現存在の直接的帰結である」と考える(I 310)。だから、ビッグバン説は、カントにはかかわりを持たない。『天界の一般自然史と理論』は「世界の無限の広がり」(309 Anm.)を肯定している。「根本物質は、それゆえ、同時に非常に豊富で完全であるので、永遠性の流出における根本物質の構成の進化は、存在しうるもの凡てを包含するいかなる尺度をも認容しない。簡単に言えば、それは、無限である平面の上へと拡がりうるであろう」(310)。

カントは、「万物の初めにおいては」、太陽系の諸天体を構成している凡ての物質は、「元素的根本素材 elementarischer Grundstoff」に解体しており、太陽系の全空間を充たしていた、と想定する(263)。かつてデカルト(2)が考えたのと同じ「完全なカオス」(225)の状態を考えるのである。そして、「元素の種類における差異性が自然の調整とカオス〔から〕の形成とに対し最も主要な寄与をする」と考える。(以下 263ff.)「この根本素材の種類は……無限に相違しており」、「千倍も比重の大きな諸元素」もある。「最大の特殊な密度と引力の元素」は軽い元素とは桁違いにまばらに散在することになる。「このような仕方で、充満された空間においては、普遍的静止はほんの一瞬間持続するだけである。」引力の大きな元素は周囲の物質を集め、それらはより質量の大きな〈カントの叙述では、》dichter より密度の高い《〉小部分へと集まっていく。カントは、その集積は初めは分子の化合によって緩やかに生じ、或る大きさに達した後は万有引力によって急速に増長していく、と考えている(vgl. 267-268 Anm.)。さて、中心物体の周辺に集積して来る粒子の引力となかんずく斥力とから側面運動 Seitenbewegungen が生じ、かくて、粒子は引力と側面運動との合成によって曲線を描き、「小粒子 Teilchen の大渦動」が生ずる。その角運動量は、やがて中心物体に持ち込まれ、原始太陽、原始惑星、原始衛星の自転が始まるのである。そして、「諸部分の種々の仕方で競い合っている諸運動」は、(一)「凡ての小部分を一方向へ進行」させ、(二)諸微粒子を「平行」で、「最早相互に交叉しない」、太陽を中心とする「自由な円運動を続ける」に至らしめる。「これが、その中へ、競い合っている諸運動において把握されている物質が常に移行していく自然的帰結である。」原始太陽系星雲の大渦動によって、「凡ての渦動している諸元素」は原始太陽の赤道を横切る平面の周りへ「可能なかぎり集まって行き」、「この平面から隔たった地帯を空虚にする」。(以下 267ff.)「凡ての元素が群がるこの平面に近付くことのできなかった諸元素」は、最終的には太陽へ沈下する。この平面の上下、各七・五度(3)〈273〉

の空間内の「世界物質の根本素材」は、やがて、既に形成の進んでいる巨大な物体の塊の中に集積して、惑星が形成される。惑星形成の始まりは、まず、化学的結合による。「ニュートンの引力はこのように非常に微細な極微粒子においては余りに緩慢・微弱〔すぎる〕であろう。」しかし、結合の、その後の増大は、全く万有引力による。「種々の高さから種々の運動をもって惑星に集まって来る小部分〔ないし微粒子〕」は、太陽からの距離の相違、速度の相違によって、離心率や軌道傾斜の相違を生ずる。「根本素材の沈下運動」が弱い所では、「惑星や彗星が散在している諸空間」は広大であり、したがって、太陽から遠い惑星、彗星の離心率は大きくなる。[4] カントは、太陽に近い原始惑星の小粒子は円形公転運動をなすに必要以上の公転速度を持つがゆえに、これが、太陽から遠距離の、公転速度の欠如している、原始惑星の小粒子の公転速度を補って、それらをもなるべく円運動に近付ける、と考えている。

カントは天体の形成が完了している宇宙空間は、真空であるか、真空に近いと考えているが、その密度は、現代の天文学によれば $10^{-26}$ g / $cm^3$ 以下であり（宮地政司編『宇宙の探究』Ⅰ「宇宙」（鏑木政岐）による）、この真空状態が天体の自転、公転の永久運動を可能ならしめるのである。

さて、微粒子 Partikel は種々の密度を有する。比重の大きな微粒子は、諸他の微粒子の抵抗に打ち勝って、より太陽に近い惑星の形成に与るが、比重の小さな諸元素は、諸他の微粒子の抵抗に遭って「直線的落下から逸らされ」、また「諸元素の充満空間を通って」の沈下運動によって、「中心点により近い所での回転のために必要とされる高速度」をば失うことになる。（以下 270）「より重い諸微粒子から成る諸惑星は、それゆえ、それ〔ら〕とははるかに異なって、これらの〔軽い〕原子の合流によって形成されている諸惑星よりも、より密度の高い種類の惑星であり、より太陽の近くに形成されるであろう。」

しかし、「その根源的場所がカオスにおける物質の普遍的分配〔分布〕において太陽のより近くに在った諸小粒子」は、太陽ないし内惑星に集積されたであろう。だから、「必ずしもそれぞれの高さを同じ比密度の諸微粒子のみが占めるはずであるというわけではない」。「しかし、一般的には」、上述のことが成り立つ。（以上 270f.）そして、カントは、「諸他の、それの周りを公転している球の中心点に在る天体は、通例、それの最も近くを公転している物体よりも、より軽い〔より密度の低い〕種類のものである」（272）と言う。太陽は地球に対してまさしくそうであるが、現代の天文学によれば、月は地球よりも密度が低い。(5) カントはなぜそのように考えたのか。「内惑星は主として、それらの密度の優位によって中心点のかかる近くにまで必要な速度をもって突き進むことのできた元素的物質の屑から形成されるが、これに反して中心点自身に在る物体は、無差別に、それらの合法則的運動に達しなかった、現存した凡ての種類の物質の集積したものであるから」である（ibid.）。要するに、公転するために必要な角運動量を持ちえなかった密度の低い粒子は、太陽に〔あるいは惑星に〕落下した、というのである。

カントは、太陽の赤道面の延長を上下七・五度で挟む空間内の物質によって惑星が形成され、また、最外惑星の軌道辺りまでの所に在った残余の物質が中心物体に沈下して、太陽が形成された、と考える。しかし、「ニュートンの計算」によれば、太陽の容積と「全惑星の容積」との比は17：1ではなくて、650：1である。この差は、物質が太陽に沈下したか、彗星になったかして生じた、と考えているが、彼が土星の外側に未知の惑星を考えるゆえんでもある。（以上 237f.）

さて、惑星の「物質の量」は太陽からの距離に（大ざっぱに言えば）反比例する、とカントは考えるが、それは、太陽から遠ければ遠いほど、「惑星の引力圏」は太陽の引力によって制限されることが少なくなるということと、先ほどの、「球面の十七分の一よりも幾らか大きい」〈273〉空間は、それだけ多くの根本素材を含むからである。しかし、例えば、木星に対する火星、土星、また太陽並びに恐らくは金星に対する水星のごとく、「巨大な質量の他の惑星の近くに在る惑星は、それの形成の区域から非常に多くを失う」ということもある。（以上274f.）そして、カントは、かかる理論の正当性の根拠を、「しかるべくして非常に高名な哲学者フォン・ビュフォン氏」の「全惑星物質の密度」と「太陽の密度」との比は 640：650≒1 であるという比較に求める（277）。物質には、地球にない物質も沢山あり、また、密度の相違も一万五千倍もあるにもかかわらず、である。（以下 345）ここでは、惑星として、「土星、木星、地球、月」が計算に入れられており、「諸他の惑星は……ほとんど計算されるに値しない」と言う。

彗星と惑星の第一の相違点は、離心率の大小にあった。さて、「沈下運動は万物の根拠である」が、「原素材 Urstoff の拡がった諸部分が太陽から遠く隔たっていればいるほど、それら諸部分を沈下させる力は弱くなる」。（以下 279ff.）彗星の母体は、「弱い運動の素材の集積であるゆえ、離心的運動しか持たず、その運動によって太陽へ沈下し、途上でますます、より速い運動の諸部分の併合によって垂直的落下から逸らされ」、周囲の空間が空虚になると、「最後には諸彗星が残る」。「自由な円回転に到達できない……根本素材」は、離心率を大ならしめたのと全く同一の原因によって、「この高さにおいて凡ての惑星運動が関係する平面に集積する力はなく」、「天界の凡ての領域において自由に公転する」彗星へと形成される。これが、「彗星の種族を惑星と区別する第二の特性」である。大部分の彗星、なかんずく「近い諸彗星」においてはそういうことはないが、惑星とは逆行の公転を行う彗星もあるであろう。（ハレー彗星の公転は逆行である。）「体系の中心点からの距離とともに諸彗星の、それらの偏倚に関するこの無法則的自由は増大し、天界の深みにおいては回転の完全な欠如のうちへ消失する。その欠如は外側の、形成されつつある諸物体を太陽へのそれらの落下に自由にゆだね、体系的構成に最終的諸限界を据える。」つまり、惑星系の形成が時間的にそこまで及ばない場所が存する、と言うのである。また、カントは、彗星の中には土星、木星よりも質量の大きいものがあると信ずるが、この質量の増大には限度がある、と考える。(以下 282) 遠隔の広大な空間に散在している微粒子は、特別に軽くて、天体の形成は緩慢であり、多くの場合、「多数の比較的小さな形成」しか許さず、そして「中心力の欠如」は、「微粒子の大部分」を、塊の形成にまでは至らしめず、太陽に落下させる。「彗星は世界 Weltgebäude の最上領域で形成されるゆえ、彗星を構成する小粒子は最も軽い種類のものである」であろう。そして、「これが、煙弾と尾との最も主要な原因である」。また、ほとんどの彗星の近日点は「地球と金星の軌道の中間に」あるが、そのことからも、「彗星は、熱によって全自然における何か或る物質が被る以上の希薄化を被る、最も軽い素材で構成されているに違いない」。

ついでに、カントは、北極光について、それは、「太陽の作用が地球の表面から引き出す、最も微細な微粒子」、あるいは「熱帯で立ち登る、最も微細で最も活動的な小粒子」が、「太陽光線の作用によって」、夜の側の極へ追いやられたものである、と言う。(以下 283) そのような微粒子が地球にも彗星におけると同様沢山あるとすれば、地球も「尾を持った大気球 Dunstkreis」になるであろう、と言っている。

「元素的物質の広がりから自己を形成する、惑星の努力は、同時にそれの軸回転の原因であり、そしてその周りを公転すべき諸衛星を生み出す」(283)。「諸衛星を生み出すための素材は、そこから惑星がそれ自身の形成のための諸部分を集めた区域に含まれていた」(238)。衛星の起源も、太陽系の起源と同様である。カントは凡ての衛星が順行であると考えているが、それは、原始惑星の粒子と同じ渦流の中に在る諸粒子が、原始惑星の引力によって公転運動を始めたからである、と言う。(以下 284f.) 衛星は、惑星の引力によって集められた素材より形成されるゆえ、質量の大きい惑星ほど、より多くの衛星を持つ。「それゆえ、大きな質量の、より遠方の距離に在る諸惑星〔なかんずく木星と土星〕のみが〔最も多くの〕諸伴星を与えられている。」

また、惑星の自転の原因は、渦流の源となった引力であり、それゆえ、大きな質量の惑星ほど自転周期が短くなり、木星の自転周期が最も短い(286)。月は、一見、自転していないように見えるが、以前にはもっと速く自して説明される。

転していたが、自転運動が「段々に減少」した（287）。今日の天文学では、これは、地球との潮汐摩擦の結果と

　また、惑星、衛星の「軌道面に対するそれらの軸の位置」は木星と太陽のみが直角である、と言う（287）。火星の軸も「ほとんど」直角であると言うが（287, 347）、実際には、火星の公転軌道面に対する自転軸の傾斜は、地球のそれよりも大きく、火星に四季の変化があることは、疾うに知られている。カントは、「最初の形成の根源的状態においては」、凡ての惑星、衛星の、公転軌道面と自転軸とは直交していた、と考える。（以下 288f.）もっとも、諸微粒子の集積によって惑星は形成されたのであるゆえ、それらの量〔の偏倚〕や速度によっても、傾きが生じたかもしれない。しかし、天体が固まり始めると、「比較的軽い種類〔の諸物質〕」が、「赤道の下かその近く」に集まるゆえ、そこに陥没が生じて、凹凸が出来、それによって自転軸が傾いた、と考える。「極に近付くにつれてこの不釣合いはほとんど全く無くなる。」巨大な天体の固体化が完了するまでには、「何百年、恐らく何千年」もかかる（352）。固体化の完了していない天体は幾らもある（ibid.）。木星の場合もそうである（289, 352）。「木星の形態〔紋様〕の、種々の時間における著しい変化」から、このことは「既にずっと昔から」天文学者たちによって「推測」されてきた（352）。やがて、木星も住民を持つようになるであろう（ibid.）。その点、質量が木星の約三分の一の土星は、太陽からの距離も遠く、「より速やかな形成」を終えている（290）。土星は自転速度が速いので、それの表面上では重力よりも遠心力の方が大きな割合を占めるがゆえに、土星の表面には凹凸が生じ、自転軸の傾斜が生じ（290）、惑星中、最大の扁率が生じた。(6)

　カントは、土星の環を、「土星から立ち昇る蒸気」（292）から出来た「蒸気の粒子 Dunsteilchen」（300 Anm.）の集合と考える。かつては、土星は、彗星のごとく、離心率が大きく、近日点の近い公転をしており、近日点に近付いたときに、彗星の尾のごときものとして「土星の表面の軽い素材」の上昇、広がりが生じた。（以下 291ff.）

土星が円軌道を回るようになり、かつて近日点で太陽から「受けた熱を徐々に……失って」、蒸気粒子は発散をやめ、土星の周りを「自由に漂い」、やがて環になった、と考える。赤道近くで立ち昇った小粒子ほど、大きな角運動量を持っていた。「中心力」に合致したものだけが公転運動を続けたが、外側の小粒子をば「太陽光線の力」が分散させてしまい、また余り内側の小粒子は、運動速度が小さすぎて、「離心的軌道」を取り、小粒子相互の交叉によって、角速度は弱まって、土星に落下した。カントは、土星の環と月が「そこ〔の〕人々」の夜を明るくする、と詩的に述べている。また、土星の衛星の公転速度から、「環の諸微粒子がその内側の縁で公転する速度」（これがそれらの小粒子の「最も速い回転」であり、それは土星の赤道上での自転速度に等しい、と考えている）を導き、「土星の軸回転の時間」を六時間二十三分五十三秒と導いている。しかし、同書の別の箇所で、「内側の縁の諸小粒子の公転時間を約十時間」（298）と計算しているが、これは、二年後のF・W・ハーシェルの観測値と一致する。

さて、環を構成する微粒子は、外側のものほど後れるがゆえに、そのままでは、環は破壊されてしまう。（以下 298ff.）だから、「環は幾つかの同心円帯に分割され」て、空隙が生ずる。カントは、このように書いた後で、カッシーニがいわゆるカッシーニ空隙を発見したことを知るが、カントは、三つの環を考えている。カントは、土星の環が、既述のごとく、衛星一般とは全く異なった仕方で形成されたものであることを、環が「惑星運動の普遍的関係面から非常に逸れている」ことから確信する。

そして、地球が大昔、環を持っていたとすれば、その水蒸気の環の破砕によって、ノアの洪水を説明できるのではないか、とも考えている。

「太陽は微細な、蒸気体の物質 Wesen で取り巻かれており、この物質は太陽の赤道の平面の中で両側にただ僅少の広がりをもって大きな高さに至るまで太陽を取り巻いている」。（以下 304f.）それらの小粒子が落下しないのは、「太陽光線の力によって」である。それが、黄道光の本体である。

カントは、一つの「憶測」として、太陽系の最外域に在った、太陽系の「普遍的根本素材の諸部分」が太陽系形成の完了後、遅くて弱い、惑星の公転と同じ方向への落下運動を始めて、太陽へ沈下しなかったもの、つまり太陽の赤道平面を切断するものは、「太陽光線の追い返しにより」、あるいはそれらの幾らかは太陽の周りを公転して、「永続的に同じ高さに保たれ」たものが、黄道光である、とも言っている（305f.）。

恒星と惑星との相違を、カントは、それが「より軽くて揮発性の諸部分」から構成されているか、「より重くて力のない素材」から構成されているかに見る。（以下 323ff.）前者の素材の大部分は、公転に必要な角運動量を持てなかった微粒子であり、中心物体へ落下した。元々、「宇宙のこの中心点〔太陽〕」には「最も重い最も濃密な種類の物質」が存していたはずであるが、上記の微粒子の落下によって、太陽の密度は地球の密度の四分の一になった、と言う。そして、太陽は「燃えている物体」になった。「濃密な物質が揮発性の物質に混合して在る」がゆえに、中心物体の火は激烈であり、持続的である。「粗い諸小粒子とより軽い諸小粒子との混合を内包する物質……の煙雲」は、「重い、ピッチと硫黄の雨」を降らせて、「炎に新しい燃料を供給する」。太陽の中に「硝石のごとく弾力性の空気を無尽蔵に豊富に含有している物質」が有ると考えれば、空気の供給も半永久的に尽きることはないと言える。

しかし、太陽はいつかは燃え尽きてしまう。「最も揮発性があり最も微細である物質」は「黄道光の素材」として散り、表面には「不燃性の燃え尽きた物質、例えば灰」が堆積し、空気の供給も尽きる。幾度かの復活的な活動は繰り返されるであろうが、ついには「永遠の暗黒〔体〕」となる。

太陽の黒点は、「燃えている深淵からそれらの恐ろしい尖頂を露出している、燃え尽きた岩々」であり、「沸き立った火の元素の氾濫や退潮」が、黒点の「交代的な生滅」を惹き起こすのである。——カントは、太陽の表面に凹凸があるゆえんを、液体状の天体は、まず表面が固まり、その内に閉じ込められていた「弾力性の空気、火の元素の諸微粒子」は押し出されて、固体化した外殻の直下に集まり、外殻が陥没すると「大きな、太陽の塊に比例した途方もない諸凹所」が出来、「高い地帯、山脈並びに谷間、広大な火の海の水脈」が造られた、と説明する。

太陽についてのカントの説明は、現代の天文学ではほとんど通用しないが、現代の学説については、説明するまでもないので、省略する。

## 四　宇宙観

「共存が空間を生む」(308)。『天界の一般自然史と理論』は、所々にライプニッツ哲学の影響を示している。引力の範囲と共存の範囲とは一致する。それらは、「創造を無限的存在者の力との関係において思い見るためには、全くいかなる限界をも持ってはならない」(309)。しかし、宇宙の力学的形成は、「宇宙の引力の中心」(311)、「最強の引力の点」から始まった。この中心点と関係した、力学的法則に従う「体系的諸運動」によって秩序づけられているがゆえに、宇宙は「破滅と瓦解とへ急ぐ」ことから免れている(311)。宇宙の力学的形成はこの中心点から漸次拡大していく。「暫時この表象に静かな満足をもって耽ってみよう。私は、創造の漸次的完成に関する、理論のこの部門よりも、人間の精神に全能の無限的領域への眺望を開くことによって、人間の精神をより高貴な驚愕へと高めうるものは何も見出さない」(312)。この漸次的完成は無限に進む。しかし、中心点の方から崩壊も始まる。「諸世界と諸世界秩序は消失して、諸永遠性の深淵に呑み込まれる。しかるに、創造は間断なく活動的であって、他の天界諸領域において新しい諸形成をなし、損失を利得で補う」(317)。恐らく、「既に完全性に達した世界は、それが形成されるのに必要としたよりも長い時間持続しうる〔であろう〕ゆえ、宇宙の広がりは……総じて増大するであろう」(319f.)。惑星や彗星は、いつかは、公転運動を失って、ことごとく太陽へ激しく落下するが、「太陽系の遠く隔たった天体は……全自然の、最も軽くて、火中で最も活動的である素材を自分の中に含んでいる」がゆえに、大爆発を起こして、太陽系の再生と消滅は、「少なからぬ規則性をもって繰返」される(320)。「そのうちにおいては諸恒星が成員である大体系」についても同様である(321)。現代の天文学において、グロビュールは超新星の爆発の残骸物から形成されたものであることが明らかにされていることを思えば、カントには先見の明があった、と言える。

なお、カントは、「神性は全宇宙空間の無限性の至る所に同じく現在している。……」(329f.)と述べている。一種の汎神論がこの書を貫いていることは確かである。

「宇宙の体系的構成」(246)とその力学的起源は、ニュートン力学によって完全に説明されるとする一方で、カントは、「世界の構成のうちなる」「秩序と優美」(346)、「事物の普遍的諸性質」の「本質的諸親和性」(364)から、神の存在を証明する。「自然が普遍的法則によって生じた物の中に、自然がこのように多くの一致と秩序を示しているがゆえに、正にそのことによって、凡ての事物の本質は或る根本的存在者の内にそれらの共通の起源を持っているに相違ないということが、推知されるべきである。……」(332)自然の世界はこの「唯一の最高悟性」(ibid.)の設計であり、その実現を力学的法則にゆだねたのである。「自然とは、自分自身で充ち足りている原理である」と言えよう(364)。同書においては、「諸意図の教説 **Lehrverfassung**〔目的論〕と機械論的学説とは符合」する(363)。力学的宇宙生成論こそが、自然を「我々に、それが通例見なされているよりも、より価値ある」ものに見えしめ(332)、宇宙生成の過程を「最も単純」に示すのである(229, 263)。「神の直接の手」が宇宙を形成したとすれば、太陽系の姿は変わっていたであろう(336ff.)。「天体の力学的創作」論(345)の結論として言う。「自然は、それが完全性と秩序とへの本質的規定を持っているにもかかわらず、その多様性の範囲の内に凡ての可能的変化を、欠乏や偏倚に至るまでも、含んでいる。正に自然のこの無制限の豊穣さが生命ある諸天体並びに諸彗星を、有用な山々と有害な諸断崖を、可住諸地帯と荒涼たる諸砂漠を、諸徳と諸悪徳を生んだ」(347)。同書は、無限性 Unendlichkeit、遍在性をもって神性を規定している。しかし、力学的宇宙論は、同時に、神が「完全に充ち足りた自足・自存的 allgenugsam な最高の悟性」(227) であることを要請し、証明している。

## 五　宇宙における人間の位置

同書でも、理性的存在者は「自然の目的」と見なされている (352)。しかし、「創造の無限性 Unendlichkeit は、それに無尽蔵の豊富さが産出する凡ての自然〔物〕を、同等の必然性をもって含んでいる。思惟する存在者中の最も崇高な階級から最も卑しまれる昆虫〔ここではしらみ〕に至るまで、自然にとっては重要でない成員は何一つない。どの一つが欠如しても、連関のうちに本質を持つ全体の優美さは、必ずそれによって妨げられるであろう」(354)。人間だけが宇宙の唯一の住人なのではない。同書第三篇は、太陽系の惑星についてしか述べていないが、「ほとんどの惑星には確実に生物がおり、将来いつかそうならないであろう惑星はない」と述べている (354)。「人間は彼の凡ての諸概念、諸表象を、宇宙が身体を媒介にして彼の心霊のうちに起こさせる諸印象から得る」(355)。カントはこれを「心理学の諸根拠に基づいて確定している」ことであると言っているが (355 Anm.)、これは、ライプニッツ的発想である。「物質の惰性と抵抗とは精神的存在者たちの活動への自由と外物に関する彼らの感覚の判明さとを余りにも甚だしく制限し、それ〔ら〕は彼らの諸能力を、〔諸〕能力が外物の諸運動に、所要の軽快さをもって従わないがゆえに、鈍感にする」(330)。だから、「彼らの創作の場所と居所が創造の中心点に向かってより近くに在る理性的存在者たち」をば「低い階級に数えねばならないであろう」(ibid.)。「人間の本性をこのような深さの卑劣〔低劣〕さのうちへと下落させている諸障害の原因」は、「人間の精神的部分がその中に沈下している物質の粗雑さ」、「精神的部分の諸活動に従うべき、諸繊維の硬直性、諸体液の惰性、不動性」に存する（356）。それゆえ、これらの「悪徳及び錯誤の源泉」に立ち向かうには、大きな「理性の諸々の努力」が必要である（356 f.）。諸惑星の住民、さらには動植物の形成素材は、太陽から遠隔であればあるほど、より軽微であり、繊維も弾力性に富み、構造もろとも、より完全である（358）。カントは、ニュートンの計算に従い、地球、木星、土星の密度比を、400：$94\frac{1}{2}$：64 と見なす（341）。それゆえ、「思惟する諸自然〔諸存在者〕の卓越性、彼らの諸表象の敏捷さ、彼らが外的印象によって得る諸概念の判明さと活発さ並びにそれらを複合する能力、最後に現実の実行における機敏さも、要するに彼らの完全性の全範囲は、彼らは彼らの住む場所の、太陽からの距離に比例してますます卓越し、ますます完全になるという、確実な規則の下に立っている」（359）。「諸存在者の階梯の中で言わば真中の段を占めているところの人間的自然は、完全性の、二つの外的限界の間の中央に自己を見、完全性の両端から等距離に在る」[7]（ibid.）。まとめて、もう一度繰り返している。「諸惑星における精神世界並びに物質的世界の完全性は、水星から土星に至るまで、あるいは多分更に土星を超えて（更に他の諸惑星がある場合には）、それらの、太陽からの距離に比例した正確な度系列を成して増大し、進歩する」（360）。木星の「昼夜の交代」（自転周期）は十時間であるがゆえに、木星のより完全な住民（彼らが存在するようになった暁には）の「諸行為の敏捷さ」が窺える（360f.）。また、木星に多くの月があり、土星に「美しくて有益な環」があるのも、これらの惑星の優越性 **Vorzug** を示しており、土星は木星よりも「より大なる諸優越性」を有している（362）。それらによって、夜にも光が与えられ、闇がこれらの惑星の住民の活動を妨げることはない（361f.）。「これら上部の天界諸領域における諸自然〔物〕の卓越性は……永続性と結合しているように見える」。（以下 362f.）「無常は最完全な諸自然〔物〕をもむしばむけれども」、「滅亡や死はこれらの卓越した諸被造物には、我々下等な諸自然〔物〕に対してのように多くは害を加ええない」。身体的老化の進行は、我々に比し、ずっと緩慢である。

さて、「悟性の諸洞察は、それらが完全性と判明性の、所要の度を所有するときには、感性的諸誘惑よりもはるかに生き生きした諸刺激をそれ自体において有し、感性的諸誘惑を圧勝的に支配し、踏み付けてしまう力がある」（360）ゆえ、「道徳的性質」においても、「地球と多分なお火星」の住人のみが、「感性的諸刺激の誘惑」に対する「精神の統治権」の力の「弱さと能力との危険な中間点」に立っている。（以下 365f.）「物理的性質」においてもしかりである。カントは「下層の諸力」の統御に、「人間の本性の長所」すなわち《徳》の成立を考えている（356）。

我々は、死によって（更には地球の滅亡後に）、この地球における、粗大な粒子で構成されている肉体から解放されて、あるいは既に形成を完了している木星ないしは新惑星において、更には「最高存在者ともっとずっと密接に結合」している高等な天体における生を始めるかもしれない。（以下 367f.）「それからは、幸福の源泉を自己自身のうちに有するこの高められた自然は、もはや、外的諸対象に慰めを求めるために、それらのもとに気を散らすことはない。最高の根源的存在者の適意に必然的に一致する、被造物の全総括は、この一致を彼の適意のためにも持たねばならず、この一致は永続的満足を伴うものであって、攪乱されることはないであろう。」続けて、「実際、人がかかる諸考察と前述の諸考察とをもって彼の気持を満たしたときには、晴れた夜に星の輝く大空を見ることは、高貴な諸心霊のみが感ずる一種の満足を与える。自然の普遍的静寂と感官の安らかさとにおいて、不死の精神の、隠れた認識能力は、なるほど感得をば許すが、しかし記述をば許さない、名状し難き言葉を語り、解決され〔え〕ぬ諸概念を与える。……」という言葉でもって、この書は閉じられている。この叙述を『実践理性批判』の「結語」と比較されたい。

## 六　月の火山

『月の諸火山について』(*Über die Vulkane im Monde*, 1785)は、F・W・ハーシェルが月に火山(アリスタルコス・クレーターの噴火)を発見したことから、「月面の凹凸の火山起源」説を唱える人々が現れたが(VIII 69)、地球から観測できるクレーターは、その大きさからして、火山起源のものではなく、「丘陵脈によって囲まれたクレーター形の〔巨大な〕池」である、と言う。(以下 70ff.)月面に火山起源のクレーターがあることを、カントは否定していない。しかし、それは、地球の火山の大きさから類推して、地球からは大望遠鏡を用いても見ることができないはずである。「月の環状諸丘陵から放射状に拡がっている山の背」は、決して「熔岩の流れ」ではない。火山の噴出より先に、「水に溶けたカオス」であった地球や月に起こった「最初の噴出」は、「大気状(この語の本来的意味において)」の噴出であり、これによって凹地が出来、凹地を囲んで花崗岩(これは「より新しい諸〔沖積〕層」の下に埋もれていることもある)の原始的山脈が出来た。そして、「溶解水が漸次に流出」して、その流れが凹地のへりに鋸歯状の切り込みを刻んだ。このようにして、放射状の光条の成因が説明される。「火山成因の〔山脈の〕へり」は「連続的な山の背」を成すがゆえに、鋸歯状のへりは、火山成因のものではない。「この〔ようにして生成した凹地の〕上へ……海洋中で形成された沖積が段々と、大部分は既に諸海洋生物を含んだ諸物質を積み重ね〔ていっ〕た」のであろう。噴出の激しかった地帯ほど、「カオス状のクレーター」が大群を成して生まれ、「広大な高所」となった。大河の源を結ぶ線は、「流れの貯水池」を円形に取り巻く丘陵の連なりに重なる。そこをあふれた水が河となり、河床は流水と逆流する水とによって浸食されていった。地表の大部分はこのようにして形成された。火山の噴火は地表が固まって後に起こったのである。この段落に述べたことは、地球のみならず、月に関しても言えることである、と言う。

る。「天体はことごとく最初は流動状態にあった。」だから、天体は球体を成し、自転や重力偏差によって扁平化する。F・W・ハーシェルの、月面での噴火の発見も、天体は最初流動体であったという宇宙生成論に、間接的証明を与える。「最初は化学的な、次にはなかんずく宇宙論的な引力の法則に従って」天界、天体は形成されたのであるが、それによって「熱の元素」も「熱物質との自然の均衡」状態を超過して集中せられ、天体は熱を持つようになった。惑星の表面の凹凸もそれを証明するのであるし、ここでは、ウィルソン（Alexander Wilson, 1714-86）に倣い、太陽の黒点を「太陽のクレーター」と考えている。

「自然のいかなる時期も感性界においては端的に最初の時期としては挙げられえない。」遡及的にも探究は無限に続く。『月の諸火山について』は、かく結ばれている。

## 第二節　世界観

### 一　カントの共同態理論

カントの《法則倫理学》は、ニュートン物理学の力学的思惟様式に対応した法則定立的・機械論的な思惟様式に基づいて構築されている。その《法則倫理学》は、法則定立的・機械論的な思惟様式に焦点を合わせて見れば、諸人格の普遍的・汎通的な倫理的共同態のメカニズム論と見なされえよう。カントによれば、諸人格の普遍的・汎通的な倫理的共同態を成立可能ならしめる《規範》は道徳法則・定言命法であるが、その道徳法則・定言命法は「意欲 Wollen の形式的原理」としてしか法式化されえないという。

しかし、諸人格の普遍的・汎通的な倫理的共同態に関するカントの理論、換言すればカントの目的の王国の思想は、単に目的の王国のメカニズム論に尽きるものではない。人格尊重・人間性尊重の精神がカント倫理学を一貫して流れている。目的の王国は、目的自体としての諸人格の共同態（共同体）なのである。「純粋理性の誤謬推理について」の章（以下、誤謬推理論と記す）はデカルト的自我論との対決、その超克の試みと見なされえよう。カントは自我をデカルトのように、また合理的心理学におけるように思惟実体として捉えるのではなくて、超越論的主体として、《超越する transzendieren》というその作用性（力動性《ダイナミズム》）――それをカントは「超越論的 transzendental」と規定する――に注目して捉えている。誤謬推理論がデカルトの自我論の批判的な深化・展開であることは確かであるが、デカルトは自我の間主体性の問題には思い及んでいなかった。自我の間主体性の問題は、ライプニッツの単子論における多元論的な存在思想において初めて本格的に意識された。ライプニッツの単子論は、「大宇宙」を構成する無限箇の単子――人間の「理性的精神」も単子である――の存在から出発して、単子相互間に「実在的」な交互作用が成り立つことが可能であるか否かを問題とする。ライプニッツはそれが可能であることを否定し、予定調和説を主張したが、カントはニュートン物理学の力学的世界観に立脚して、諸実体（諸物体）相互間の、そして諸人格相互間の「実在的」な交互作用を自明のこととして捉え、そのメカニズムを解明しようとした。《カント倫理学の基本的構図》における、目的の王国の構成要素重視――すなわち人格尊重――の思想は、近代ヒューマニズムに立脚していることはもちろんであるが、或る意味では、「大宇宙」を単子という構成要素の集合体と見なすライプニッツの単子論の思惟様式を、さらにはその世界構造論を反映している、とも言えよう。

『純粋理性批判』の「超越論的方法論」において、カントは彼のいう「道徳的世界」がライプニッツのいう「恩寵の王国」に外ならないということを断っている。カントの最高善の思想、とりわけ根源的最高善、共同善の思想は、ライプニッツの予定調和思想を踏まえている。予定調和という考えを本質的には力学的な発想のメカニズム論に置き換えて、カントは彼の世界構造論、共同態（共同体）構造論を展開する。

我々は批判哲学の背後に、思想系譜に即して見ればライプニッツの共同態理論の発展形態である、カントの叡智界構造論が控えていることを看過してはならない。

では、世界構造論、共同態（共同体）構造論において、カントは機械論に与しているのか、目的論に与しているのか。機械論も目的論も実在論を基礎にして展開したものである。近代哲学がその認識論的志向において、初めて本格的な観念論に到達したのである。「純粋理性批判」を経たカントの批判哲学は超越論的観念論である。そこにおいては、機械論と目的論とは、必ずしも二律背反に陥るわけではない。『判断力批判』（*Kritik der Urteilskraft*, 1790）の「目的論的判断力批判」において述べられているように、カントはそれら両者が自然説明における統整的原理として共に成立可能であると考えている。カント倫理学は、その基本的構図の上に、或る場合には機械論的世界観に基づいて、或る場合には目的論的世界観に基づいて、展開され体系化されていく。

超越論的観念論においては、観念の力動性 dynamism、とりわけ超越論的諸理念の力動性（換言すれば、純粋理性の力動性）が明らかになる。純粋理性は、無制約者を把捉しようとして、言わば無限の超越作用 Transzendieren を志向する。そこに、《超越論的主体》、《超越論的客体》、《超越者》という超越論的諸理念が定立される。そこにおいては、機械論か目的論かという伝統的世界観の対立を超える、超越論的観念論の世界観——理念論的世界観——が成立する。私は、「超越論的弁証論」におけるカントの理念論を、ヤスパースの包越者論のような意味での一つの真理論と解釈する。カントが開明した無制約的・形而上学的真理の世界、それは、三つの超越論的理念を元《げん》として構成される、三元的構造の《叡智界》である。

## 二　理念論的世界観

ここで、「世界観 Weltanschauung」という用語を私なりに定義しておこう。人間が世界を客体として、すなわち自然として考察の対象にするとき、「世界像 Weltbild」が成立する。現代における世界像の典型は《自然科学的世界像》、とりわけ《物理学的世界像》である。『天界の一般自然史と理論』における力学的宇宙生成論は、若きカントが構想し、少なくとも力学的宇宙論としては生涯にわたってその正しさを確信し続けた彼の《世界像》である。物理学史に即して言えば、古典物理学における《力学的世界像》は《場の物理学》の台頭によって——少なくとも物理学者の念頭においては——崩壊し、現代物理学においては《相対論的＝量子力学的世界像》が確立されている。世界像には、古代ギリシア哲学以来、機械論的世界像と目的論的世界像との二つの系譜が存してきた。人間の《主体》としての意識の深化は己の世界像の深化に即して生起する。人間が己の存在の意味を問うとき、彼は必然的に世界の存在の意味を問うことになるであろう。人間が己の世界像を基盤にして世界の意味を開明しようとするとき、そこに「世界観」が成立する。世界観は、世界像との対応において、機械論的世界観（ないし相対論的＝量子力学的世界観）、目的論的世界観、理念論的世界観の三つに類型化することができる。ここに理念論的世界観というのは、超越論的観念論における叡智界・感性界という世界像に対応するカントの世界観を意味する。カントによれば、感性界（＝現象界）は「経験的実在性」を有するのみであり、また、物々自体 Dinge an sich selbst の全体としての世界すなわち叡智界は、超越論的理念としてしか定立されえない。我我は理念論的世界観を「超越論的世界観」と呼んでもよいであろう。この世界観においては、超越論的諸理念への、純粋理性の本性に基づく認識志向それ自体が、世界観を形成するのである。

注目すべきことは、とりわけカントの理念論的世界観においては、世界観と倫理的共同態の理念とが本質的に表裏一体を成しているということである。彼は叡智界を「道徳的世界」として考えてもいるのである。そして、叡智界における道徳的世界秩序の現象界（＝時空的世界）における具現態として、彼は目的の王国を考えている。機械論的世界観、目的論的世界観においても、それらに固有の倫理的共同態の理念が定立されるはずである。

以下、私は、批判哲学の世界観を「超越論的理念」論という形で捉えてみたい。

## 三　「超越論的理念」論

### ㈠　純粋理性の建築術

カントの超越論的理念についての学説を考察するために、私は、まず、『純粋理性批判』の「純粋理性の建築術」の章に即して、カントにおける哲学の根本理念と哲学の諸部門の分類とを示しておきたい。

プラトンが哲学を文字に書かれるべきものではなく、対話法 dialektikē によって展開されるべきものであると考えていたことは、『パイドロス』[8]や第七書簡[9]において周知のことである。彼が《対話》の形で自己の思想を展開したのはそのためである。アカデメイア創立以後の彼の著作は、次第に体系的になっていった。しかし、アカデメイアが高等な《対話》の場として創立されたことは間違いない。ヤスパース（Karl Jaspers, 1883–1969）流に言えば、哲学は「体系化の作業 Systematik」としては成立しえても、「体系 System」としては成立しえないことを、プラトンは明確に洞察していたのである。カントは、プラトン的、ヤスパース的意味での哲学を「世界概念 Weltbegriff（conceptus cosmicus）」としての哲学と呼ぶ（B866）。それは「学校概念 Schulbegriff」としての哲学に対比させられている。ここでは『形而上学講義』（$L_2$）から引用しよう[10]。「世界概念における哲学 die Philosophie in sensu cosmopolitico の分野は、以下の諸問に還元される。㈠ 私は何を知りうるか？　形而上学がそれを示す。㈡ 私は何をなすべきか？　道徳論 die Moral がそれを示す。㈢ 私は何を希望することが許されるか？　宗教がそれを教える。㈣人間とは何であるか？　人間学がそれを教える。初めの三問は最後の問いに関係するゆえ、これら凡てを人間学と呼ぶこともできるであろう。――学校概念における哲学 Philosophie im Schulbegriff は、練達 Geschicklichkeit である。しかし、この練達が何に対して役立つかを教えるのは、勝義における〔＝世界概念における〕哲学である」（XXVIII 533f.）。学校概念と世界概念との区別については、後で触れる。『純粋理性批判』の「純粋理性の規準」の章では、「私の理性の凡ての関心（思弁的並びに実践的関心）は次の三問にまとめられる」として、上記の㈠、㈡、㈢の問いが掲げられている。そこでは第四問は欠けている。しかし、「純粋理性の建築術」の章に次のようにある。「〔人間的理性の〕究極目的は人間の全体的規定に外ならない。そして、これに関する哲学は道徳論 Moral と呼ばれる。その道徳哲学が他の凡ての理性活動に対して持つこの優位のゆえに、古人においてもまた、哲学者という名は、同時に、そしてなかんずく道徳家を意味した」（B 868）。「人間とは何であるか？」の問いはここに見出される。ここでは、「人間の全体的規定」が道徳哲学の課題とされ、それに答えることが学問の究極目的とされている。カントにおいては、完全な意味における倫理学は人間学であった。『人倫の形而上学の基礎づけ』（*Grundlegung zur Metaphysik der Sitten*, 1785）「序言」の学問の分類において、カントは倫理学の「合理的部門」すなわち「本来の道徳哲学」を「人倫の形而上学」と呼び、「経験的部門」を「実践的人間学」と呼んでいる。「人間の全体的規定」とは、その綜合、すなわち、人間を叡智的性格と経験的性格との両面から「全体的」に規定することである。カントが倫理学で人間の叡智的性格の規定だけでは満足しえず、「人間の全体的規定」という理念を掲げたのは、アプリオリな綜合命題としての定言命法が人格の二重構造（叡智人と現象人との）から言わば超越論的に演繹されうるということもあるが[11]（『人倫の形而上学の基礎づけ』第三章）、最高善の理想を考えれば更に明白である。いわゆる派生的最高善とは、最上善としての徳と最大幸福との結合である。前者は人間の叡智的性格に、後者は経験的性格に対応する。善意志は無制約的な善であっても、完全な善ではない。完全善は人間の欲求を全体的に――したがって感性的欲求をも――満足させるものでもなくてはならない。

『純粋理性批判』において「人間とは何であるか?」の問いが「純粋理性の建築術」の章で初めて加えられていることは、注意すべきだと思う。一体、《建築術 Architektonik》とは何か。この語のカント的意味は、アリストテレスにさかのぼる。『形而上学』には次のように記されている。「建築術 architektonikē」とは、建築作業を全体的・体系的に指揮する「棟梁 architektōn」の「技術 technē」である。建築作業においては、棟梁の意思がその根源的駆動因である。だから、棟梁の意思も或る意味で》archē《と呼ばれうるものであり、「棟梁の技術」という意味での》architektonikē《という語が生まれた。(以上 981 a30, 1013 a10) カントは》Architektonik《という語を、諸々の認識の単なる集合を学に仕立てるところの「体系の技術」の意に用いる。「理性の統治下では我我の認識一般は決して断片的集合であることは許されず、それにおいてのみ我々の認識一般が理性の本質的目的を支配し促進しうるところの一つの体系を成さねばならない」(B 860)。「純粋理性の建築術」は、凡ての認識の汎通的統一の理念を掲げる。カントによれば、学を体系化する根源的な》architektōn《は《純粋理性》である。カントは、その》architektōn《に立ち返って学の体系を図式化しようとする。カントは経験的、偶然的な「技術的統一」を、理念に基づくアプリオリで必然的な「建築術的統一」から峻別する(B 861)。後者においては、全体・部分間には汎通的、有機的な統一が存する。「純粋理性の建築術」の章が目的論的色彩を帯びるのは、建築術が棟梁の技術であることを考えれば、けだし当然である。そこでは当然、無制約的・究極的な目的が問題となる。人間こそが「創造の究極目的」である(『判断力批判』第二部「目的論的判断力批判」)。「人間とは何であるか?」の問いがこの章で初めて付け加えられているゆえんは明らかであろう。カントは、「純粋理性に基づく凡ての認識の建築術を立案する」ために、まず、純粋認識を諸他の認識から区別していく(B 863ff.)。認識は、まず、「与件に基づく認識 cognitio ex datis」と「原理に基づく認識 cognitio ex principiis」とに区分される。前者は「歴史的 historisch」であり、後者は「合理的 rational」である。後者すなわち「理性認識」は、更に、「概念に基づく理性認識」と「概念の構成に基づく理性認識」とに区分される。前者は「哲学的」であり、後者は「数学的」である（「純粋理性の訓練」の章参照）。さて、「凡ての哲学的認識の体系が哲学である」。それは「哲学することの凡ての試みを判定する原型」であり、あくまでイデーにとどまる。哲学的認識は、本来、歴史的認識であってはならないということと併せて、「我々が学びうるのは〔哲学 Philosophie ではなくて〕哲学する philosophieren ことだけだ」と説かれている。体系化されたものはあくまで《諸学派 Schulen の哲学》であり、それを《完結的体系》として固定化することは、単に「学校概念、すなわちこの知の体系的統一、したがって認識の論理的完全性以上のものを目的とすることなく、ただ学としてのみ求められる認識の体系の概念」に踏みとどまることになる。カントは言う。「しかし更に、世界概念 ein Weltbegriff（conceptus cosmicus）がある。それは〔哲学という〕この名称の根底に常に存してきた。なかんずく、我々が哲学の概念を言わば人格化し、哲学者の理想において原型として表象した場合に。この意図においては、哲学は凡ての認識の人間的理性の本質的諸目的（teleologia rationis humanae）に対する関係についての学である。そして、哲学者は理性技術者ではなく、人間的理性の立法者である。かかる意味においては、自ら哲学者と名乗り、理念においてのみ存するところの原型に等しくあるなどとうぬぼれるのは、身の程知らずもいいところである」（B867）。「世界概念」とは、「凡ての人が必然的に関心を抱くところの事柄に関する概念」（B868）、つまり外ならぬ《人間自身》に関する概念のことである。右の「原型」としての哲学こそが世界概念における哲学に外ならないが、ここではこのように目的理念を持ち出して、「原型」としての哲学の本質が明らかにされている。かくて、哲学（世界概念における）と諸学との関係も明らかになる。「数学者、自然科学者、論理学者」はしょせん「理性技術者」にすぎない。しかし、「さらに理想における教師がある。彼はこれら凡てを評価し、それらを人間的理性の本質的目的を促進するために道具として使用する」（B867）。それが「理想」における「哲学者」である。「かかる哲学者自身はどこにおいても見出されないが、かかる哲学者の立法の理念は至る所で凡ての人間理性において見出される」（B867）。《純粋理性の建築術》の根本は「かかる哲学者の立法の理念」の開明にある。

カントは言う。「本質的目的は、だからといって、まだ最高目的ではない。最高目的は（理性の完全な体系的統一においては）ただ一つのみありうる。したがって、本質的目的は究極目的であるか、究極目的に手段として必然的に属する従属的諸目的であるかである」（B868）。そして、前述の「人間の全体的規定」という理念が導かれる。人間のあらゆる認識は、究極的にはこの一なる究極目的を目指している。そこには目的・手段の汎通的、建築術的な統一が存するはずである。世界概念ということを念頭に置けば、哲学は《体系化の作業》としてのみ成り立ちうるわけであって、《体系》としては成り立ちえない。哲学は内容においては無限に拡充されていかねばならないが、形式においてはその体系的図式が示されうるはずである。以下、哲学は、形式の側面から考察される。哲学は、「純粋理性に基づく認識」であるところの「純粋哲学」と「経験的諸原理に基づく理性認識」であるところの「経験的哲学」とに区分される。ここでは前者すなわち「純粋理性の哲学」が考察される。それは「理性の能力を凡てのアプリオリな純粋認識に関して研究する予備学（準備）」すなわち「批判」と「体系的連関における純粋理性に基づく凡ての（真の、並びに仮象的な）哲学的認識」すなわち「形而上学」とに区分される。しかし、以下では便宜上、「形而上学」という名称を「批判をも含めた全純粋哲学」の意に用いる。形而上学は、「純粋理性の思弁的使用の形而上学」である「自然の形而上学」（「狭義の形而上学」）と「純粋理性の実践的使用の形而上学」である「人倫の形而上学」とに区分される。『純粋理性批判』では実践哲学は考察の外に置かれる。ここで考察されるのは前者である。「あらゆるアプリオリな純粋認識は、それのうちにのみそれがその座を持ちうるところの特殊な認識能力によって、特殊な統一を成す。そして形而上学は、凡ての認識をこの体系的統一において表現すべき哲学である」（B873）。》Metaphysik《の伝統的意味は》transphysica（超自然学）《であるが、カントにおいてはそこに《アプリオリな諸原理の体系》という新しい意味が加わる。形而上学は》Architektonik《を本性とする《純粋理性》に基づく学なるがゆえに、カントは形而上学に》architektonisch《な体系の完璧性を要求する。かくて、「自然の形而上学」の全体も「建築術的」に区分される。「自然の形而上学」という名称は、『純粋理性批判』第一版「序文」では、「純粋理性による我々の凡ての所有物の財産目録」（XX）、「純粋理性の体系」（XXI, 25）、（「緒言」VIIでの）「超越論的哲学」の意に用いられているし、『人倫の形而上学の基礎づけ』「序言」では、合理的物理学（『自然科学の形而上学的基礎論』（*Metaphysische Anfangsgründe der Naturwissenschaft*, 1786）はその体系である）の意に用いられているが、ここでは「純粋理性の建築術」の章での意に用いる。それは「超越論的哲学 die Transzendental-Philosophie」と「純粋理性の自然学 die Physiologie der reinen Vernunft」とに区分される（B873）。「前者は、ただ悟性及び理性そのものを、対象一般に関係する凡ての概念及び原則の体系において、与えられるであろう対象を想定することなく考察する（存在論）。後者は、自然すなわち所与の諸対象（それらが感官に与えられているか、あるいは他の種類の直観に与えられているかにかかわらず）の総体を考察する。それゆえ、自然学（単に合理的であるにかかわらず）である」（B873ff.）。後者は、「内在的自然学」と「超越的 transzendent〔超経験的〕自然学」とに区分される。内在的自然学は「その認識が経験において（具体的に）適用されうるかぎりにおいて自然に向かう」が、外官の対象である「物体的自然」を考察する「合理的物理学」と内官の対象である「思惟的自然」を考察する「合理的心理学」とに区分される。超越的自然学は「凡ての経験を超出するところの、経験の諸対象の結合に向かう」が、それが「内的結合〔を対象とする〕か外的結合（しかし、そのいずれもが可能的経験を超出する）を対象とする」かによって、「自然全体の自然学すなわち世界の超越論的認識」（合理的宇宙論）と「自然全体と超自然的存在者との連関の自然学すなわち神の超越論的認識」（合理的神学）とに区分される。

果たして心霊を内官の対象と規定することは許されるか。合理的心理学は超越的心理学ではないのか。それも問題である。また、ここでは存在論 ontologia を一般的形而上学 metaphysica generalis とし、心理学 psychologia、宇宙論 cosmologia、神学 theologia を特殊的形而上学 metaphysica specialis とする、伝統的形而上学における区分が、そのまま活かされている。しかし、カントが思弁的形而上学の成立を拒否したことを考えれば、『純粋理性批判』の総括ともいうべき「純粋理性の建築術」の章での「純粋理性の哲学」の分類に合理的心理学、合理的宇宙論、合理的神学を含ませていることには問題があるかと思う。伝統的形而上学のそれら三部門の根底には「純粋理性の自然的、不可避的弁証論」（B 354）が存する。それら三部門は超越論的な深さを有する。だから、超越論的理念は、自然研究における統整的原理として積極的な意義を有し、かつ、実践哲学的に見れば、構成的な意味をもって生き返ってくる。カントはそのことを念頭に置いていたのであろう。しかし、カントが、『純粋理性批判』の第一版「序文」や「緒言」Ⅶ、あるいは『人倫の形而上学の基礎づけ』「序言」で「自然の形而上学」ないし「純粋理性の体系」の意味を狭めるのは、ここでの区分のうち、超越論的哲学と合理的物理学しか学として成立しえない、ということによるのであろう。

## (二)　超越論的哲学

ここで私は、超越論的哲学について考察しておきたい。カントは哲学に超越論的方法という全く新しい方法を導入した。すなわち、「認識活動の開明 die Erhellung des Erkennens」における「存在からの出発の代わりに意識からの出発」[12]。もちろん、その端緒はデカルトにある。しかし、デカルトにおいては、我々の認識活動も神によって包越されている。彼は言う。「私は非常に明晰に、あらゆる知識の確実性と真理性とはただ真なる神の認識にのみ依存することを認める。[13]」デカルトにおいては、永久真理（必然的真理）すらも神の自由意志に依存している、とされている。（ライプニッツの『単子論』第四十六節はこれの批判である。）カントは超越論的哲学を存在論とも規定している（B873）。存在論は、もちろん、伝統的形而上学においても形而上学の根本部門とされてきた。しかし、カントにおいては、それは《超越論的観念論》における存在論であり、神をもって最高の、根源的な実有とする、伝統的形而上学における存在論とは本質的に異なるものである。超越論的哲学は、哲学の全く新しい部門である。

カントは言う。「私は、対象にではなく、対象一般に関する我々の認識様式に、それがアプリオリに可能であるべきかぎりにおいてかかわる凡ての認識を、超越論的 transzendental と名付ける。」つまり、「超越論的」とは、アプリオリな認識の根拠を指す概念なのである。純粋理性批判は超越論的批判であり、超越論的哲学の予備学である。（以上 B25）カント哲学の根本はこの「超越論的」という言葉に集約される。ヤスパースの言葉を引用しよう。「カントは、彼の思惟が自然的思惟を踏み越えており、《超越している》ことを知っている。彼は彼の哲学を明確に《超越論的》と名付ける。哲学的な超越すること philosophisches Transzendieren の意味での、この言葉の使用は長い歴史を持ち、アウグスチヌスにまでさかのぼる（クニッターマイアー）。カントはその意味を変ずる。……古い独断的形而上学は対象的なものにおいて思惟しつつ存在自体あるいは神という超感性的対象へと超越した。カントは、対象的思惟を超えて言わば後へと、あらゆる対象性の条件へと超越する。他の世界の形而上学的認識の代わりに我々の認識活動の根源の認識が現れる。……[14]」「経験の可能性一般の諸条件が、同時に経験の諸対象の可能性の諸条件である」（B 197）というのが、超越論的観念論の基本的立場である。カントにおいて客体の形而上学（思弁的形而上学）は主体の形而上学（超越論的哲学、実践的形而上学）へと転回する。それは認識論においてのみならず、実践哲学においても、例えば道徳的人格性概念の確立というような大きな貢献をもたらす。合理的心理学では、「相異なる時間における己自身の数的自同性を意識しているところのものは、そのかぎり人格である」と考えられていた。カントは、心霊のかかる人格性は証明不可能であることを明らかにした。(以上『純粋理性批判』第一版の「第三の誤謬推理の批判」) しからば、人格の帰責能力や後悔の合理性はいかに説明されるか。これに答えるのが、超越論的実践哲学によって開明された道徳的人格性の概念である。「感性的生活は、彼の現存在の叡智的意識（自由）に関しては、一なる現象という絶対的統一を具えている。この現象は、それが（性格に関し）道徳法則に関係する心情の諸現象だけを含むかぎり、現象としての性格に帰属する自然必然性に従ってではなく、自由という絶対的自発性に従って判定されねばならない」(V 99)。「道徳的人格性」という言葉こそ充てられていないが、これは超越論的な（つまり、主観の方向への超越によって開明される）実践的主体としての道徳的人格性の意義について述べている重要な箇所である。――もっとも、カントにおいて、「超越論的」という言葉は必ずしも一義的に用いられているわけではない。例えば、「超越論的弁証論」「序論一」で「超越論的」と「超越的 transzendent」とを区別するくだりを見られたい。そこでは「超越論的」という言葉に《対象》における超越という意味も込められている。純粋理性のうちには「超越的」な欲求が存する。その欲求に誘われて我々が内在的 immanent な使用のみが許されるカテゴリーないし純粋悟性の諸原則を誤って超越的（超経験的）世界に使用することを、カントは「超越論的」使用と言う。また、超越論的主体、超越論的客体、超越論的理想という場合の「超越論的」は、《純粋理性のアプリオリなイデーとしての》という意味である。

ヤスパースの「批判の核心部分、『超越論的演繹論』」[15] の解釈はその超越論的方法に焦点を合わせる。ヤスパースは言う。「〔超越論的演繹論における〕根本的な困難さは次の点である。カントは凡ての対象性の条件を示すことを欲するが、それはしかし、ただ対象的思惟活動自身においてのみ、したがって、それ自身は対象ではありえない対象においてのみ可能である。彼は、その内に我々が思惟しつつ立っているところの主観＝客観関係 das Subjekt-Objekt-Verhältnis を、あたかも我々がその外に立つことができるかのごとく把握することを欲するが、我我はいつでもその内にとどまるのである。……」[16] このことは「彼の哲学すること全体のうちへ外見上、背理を、実際、緊張をもたらす。この緊張は主観＝客観分裂 die Subjekt-Objekt-Spaltung に属するものであり、そしてそれの側で検せられるべきものである。カントはそのことをただまれにしか意識しなかった。彼はそれを無視した。彼は、彼が事実上遂行した方法を、自分自身では方法的に追跡しなかった」[17]。ヤスパースのカント解釈は、右に見たごとき超越論的方法の把握において、また理性の広さの把握において、我々にカント哲学の真の精神を示すものと言えよう。さて、「超越論的」ということが《主観における超越》であり、それが本質的に困難であるということは、《実存開明 Existenzerhellung》ということにもつながる問題であると思う。実存の知性的・対象的把捉は不可能である。だから、ヤスパースは《実存開明》ということを説いた（『哲学』、第二巻）。それにもかかわらずなぜ、『大哲人たち』におけるカント論において超越論的演繹論を論ずる際、ヤスパースは超越論的誤謬推理論を採り上げていないのか。誤謬推理論はまさしく、超越論的主体の対象的把捉が不可能であることを明らかにしているのであるが。もちろん、誤謬推理論はカテゴリーの演繹とは直接の関係はない。しかし、主観における超越の問題は誤謬推理論に窮まると思う。誤謬推理論を主体的に解釈すれば、我々は《実存開明》という思想に到達する。なお、カントにおいて超越論的演繹論と誤謬推理論とが無関係であるということは、ヤスパースが指摘するとおり、カントが主観への超越という自己の超越論的方法の本質を十分わきまえていなかったことによる、と言えよう。ここで付言しておくが、ヤスパースは『世界観の心理学』付録の「カントの理念論」の中で、カントのいう「汎通的規定の原則」から「個別的、具体的な人格性の理念としての人格性の理念 die Idee der Persönlichkeit als die Idee der einzelnen, konkreten Persönlichkeit」を導いている[18]。汎通的規定の原則という「カントのこの深遠な思想は、……各々の個人は無限 unendlich であるということ、各々の個人は、それが認識の対象となるかぎり、理念であるということを教える。……」[19] 誤謬推理論の思想を理想論の「汎通的規定の原則」に従って深めれば、こういう自我の概念が導かれる。これは《実存》の概念に外ならない。

### (三)　超越論的諸理念

批判哲学によれば、叡智界そのものも超越論的理念なのである。私のいう理念論的世界観における「世界」は、既述の意味での三元的構造の「叡智界」なのである。それは、認識主観としての我々にとって、言わば「無制約的真理の世界」であって、決して固定化され完結的なものとして把捉されうる世界ではない。それは、純粋理性の力動性《ダイナミズム》に相即して無限に開けゆく世界なのである。ここでは『純粋理性批判』の「超越論的弁証論」に即して、純粋理性の力動性と超越論的諸理念（したがって「叡智界」の理念）との相即性を明らかにしておこう。

「超越論的弁証論」は誤謬推理論、二律背反論、理想論の三章から成っている。そこでは合理的心理学、合理的宇宙論、超越論的神学の批判がなされている。そのこと自体はここでの関心事ではない。我々の関心はカントの理念論にある。「カテゴリア」という語をアリストテレスから借りたごとく、カントはプラトンから「イデア」という語を借りる。「超越論的弁証論」では超越的な世界が問題となる。もっとも、人間の認識は可能的経験の世界に限界づけられているから、超越的哲学が超越論的に《批判》されるのだが。カントは言う。プラトンにおいてはイデアは「事物自身の原型」であり、「最高の理性から流出し、そこから人間に分与された」ものである。「曇らされたイデア」を根源的に想起することが、哲学である。（以上 B 370） プラトンにおいては、凡てのイデアは「最高の理性」の内に根源的統一を有している。人間の知性のみならず、凡ての個物がそれの本質としてイデアを分有している。「宇宙における諸物の結合の全体」は「世界秩序の諸目的、すなわち諸イデーに従う建築術的結合」を有するはずである（B 374f.）。イデア論的発想は、科学的研究における統整的原理として、また実践哲学への移行のモーメントとして、カント哲学においても活かされている。カントの《純粋理性の建築術》という思想には、ここに叙述された、最高の理性における諸イデアの建築術的統一という思想の影響が多分に見られる。しかし、プラトンにおいてはイデアは神的悟性（デミウルゴス）のイデアであったが、カントにおいては人間の純粋理性のイデアである。ここに根本的な違いが存する。

カントによれば、悟性は「規則によって諸現象を統一する」（B 359）「規則の能力」であり、理性は「諸悟性規則を原理の下へ統一する」（ibid.）「原理の能力」である。理性は、我々の悟性の多様な認識を原理によって体系化し、それらにアプリオリな統一すなわち「理性統一」を与えようとする。そこに考えられる無制約的な「原理」が超越論的イデー（純粋理性概念）である。だから、カントにおいては、イデーを《無制約的真理》と考えることができる。私は、ここでは「超越論的弁証論」を一つの真理論と解釈する。科学的真理が被制約的真理（部分的真理）であるのに対し、哲学が目指すのは無制約的・形而上学的真理（全体的真理）の開明である。もっとも、カント自身は、「超越論的分析論」をもって「真理の論理学」と呼び、「超越論的弁証論」をば「超越論的、弁証論的仮象の批判」すなわち「〔超越論的〕仮象の論理学」と呼ぶごとく（B 86ff.）、無制約的真理という理念をば明確には意識していなかった。さて、悟性は「判断の能力」（B 94）であり、理性は「間接推理の能力」（B 355）である。純粋悟性概念すなわち範疇の表を形式論理学の判断表――もっともそれはカント自身が体系的に編み出したものであるが――から導き出したごとく、カントは理性推理（三段論法）に定言的、仮言的、選言的の三種類があるところから、三つの純粋理性概念を導く。それは、「主語における定言的綜合の無制約者」、「系列の諸項の仮言的綜合の無制約者」、「体系における諸部分の選言的綜合の無制約者」である（B 379）。それは、要するに、超越論的主体、超越論的客体、超越者である。こういう純粋理性概念が、我々を被制約的真理の把捉に満足せしめずに、際限なき真理の探究へ誘うのである。ところで、この三つの超越論的理念は、伝統的形而上学における心理学的理念、宇宙論的理念、神学的理念に相当する。

イデア界の実在を想定するプラトンにとってはイデアは実在的なものであり、イデアこそが「真実在 ontōs on」であったが、カントの批判哲学においてはイデーは「単に理念にすぎない」（B385）という側面を持っている。イデーは自然研究における統整的原理であるにとどまり、その構成的原理とはなりえない。イデーを実体化 hypostasieren ないし客体化することは、自然研究においては、「怠惰な理性 die faule Vernunft（ignava ratio）」（B717）、「転倒した理性 die verkehrte Vernunft（perversa ratio, hysteron proteron rationis）」（B720）の仕業である。超越論的理念は、伝統的形而上学においては認識の《対象》であったが、カントにおいては認識の《対象》ではなくて、「あらゆる限界を踏み越える、遍在することを要求する思惟」である「理性」(20)の活動そのものを生気づけ、方向づけるものであり、まさしく《超越論的》なものである。

それならば、やはり、無制約的真理は被制約的真理の無限の拡大にすぎないものであろうか。けだし、無制約者は「単に系列全体において存立するものとして、それゆえその系列においては凡ての項は例外なく条件づけられており、ただ凡ての項の全体だけが端的に無制約的である」（B445）ということも考えられるから。（「「純粋理性の」経験論」）その場合には、条件の系列の背進は無際限に続く。果たして、無制約的真理と被制約的真理とは全く同一次元のもの、質差は全くないものであろうか。カントは前記の三つの無制約者を「思惟する主観の絶対的（無制約的）統一」、「現象の諸条件の系列の絶対的統一」、「思惟一般の凡ての対象の条件の絶対的統一」（B391）と言い換えている。そこには無制約的真理の統一性が想定されている。二律背反論の反定立の立場は経験論であり、厳密には純粋理性の立場であるとは言えないゆえ、ここでは措く。さて、イデーは、実践哲学的には実体化ないし実在化される。かつ、イデーは、本来的には実践的なものである。だからといって無制約的真理の統一性を実在化することは許されないが、純粋理論理性（純粋思弁理性）が悟性知の拡大（つまり「〔純粋理性の〕経験論」）に満足しえないものであることは明らかである。純粋理性は無制約的真理を求めて永遠に「不安静 die Unruhe」（ヤスパースの言葉[21]）である。

さて、超越論的イデーには超越論的主体、超越論的客体、超越者の三種類があるが、無制約的真理も、主体の方向、客体の方向、超越者の方向の三方向において考えられることとなる。超越者の方向とは、カント自身の言葉で言えば、「凡ての諸物一般に対する関係」（B391）であり、「実在性の全体（omnitudo realitatis）」（B604）への方向である。だから、この三方向の無制約的真理は、結局、超越者において統一されることになる。カントは三種類の純粋理性概念を理性推理に定言的、仮言的、選言的の三種類があるところから導き出したわけであるが、関係判断・関係範疇を思い起こせば明らかなごとく、定言的無制約者（超越論的主体）と仮言的無制約者（超越論的客体）とは、選言的無制約者（超越者）の内に統一される。カントのいう「純粋理性の理想」は、神であると同時に、それが思弁的純粋理性の理想であることを考えるなら、真に包越的な無制約的真理である、とも言える。世界に真理のそういう統一が存するか否か、あるいは無限に多様な被制約的真理が神の根源的知においては《一なる》包越的・無制約的真理であるか否かは問題であるが、しかし少なくとも、カントの真理観はそのようなものであった、と言うことができる。もう少し詳しく述べるならば、「純粋理性の理想」の章において、カントは「汎通的規定の原則」を説いていた。それによれば、「一つの物を完全に認識するためには、人は凡ての可能的なものを認識せねばならない」（B601）。（ここからカントは超越論的理想の理念を導き出すのである。）そこでは直接には触れられていないが、これは、「経験の類推」の第三の原則に述べられていた《諸実体の汎通的交互作用 durchgängige Wechselwirkung》ということからしても当然である。例えば、今ここに我々の地球が存在しているということは、全天体、全実体の無限に重層的な汎通的交互作用（それの全体がイデーとして定立されるならば、我々はそれを無制約的真理と呼ぶこともできよう）において成り立つことである。カントは自然神学 Physikotheologie に極めて共感的である。カントの思想には世界建築者 Weltarchitektoniker としての神がある。かかる神が存在するならば、凡ての存在者・存在物は、したがって凡ての真理は、そこに建築術的 architektonisch な統一を保っているはずである。

さて、カントは『純粋理性批判』「第二版序文」にこう書いている。数学、自然科学には長い模索時代があった。殊に後者において。それらが「学の王道」を開き、「学〔として〕の確かな歩み」を歩むに至ったのは、前者では直観における概念の構成、後者では実験的方法の導入という「思考様式の革命」による。その実験的方法を形而上学に導入して認識論のコペルニクス的転回がなされ、超越論的観念論が帰結した。これによって初めて「対象のアプリオリな認識の可能性」が説明される。同時に、「学としての〔超経験的〕形而上学」の成立の可能性は拒否されるのだが。つまり、カントにおいても、純粋数学、純粋自然科学が学の範型であった。「認識のその対象との一致」（B82）という伝統的真理観は、カントにおいては、「いかにしてアプリオリな綜合判断は可能であるか？」（「緒言」VI）という超越論的問いに翻案されている。アプリオリな認識の表徴は必然性ないし厳密な普遍性である（「緒言」II）。カントにおいてもそれが真理の根本条件であった。しかし、理性は本性上建築術的である。我々は個々の認識のアプリオリ性に満足しうるわけではない。ヤスパースは、学問（ヤスパースのいう「根本的諸学問 Grundwissenschaften」）の根底には「根源的、無制約的知識欲」が存する、と言う。[22] 理性は無制約者を求める。しかし、無制約者は、超越論的イデーという形で我々の理性の根源的関心をそそり、我々の知の固定化を打破しつつも、それ自身は無限に後退する。なおもそれを追い続けるならば、我々はついに「純粋理性の深淵」に直面するであろう。

## (四)　純粋理性の深淵

「超越論的感性論」、「超越論的分析論」で既に客体としての物自体が認識不可能であることが明らかにされている。物自体は、また、無制約者としても考えられるが、「超越論的弁証論」は、その無制約者を対象とする伝統的形而上学の三主要部門が、学として成立しえないものであることを明らかにしようとしたものであるが、そこにおいて同時に、無制約的真理そのものは我々人間には永遠に閉ざされたものであることが明らかにされている。学問研究がいかに進歩しても、無制約的真理は、我々にとってあくまでイデーであるにとどまる。我々の知は、この無制約的真理の開明を目指して悟性知を拡大していくことに限界づけられている。デカルト、なかんずくライプニッツは、あらゆる学問を包括する普遍学の確立を目指したが、学問が著しく高度化し分化した現代の研究者は、専門科学、しかもそれのごく限られた分野を専攻することを余儀なくされている。しかもその場合にも、研究者に純学問的な情熱を掻き立てるのは、根源的には、無制約的真理へのエロースである。無制約的真理は、哲学においては超越論的イデーとして、専門的諸科学においては被制約的真理を通して、我々を惹き付ける。その無制約的真理がカントの説く形而上学的三理念に相当するか否かは措くが、ここでは我々は二律背反論に焦点を合わせ、カントの理念論の物理学に対して持つ意義に触れてみたい。数学的二律背反は「世界」すなわち「凡ての現象の〔綜合、分割による〕数学的全体」（B446）がイデーであることを明らかにしている。(23) 宇宙もイデーであるし、「自然の真の原子」（ライプニッツの用語）もイデーである。現代物理学はかかるカントの哲学に直接導かれているのではない。しかし、宇宙や素粒子の二律背反的性格（閉じた宇宙、開いた宇宙という二つの宇宙論、素粒子の粒子性と波動性の二重性、非局所場理論と局所場理論の対立）が物理学者たちの究極の関心をそそってきたことは間違いない。イデーであるとは単に不可知であるということではなく、我々の無制約的関心をそそるものだということである。ヤスパースが「派生的学問」から区別して、「イデーによって規定された根本的諸学問 die ideebestimmten Grundwissenschaften」と呼んだのは、そういう無制約的真理を志向する学問である。[24] 無制約的真理がいかなるイデーに図式化されうるかに関しては、我々自身で考えてみる必要がある。しかし、究極的には、超越論的主体、超越論的客体、超越者というカントの図式は当を得たものであると思われる。

我々は「純粋理性の深淵」の思想に思いを致すべきである。「我々が万物の究極の担い手としてかく不可欠に必要とするところの無制約的必然性〔神のイデー〕は、人間的理性にとっての真の深淵 der wahre Abgrund für die menschliche Vernunft である。」「人は〔最高存在者の〕思想を拒みえないが、しかしそれに耐えることもできない。」最高存在者に「私は一体どこからやって来たのか?」と自問させてみよ。「ここでは凡てが我々の足下で沈む。」「最大の完全性も最小の完全性」も「動揺」し、「消滅」してしまう。（以上 B641）あたかも底無しの「深淵」を眼前にしているがごとくである。――ここでカントが言わんとしているのは、神の崇高性である。

その深淵を眼前にして、我々は人間存在のもろさを感じ、人倫共同態に思いを致すであろう。「超越論的弁証論」は、イデーについて説明する箇所で、「プラトンは彼の諸イデアを、主として、実践的である、すなわち自由に基づくところのもの凡てにおいて見いだした。……」と言い、プラトンの『国家』を引いて、「各人の自由が他の人々の自由と共に存立しうるようにする法律に従う、最大の人間的自由に関する憲法（最大の幸福に関する、ではない。なぜなら、幸福はきっとおのずからそれに随伴するであろうから）は、少なくとも一つの必然的理念であり、我々はこの理念を単に憲法の最初の草案においてのみならず、また凡ての法律の根底にも置かねばならない」と言っている（B371ff.）。「超越論的弁証論」の背後にはそのような《人倫共同態的＝実践哲学的エートス》が控えている。実践的形而上学は人倫共同態の形而上学でなくてはならない。

**注**

（1）小倉志祥『カントの倫理思想』、一四―一五ページ、二二一―二八ページ。

(2) デカルトについては、アカデミー版「カント全集」、第Ⅰ巻、二二八ページで触れられている。
(3) カントは、惑星の太陽の赤道面の延長に対する公転軌道の傾斜から、こういう数値を割り出したのである（I 273)。
(4) 「沈下運動」という言葉の代わりに、「渦動運動」ないし「遠心的運動」という言葉を用いるべきである。角運動量の小さな天体が、はるか遠方に在る太陽の周りを公転するとき、離心率が高くなるのは、当然である。
(5) 実際には、重力の小さな月には、カントの所説（VIII 71）とは違って、大気はないし、また、水もない。
(6) カントは土星の極直径と赤道直径との比を「おおよそ 1：2」と考えている（I 296)。
(7) 宇宙における人間の位置については、VIII 23 Anm. をも参照されたい。
(8) 274b-278e.
(9) 特に 341bff.
(10) 同様の論述が『論理学』にもある。IX 25.
(11) 定言命法の「形而上学的演繹」・「超越論的演繹」という表現は、小倉志祥『カントの倫理思想』、三六〇―三六一ページでなされている。
(12) K. Jaspers: *Plato-Augustin-Kant*, 1961, $^3$1963, S. 199, 212.
(13) アダン、タヌリ版 *Œuvres de Descartes*, VII 71.
(14) Jaspers 上掲書 S. 221.
(15) 同上書 S. 218.
(16) 同上書 S. 221.
(17) 同上書 S. 198.
(18) 「カントのイデー論」は本稿では K. Jaspers: *Aneignung und Polemik*, 1968 から引用する。S. 172.
(19) K. Jaspers: *Aneignung und Polemik*, S. 171.
(20) 以上 K. Jaspers: *Vernunft und Existenz*, 1935, S. 46.
(21) *Ibid.*
(22) K. Jaspers und K. Rossmann: *Die Idee der Universität*, 1961, S. 42 を参照されたい。
(23) それは第一批判の「超越論的感性論」におけるニュートン、クラークの絶対空間・絶対時間の概念の否定を通して既になされていることでもある。それは空間を諸単子の同時存在の秩序、時間を各単子における表象の推移の継起的存在の秩序と把握するライプニッツの時空論を踏み台にしている。しかし、ライプニッツの単子はカント流に言えば「物自体」であるが、空間・時間を「感性的直観の純粋形式」（B 36）と把握するカントは、現象の超越論的実在性を否定した。

（24）K. Jaspers und K. Rossmann: *Die Idee der Universität* の第１部、第三章参照。

（付記）

本書第二、第三章における『純粋理性批判』「超越論的弁証論」の解釈はヤスパースの『哲学』（一九三二年）、第二巻「実存開明」及び『理性と実存』（一九三五年）の影響を受けている。特に超越論的理念についての論及び誤謬推理論の解釈において。

〔追記〕本章第一節「宇宙生成論」及び同節の基になっている論文「カントの宇宙生成論」（『愛知教育大学研究報告』第二十七輯所収）の執筆に際しては、私が天文学・宇宙論・自然哲学に関する文献の読解に習熟していないこともあって、理想社版「カント全集」第十巻、高峯一愚訳『自然の形而上学』（一九六六年）――同巻には『天界の一般自然史と理論』、『自然科学の形而上学的原理』が収録されている――、並びに同上「カント全集」第一巻、亀井裕訳『自然哲学論集』（一九六六年）を参考にし、併せて、私に読解可能な範囲での天文学・宇宙論関係の諸文献を参照した。

旧稿「カントの宇宙生成論」をまとめたのは、三十代半ばであった。現在も私は、哲学書の繙読と長年続けている素粒子物理学の自学自習の合間に、天文学・宇宙論関係の解説書、科学誌記事に親しんでいる。本書六三頁に記した、宇宙空間の物質密度〈$10^{-26}$ g / cm$^3$ 以下〉が示すように、宇宙空間は大局的に見れば真空状態に近いけれども、まだまだ謎に満ちている。現在においては、宇宙空間の物質密度ないしエネルギー密度の大半が「ダークエネルギー」・「ダークマター」によって占められていることが解明されている。

# 第三章　超越論的弁証論

## 第一節　「超越論的弁証論」の倫理学的構図

心理学的理念、宇宙論的理念、神学的理念は、「それ自身はもはや述語となることのできない〔究極の〕主語」、「それ以上には何物をも前提しない〔究極の〕前提」、「概念の区分を完成するためにそれ以上には何物をも必要としない、選言肢の総体」（B379f.）とも規定される。それらの三理念は、定言的理性推理、仮言的理性推理、選言的理性推理に即して導き出されるものなのである。それゆえ、それらは「関係」の三範疇に対応する。ところで、範疇表の各綱目において、第三の範疇は第一の範疇と第二の範疇とを綜合するものである。

「関係」の範疇に対応する「純粋悟性の原則」すなわち「経験の類推」の諸原則についても、第三の類推（実体の交互作用の原則）は第一の類推（実体の持続性の原則）と第二の類推（因果律の原則）とを綜合するものである、と言える。

かかることは、右の三理念についても言えることである。

まず、合理的心理学の批判を主題とする誤謬推理論は、人格の問題を取り扱っている。合理的心理学は純粋統覚を「唯一のテキスト」（B401）にして超越論的主体の範疇的規定を行い、そこから心霊の不死性を導き出そうとする学問であって、理論哲学（思弁哲学）としては成立しえないが、しかし実践哲学的に見るならば、それらの範疇的諸規定が凡て積極的意味をもって生き返ってくるのである。

次に、合理的宇宙論の批判を主題とする二律背反論――特に力学的二律背反についての論――は、我々に初めて叡智界の展望を与えてくれる。けだし、誤謬推理論は超越論的自我を「意識の単なる形式」（A 382）としてのみ捉えており、その超越性についてはほとんど触れていないからである。もっとも、誤謬推理論も第二版になると「諸目的の秩序」（B 425）や「自由及び自由の主体」（B 431）の理念に説き及んでいるが、しかしそれらは、合理的心理学本来の問題として取り扱われているのではないのである。

かくて、ありとある選言肢の総体である「純粋理性の理想」は、倫理学的見地から見るならば、心理学的理念と宇宙論的理念とを綜合するものである、と言える。すなわち、我々は、神学的理念において、諸々の人格の、叡智界（ないし叡智的性格）における交互作用 commercium（力学的な共同態、交互作用 dynamische Gemeinschaft, Wechselwirkung）について考えることができるのである。しかし、大切なことは、それが心理学的理念と宇宙論的理念との単なる綜合ではなくて、それらを包越するものであるということである。けだし、範疇表の各綱目における第三の範疇は、第一、第二の範疇の単なる綜合ではないからである。カントは「理想」を「個体的な理念」と規定しているが、「理想」が個体であるということの意義は、ここにも活かされている。それは、あくまでも、個体としての独立性を有するものなのである。

# 第二節　純粋理性の誤謬推理

## 一　合理的心理学の諸範疇

「超越論的弁証論」の誤謬推理論において、カントは合理的心理学の批判を行っている。合理的心理学（純粋心理学）は純粋統覚「我考う」を「唯一のテキスト」（B401）にして心霊の理論的規定を行い、そこからその不死性を導こうとする学である。その際、心霊（私自身）の超越論的述語を体系的に導出するためには、「全く範疇の手引きに従う外ないであろう」（B402）、とカントは言う。カントは実体の範疇から始めて範疇表の四綱目を逆巡する。「合理的心理学が含むであろう他の凡てのものがそこから導出されねばならない合理的心理学の場所論 Topik は次のごとくなるであろう。一、心霊は実体である。二、その質に関しては単純である。三、それがその内に存在している相異なる時間に関して数的に自同的である、すなわち単一性（数多性でなく）〔を有する〕。四、空間における可能的諸対象に関係している」（B402）。実体の範疇から始めるゆえんを、カントは「ここではまず一つの物が思惟する存在者として与えられているから……それによって物がそれ自体において表象される実体の範疇から始める」と言っている。しかし、第二版で右の場所論を「綜合的」体系とし、別に「一、我考う。二、主観として。三、単純な主観として。四、私の思惟の凡ての状態において自同的な主観として」という、様相範疇で始まる「分析的」体系を示している（B419）ところから見ても、右の説明は不十分であることが分かる。我々は別に、カントが実体の範疇から始めた理由を、二つ挙げることができる。カントは三種の純粋理性概念（超越論的理念）を、理性推理に定言的、仮言的、選言的の三種があるところから導いた。それに従えば、合理的心理学の対象である心霊は、「主語における定言的綜合の無制約者」、「それ自身もはや述語となることのできない主語」、「思惟する主観の絶対的（無制約的）統一」と定義される。かかるものを実体とするのはアリストテレス以来の形而上学の伝統である。しかもデカルトは、精神を物体と並んで実体と考えた。それゆえ、実体の範疇が最初に来るのは当然である。さらに、合理的心理学が心霊の単純性、人格性（数的自同性）、身体とのコンメルキウムを説く場合に、それらは実体としての心霊の単純性、自同性、コンメルキウムであって、誤謬推理論はそれを単なる論理的な単純性、自同性、コンメルキウムから峻別する。カントは実体の属性として持続性を考えた。もし心霊が実体であるとすれば、そこから当然、合理的心理学の探究の本来的目的であるところの心霊の不死性が導かれるはずである。カントは合理的心理学の場所論に続けて、「非物質性、不壊性、人格性は相合して唯心性を与え」「動物性が〔その〕唯心性によって制限されると不死性となる」（B403）とも書いているが、そういう回り道を経なくても、心霊の実体性は直接、その不死性を帰結する。第一版の「第一の誤謬推理の批判」では、心霊の実体性の概念が役立つのは不死性を導くためだけであり、それができないなら、実体性の概念は不必要だ、と言っている。単純性も不壊性、したがって不死性を帰結する。人格性（自我実体の自同性の意味での）は持続性、実体性と本質的には同じである。外的関係の観念性を説く場合にも、心霊の自存性 Subsistenz が説かれているわけであり、心霊は外的対象、なかんずく身体とのコンメルキウムがなくなっても存続するということが説かれているのである。合理的心理学の諸命題は、実体性、単純性、人格性、外的現象の観念性のいずれもが究極的には心霊の不死性を帰結せんとするものであるかぎり、本質的には同じものであり、相互に重なり合うところを持っている。（例えば、実体性と人格性は共に持続性を表し、相互に重なり合う（A365)。）カントが範疇の区別を必ずしも厳格に守っていないゆえんである。(1) しかし、「思惟自体における自己意識の諸様態 Modi des Selbstbewußtseins im Denken an sich」（B406f.）としては、それらの範疇はそれぞれ固有の意味をもって区別される。もちろんそれら諸様態は「客観についての悟性概念（範疇）」ではなく、「単なる論理的機能」にすぎないが（B407）、実践哲学的に見ると凡て積極的意味をもって生き返ってくるのである。

しからば、なぜ範疇表の四項目を逆巡したのか。諸他の範疇が「客観の規定」にかかわるのに対し、「様相範疇はただ認識能力に対する関係のみを表現する」（B266）という特殊な点を持っている。実体性、単純性、人格性は相合して唯心性の概念を与えるが、「空間における諸対象に対する関係は物体〔身体〕とのコンメルキウムを与える」（B403）。しかも、コンメルキウムの問題は、合理的心理学の場所論では外的関係の観念性に置き換えられており、第四命題は第一、第二、第三の命題とは趣きを異にしている。それゆえ、「範疇相互の秩序」を崩さないためには、範疇表の項目を逆巡せざるをえなかったのである。さて、『形而上学講義』（$L_1$）では、合理的心理学の場所論は「存在論の超越論的諸概念を心霊に適用して」導かれていた。それは次のごとくであった。「一、心霊は実体である。二、心霊は単純である。三、心霊は個別的実体である。四、心霊は無条件的に自発的な行為者である」（XXVIII 265）。第三命題と誤謬推理論の人格性命題との異同の考察はここでは措くが、注目すべきは、第四命題で外的関係の観念性の代わりに心霊の超越論的自由性が説かれていることである。[2]「超越論的弁証論」では自由（意志の自由もまた）は二律背反論の問題とされている。誤謬推理論は合理的心理学の場所論を体系的に導くために範疇表を手引きにした。その場合、カントが心霊に当てはめたのは、まず実体の範疇であった。だから、同じ関係範疇の原因性の範疇に対応する自由性は、合理的心理学の場所論から除かれた。「形而上学の探究の本来的目的」（B395）であるところの三つの理念、すなわち不死性・自由・神は、本来的には実践的理念であり、「超越論的弁証論」も究極的には実践的理念を問題にしている。だから、合理的宇宙論の批判である二律背反論が意志の自由の問題を採り上げているのももっともである。しかし、意志の自由の問題は、本来、主体（人格）に関する問題であるし、二律背反論でカントが叡智的性格を認めているのは、合理的心理学のテキストでもある「単なる統覚」を有する存在者においてのみである（B574）。心霊の自由性の問題を切り離したということは、カントの誤謬推理論の一つの欠陥である。しかし、自由の問題は、自然必然性との二律背反という難問を含むがゆえに、二律背反論へ移されたのである。ところで、自由は本来、実践的理念であり、実践哲学において自由の「客観的実在性」が証明され、「我考う」が意志の自律に置き換えられたとき、合理的心理学の諸範疇は凡て積極的意義をもって生き返ってくるのである。

次に「外的関係の観念性」はなぜ、存在 Existenz（現存在 Dasein）の範疇に属しているのか。デカルトの「経験的観念論」は自我の現存在には懐疑の余地はないが、外的対象の現存在は凡て疑わしいとする。だから、「第四の誤謬推理の批判」は、本来なら観念論論駁に先立って純粋統覚我に現存在の範疇を適用することは許されるか否かを問題にしなくてはならなかったはずである。第二版では観念論論駁は原則論に移されている。それによれば、デカルトの「我在り」は、自我の現存在を範疇によって規定しているゆえ、経験的主張であり、かかる内的経験が成り立つためには、時間表象の相関者としての外物が必要である。けだし、内官のうちには持続的なものは全く存しないのだから。内的経験は外的経験を前提してのみ可能なのである。かくて、「私の外なる空間における諸対象の現存在」は証明される。第二版の第四の誤謬推理の批判では、「私自身についてのこの〔知性的〕意識は私の外なる事物〔それにはまた私の身体も属する〕なしでも可能であるか」は「我考う」からは導出されえない、と述べられている。外的関係の観念性が心霊の現存在の範疇に対応するのは、それが外的関係の観念性を明らかにすることによって心霊の自存性を開明せんとするにある。デカルトは、身体をも含め諸他一切の物の存在は懐疑可能であるが自我の存在だけは明証的に真であるところから、精神の独立性、自存性を帰結した。実体の表徴とされる独立性（デカルト）、自存性（カント）が様相範疇に対応させられるのは奇異な感じがしないでもないが、合理的心理学が問題とする心霊の現存在は超時間的現存在であるゆえ、そういう実体論的範疇によって示す外なかったのである。

さて、合理的心理学のテキストとしての「我考う」は蓋然的命題だ、とカントは言っている。けだし、思惟する存在者一般は「私の意識〔自己意識〕の転移 Übertragung」（B405）によってのみ表象されるのだから。「超越論的分析論」においては「我考う」は意識一般であったが、「我考う」という表象の根源を問題とする誤謬推理論においては「我考う」、「我在り」は「個別的表象 die einzelne Vorstellung」であると言われている。「『我在り』という個別的表象は私の凡ての経験の純粋法式 die reine Formel aller meiner Erfahrung を（無規定的に）表現しているゆえ、凡ての思惟する存在者に妥当する普遍的命題のごとく名乗り出る」（A405）。ここに我々は超越論的自我の個別性（Individualität）を読み取ることができる。その「我」はカントが「道徳的人格性」と呼ぶ叡智人に外ならない。「単なる思惟における私自身の意識においては、私は存在者自身である」（B429）。その個別性は、第二版の誤謬推理論に従えば、次のごとく説明される。「我考う」は「経験的命題」である。「この命題は或る無規定の直観、すなわち知覚を表現している」のだから（B422）。もちろん「この命題における自我」は「経験的表象」ではなく、「それは思惟一般に属するゆえ、純粋に知性的である」。「しかし、思惟に素材を与える何らかの経験的表象なくしては『我考う』という作用は生じないであろう。……」（B423 Anm.）「表象一般の形式」（B404）である超越論的統覚は、もちろんアプリオリであるが、しかしそれには必ず認識の質料が対応しており、その対応関係において捉えれば個性的である。[3] そのことを考えるなら、カントが普遍妥当的認識の可能のための論理的要請である「我考う」をも蓋然的命題と言わざるをえなかったゆえんが理解される。カントは《他我》の基礎づけ——フッサールのいう「間主観性 Intersubjektivität」——の問題をば展開しなかったが、彼がそういう問題を意識していたことはここで理解される。心霊が内官の対象であって他者の観察の対象でありえないとするなら、他我は自我からの類推に基づいて考えられる外ない。

## 二　四つの誤謬推理

純粋統覚「我考う」は「凡ての概念一般の、したがってまた超越論的概念の運搬具」であって、「凡ての思惟を意識に属するものとして明示するためにのみ役立つ」（B 399f.）。その「我」は「単純な、それ自身としては内容において全く空虚な表象」（B 404）、「表象一般の形式」にすぎず、概念でもないし直観でもない。カントは言う。「思惟するものとしてのこの我あるいは彼あるいはそれ（物）を通しては思考の超越論的主観X以上の何物も表象されない。その超越論的主観はその述語であるところの思考を通してのみ認識される〔つまり我々に接近の通路を与える〕のであって、思考から切り離されれば、我々はそれについて最少の概念をすら持つことはできない。それゆえ、我々はその周りを永久に巡回するだけである。なぜなら、我々は、それについて何か或ることを判断するためには、それに先立って常にその表象を用いねばならないのだから」（B 404）。合理的心理学は超越論的主体が已自身を認識の客体として把捉しようという試みであるといえる。しかし、究極的主体であるところの超越論的主体そのものを対象化することは絶対に不可能である。単に純粋統覚を通しての超越論的主体の自己意識は、内容的に空虚であってまだ認識ではない。H・ハイムゼートの論文「カント哲学における人格性意識と物自体」（一九二四年）以来主張されてきたことであるが、カントの純粋統覚我は叡智者 Intelligenz すなわち物自体としての自我なのである。ただし、純粋統覚の機能それ自体は「意識の単なる形式」、「表象一般の形式」でしかない。純粋統覚を通しての超越論的主体の自己意識は、主体的、道徳的実践の場において初めて「人格性意識」としての内実を得る。心霊の不死性という理念との連関から言えば、誤謬推理論の究極意図は、「我々の自己認識を結実することなき法外な思弁から実り豊かな実践的使用へ転じ」（B 421）させるにあるが、我々はここでは超越論的主体の開明——ヤスパース流に言えば《実存開明》——という観点から、恐らくは根底に非常に積極的な「超越論的根拠」を有するであろう「純粋理性の自然的、不可避的弁証論」（B354）の一つである「超越論的誤謬推理」のそれぞれについて、原則として第一版でのカントの批判に即して考察する。

一　実体性の誤謬推理

「その表象が我々の判断の絶対的主語であり、したがって他の物の規定としては使用されえないところのものは、実体である。思惟する存在者としての私は私の凡ての可能的判断の絶対的主語であり、私自身についてのこの表象は、何か或る他の物の述語としては用いられえない。ゆえに、思惟する存在者としての私（心霊）は実体である。」かくて、合理的心理学は、「自己自身をば必然的に実体と見なし、思惟をばその現存在の偶有性及びその状態の規定と見なす」。しかし、右の推理においては純粋統覚我に「実体の単なる純粋範疇」を当てはめたにすぎず、そこから心霊の持続性を導くことはできない。心霊に「実体の経験的に使用可能な概念」を適用するためには、むしろ、経験に基づく心霊の持続性を根底に置かねばならない。しかし、それは不可能である。「我」は凡ての思惟において絶えず繰り返し現れるが、それは「常住的、持続的な直観」ではなく、「意識の単なる形式」（A382）にすぎないのだから。右の理性推理の媒概念「我々の判断の絶対的主語」は、大前提においては「内属の実在的主体」、「判断される主体」、したがって直観において与えられうるような客体を意味しているが、小前提においては「判断する主体」、「思惟の恒常的論理的主観」を意味している。だから、そこでは媒概念多義性の虚偽が犯されている。[4] それは第二、第三の誤謬推理の場合も同様である。ここでの問題は、合理的心理学が「我」を実体、思惟をその偶有性と見なす点にある。実体と作用とを区別するところに合理的心理学の主体概念の限界がある。ハイムゼートは、例えば『形而上学講義』（L1）における「自我が実体の根源的概念である」（XXVIII 226）といった論述に基づいて、純粋な自己意識において人間は叡智的な「実体的なもの」を「直観する」ことができるとカントが考えていたことを強調しているが、[5] 私の所説はそれにもとりはしない。叡智的自我、したがって超越論的主体は、その叡智的作用それ自体に即して見れば、まさしく叡智的な作用実体なのである。それは主体を道徳的実践の場で考えてみれば明白である。主体が実体で作用は偶有性にすぎぬのではなく、主体は作用それ自体において主体なのである。「道徳的人格性は道徳法則の下における理性的存在者の自由以外の何ものでもない」（VI 223）。カントの誤謬推理論は実体論的主体概念を実践的・能動的主体の概念に転回する効を持つ。しかし、道徳的実践の場においては、「規定する主体」（B407）と「規定される主体」（ibid.）とは同一である。（意志の自律を思われたい。）だから、先に掲げた、心霊の実体性を推理する三段論法は、媒概念を超越論的自由性の主体と置き換えれば、実践哲学においては誤謬推理ではなくなる。人間の最高の認識能力である理性の超越論的誤謬推理は、そういう積極的意味を持っている。実践哲学において合理的心理学の諸範疇がいかなる意味において生き返るかは、後に見ることとする。

二　単純性 Simplizität の誤謬推理　「その働きが決して多くの働く物の共同作用と見なされえないところの物は、単純 einfach である。さて、心霊あるいは思惟する自我はかかる物である。ゆえに、心霊は単純である。」これは「純粋心理学の凡ての弁証論的推理のアキレス」であり、論駁は容易でない、と言う。カントは「絶対的統一〔質的単純性〕という概念は経験の領域をはるかに超出している」ことを強調する。「空間内には単純であるような実在的なものは存しない」（B419）。ここではライプニッツの単子論が問題にされている。ライプニッツも表象は単純実体においてのみ成立可能だと考えた（『単子論』§17）。単子は非物体的、叡智的な実体であった。単純性の推理は、かかる実体が自己意識において把捉されると説く。思考は「物体の運動がその凡ての部分の合一された運動であるごとく」合成体に内属するとは考えられえないとすれば、純粋統覚我において我々は単純実体を把捉したことになる。単純性の推理の主要論拠は、「一つの思考を構成するためには多くの表象は思惟する主観の絶対的統一のうちに含まれていなければならない」という命題に存する。それは綜合命題である。「単なる概念に従えば」、「思考の統一」は、物体の運動のごとく、「それに協力している諸実体の集合的統一」にも関係しうるのである。だから、絶対的単純性という超経験的事柄に関するこの命題を学的根拠に基づいて導出することは不可能である。だから、この命題を根底に置いているところの単純性の推理は崩れ去ることになる。ノーマン・ケンプ・スミスらの注釈によれば、これで一つの駁論が終わって次に新しい駁論が始まるという。(6) しかし私は、それに続けて、それにもかかわらず右の命題がいともっともらしい仮象を呈し続けることの理由が述べられていると解釈したい。つまり、右の命題を導くための物体の運動との比較という通俗的説明は不要であり、それは次のように置き換えられるべきである。すなわち、「人が思惟する存在者を表象しようとするときには、己自身をその場所に置き、それゆえ、考察しようとした客体に己自身をすり換えねばならない。」純粋統覚我は「絶対的（ただし単に論理的な）統一」を有する。その「主観の絶対的、論理的統一（単純性）」をもって「私の主体の現実的単純性」あるいは思惟する主観一般の現実的単純性（単純な実体であるということ）とすり換えて(7)――そのすり換えは全く「自然的、誘惑的」（A402）である――先の命題が成り立つ、と。第二版での批判（B407）においては大前提についての吟味は省かれ、そのすり換えのみが批判されている。

かくて、合理的心理学が単純性の推理で本来意図するごとく心霊の単純性によってその非物質性、非壊滅性(8)を帰結することはできない。しかし、超越論的観念論においては物質は現象にすぎず、基体（超越論的対象）に関しては心霊と物質の異質性の前提そのものが不適切であることが明らかである。超越論的主体Xは時間において現象して「心理学的自我」となり空間において現象して「肉体我」となる。(9) 身心関係の問題は第一版ではかく解決されている。

三　人格性の誤謬推理　「相異なる時間における己自身の数的自同性を意識しているところのものは、そのかぎり人格である。さて、心霊はそれを意識している。ゆえに、心霊は人格である。」カントによれば、空間、時間は我々の純粋直観形式として超越論的統覚我の内に存する。それゆえ、「心霊の人格性 die Persönlichkeit der

Seele」は自分自身の意識においては「時間における自己意識」からの分析命題である。「私はその内で私自身を意識している全時間において数的自同性を伴って見出される。」しかし「心霊の人格性」は客観的には成り立ちえぬことを、次のごとくして説明する。「しかし私が私を他者の観点から（その外的直観の対象として）観察するならば、この外的観察者は私を初めて時間において考察する。……それゆえ、彼は、凡ての表象に全時間において私の意識のうちで、しかも完全な自同性をもって伴うところの『我』に基づいて、たとえ彼がこの『我』を認めるとしても、なお私自身の客観的持続性を推論しはしないであろう。なぜなら、この場合に観察者が私をその内へ置くところの時間は、私自身のではなく彼の感性において見出されるところの時間であるゆえ、私の意識と必然的に結合しているところの自同性は、だからといって彼の意識すなわち私の主体の外的直観と結び付いているわけではないのだから。」この説明は必ずしも正当ではない。心霊は外官の対象ではありえないのだから。しかし、ここには《アプリオリな時間の個別性》という注目すべき考えが見られる。我々はここでも、超越論的主体に個別性を認めねばならないという我々の所論に対する有力な支えを見いだす。

　してみれば、「相異なる時間における私自身の意識の自同性」は、決して「私の主体の〔客観的な〕数的自同性」、「人格の自同性」すなわち自我実体の自同性を証明するものではない。弾力性のある球が別の弾力性のある球に直線的に衝突するときには前者の全運動がそっくりそのまま後者へ伝達されていくということを考えても明らかなごとく、作用の自同性は必ずしも実体の自同性を要求するものではないからである。それにもかかわらず、「自我の論理的自同性」をもって「自我の〔実体としての〕自同性」とすり換えてしまうところに、人格性の誤謬推理が生ずる。

　その「人格性」すなわち「知性的実体としての実体の自同性」（B403）は「心理学的人格性 die psychologische Persönlichkeit」概念（VI 223）である。この純粋心理学的人格性とカントが実践哲学で確立した「道徳的人格性

die moralische Persönlichkeit」(ibid.) との共通点は、それにより人格を引責能力の主体たらしめる点にある。(後者ではなかんずく人格の自由性のゆえに。)「人格とはその行為が引責能力を有するところの主体である」(ibid.)。カントは「第三の誤謬推理の批判」の最後の段落で超越論的人格性の概念すなわち「それが単に超越論的であるかぎりでの、すなわち他の仕方では我々に知られていないが、その規定のうちに統覚による汎通的結合が存しているところの主観の統一であるかぎりでの人格性概念」を持ち出している。そして言う。純粋心理学的人格性概念は成り立ちえないが、「それにもかかわらず、実体や単純なものの概念同様、〔超越論的〕人格性の概念もまた存立しうる。そしてそのかぎり、この概念は実践的使用にとっても必要でありかつ十分である」。もし人格性がその作用においてのみ人格性であるとするならば、実体の自同性ではなく作用における数的自同性が、人格を帰責能力の主体たらしめるに十分であろう。

四　外的関係の観念性の誤謬推理　「それの現存在が単に所与の知覚に対する原因としてのみ推論されうるところのものは、全く疑わしい存在を有する。さて、凡ての外的現象は、その現存在が直接には知覚されえず、所与の知覚の原因としてのみ推論されうるような種類のものである。ゆえに、外官の凡ての対象の現存在は疑わしい。」これがその推理である。しかし、物体は現象にすぎぬゆえ、「私の内官の対象（私の思考）の現実性」と同様「外的対象の現実性」に関しても推論の必要はない。経験的思惟一般の第二の公準を思われたい。デカルトの「経験的観念論」（第二版では「蓋然的観念論」といわれている）は物体を物自体と見なす「超越論的実在論」の必然的帰結である。「超越論的観念論」においては「経験的実在論」が帰結する。

第一版で観念論論駁を合理的心理学批判である誤謬推理論のうちに加えている最大の意図は、心霊の唯心性を否定する唯物論の論駁と、後に見るごとき、身心関係の問題における誤った前提の除去にある。合理的心理学の主要意図が心霊を「唯物論の危険」に対して安全ならしめるにある（A383）とすれば、それは超越論的観念論で十分に果たされる。物体は主観における現象・表象にすぎないのだから。経験的観念論、超越論的実在論では唯物論の問題も身心関係の難問も除去されえない。もちろん「外的現象の超越論的基体」は不可知であるゆえ、唯物論同様唯心論も成り立ちえない。かくて「訓練」（B421）としての合理的心理学は、我々の自己認識を「実り豊かな実践的使用」へと差し向ける。

さて、第二版での誤謬推理批判は、より簡潔に「思惟一般における私自身の意識の分析を通しては客観としての私自身の認識に関して全然得るところはない」（B409）ということでなされている（B406-409）。しかし、第一版、第二版のいずれにおいても、また『プロレゴーメナ』（*Prolegomena zu einer jeden künftigen Metaphysik, die als Wissenschaft wird auftreten können,* 1783）――第四十六節等――においても、超越論的主体の叡智的無制約性は全然顧慮されていない。それは「表象一般の形式」としてのみ採り上げられている。第一版「第四の誤謬推理の批判」以下では純粋統覚の自我と内的経験との区別も明確でない。カントは一方で合理的心理学を「内官の一種の自然学」である経験的心理学と峻別しつつも（B405）、「純粋心理学の総括に関する考察」では合理的心理学を「内官の自然学」と考えている（A381）。それはさらに、「超越論的方法論」第三章「純粋理性の建築術」における形而上学の分類においても同様である。

カントは客体的現象の背後に物自体を考える。さもないと、物そのものがないのに現象が存するという不合理に陥るから（vgl. BXXVIf.）。しかし、それはあくまで可想体にすぎない。それに対し純粋統覚において自覚される「我在り」は「私の現存在の知性的意識」（BXL Anm.）である。超越論的主体は物自体・叡智人である。当然、我々がそれを客体的に把捉することは不可能である。第一版の「超越論的演繹論」のいわゆる三段の綜合においても（「概念における再認の綜合」で）「超越論的統覚」が超時間的であることが重要な役割を占めていた。二律背反論では、叡智的性格に従えば主体においては何事も生起しないと考えられている。心霊が超時空的、したがって不死的であることはそれによって十分明らかでないか。しかしカントは、合理的心理学という既存の学問を批判するために、その誤謬推理を体系的に編み出し、それを根絶しようとしているのである。

## 三　身心関係の問題

第一版の三八四―三九六ページでは心霊と物体のゲマインシャフト（交互作用 Wechselwirkung）の問題が採り上げられている。カントは言う。純粋心理学的諸概念の超越論的仮象に基づいて、「合理的心理学の本来の標的」を成し、「上述の研究」によらねば解決されえない三つの弁証論的問いが帰結する。すなわち、「㈠心霊と有機的身体とのゲマインシャフトの可能性、すなわち動物性及び人間の生における心霊の状態に関する問い、㈡このゲマインシャフトの始まり、すなわち人間の誕生及び誕生以前における心霊に関する問い、㈢このゲマインシャフトの終わり、すなわち人間の死及び死後における心霊に関する（不死に関する）問い」（A384）。身心関係の問題は不死性の問題をも含む。カントは物理的影響説、予定調和説、超自然的協力説（機会原因説）の三つの体系を批判する（A390）。（スピノザの身心並行説は延長実体、思惟実体という概念をば排するゆえ、それの批判はここでは措かれている。）しかし、第一版では、身心関係の問題は、右のごとく提示されてはいるが、その解決のために超越論的実在論の批判に深入りする余り、心霊と認識対象との関係の問題にすり換えられてしまっている。

右の三つの体系のいずれもが物質と心霊とを異種的実体（物自体）とする「粗雑な二元論」を根底に置いている。超越論的二元論は超越論的観念論によって当然排されるべきである。かくて、「思惟体と延長体とのゲマインシャフトに関する問い」は「いかにして思惟する主観一般において外的直観、すなわち空間（その充実、形態及び運動）の直観は可能であるか」という問いに帰着するが、これの解答は不可能である。けだし、外的現象の超越論的対象は我々にはいかにしても不可知であるのだから。（以上 A392f.）続けて言う。以上のことから、思惟する主体は諸物体とのゲマインシャフト以前にも思惟することができたしゲマインシャフト以後にも思惟することができるであろう、と言うことができる。なぜなら、生前においては諸物体の超越論的諸対象は空間的とは全く異なった仕方で直観されえたであろうし、また死後においても直観されうるであろうと考えることは、十分可能であるのだから。何人もそれを「思弁的原理に基づいて」根拠づけることはできないが、それに「独断的異議」を差し挟むこともできない。第二版では同じ事柄に関して、以下のごとく言われている。「心霊の物体〔身体〕とのゲマインシャフトを説明するという課題は、本来、ここで問題とされている心理学には属さない。なぜなら、合理的心理学は心霊の人格性をこのゲマインシャフトの外でも（死後にも）証明せんと意図し、したがって本来的意味において超越的 transzendent であるのだから。この心理学が経験の客体を問題とするにしてもそうである。なぜなら、それはそれが経験の対象であることをやめるかぎりにおいてのみであるのだから」（B427）。誤謬推理論のエートスはこちらの方により適切に表されている。誤謬推理論は心霊の実体性、単純性、人格性、身体とのコンメルキウムというような合理的心理学の諸範疇の積極的意義をば問題とせず、ただ《心霊の不死性》の理論的認識が不可能であることを明らかにしてそれを実践的認識の領域に移し持っていくことを主眼としている。やがて、『実践理性批判』の「弁証論」は心霊の不死性を神の存在と共に「純粋実践理性の要請」として明らかにする。さて、右の引用文に続き（現世における）身心関係の問題に以下のごとき解答が与えられている。物自体としての心霊と物自体としての物質（身体）とは「恐らくそれほど異種的ではありえないであろう」から、この問題は結局、「いかにして一般に諸実体〔物自体〕のゲマインシャフトは可能であるか」という難問に帰着するが、これを理論的に解決することは不可能である（B428）。ここでは身心相互間のコンメルキウムの問題は実体一般（諸人格をも含む）のコンメルキウムの問題に敷衍されている。かかる問題設定は我々に目的の王国という実践的理念に対する展望を与える。

合理的心理学の諸範疇の積極的意味が「超越論的弁証論」において活かされているのはわずかに「発見的概念」（B 699）、我々の経験的認識に最大の拡張と統一とを与えるための「統整的原理」（ibid.）としてである。我我は経験的心理学の研究においては「あたかも我々の心 Gemüt が単純な実体であり、この実体は人格的自同性をもって（少なくとも生においては）持続的に存在するが、しかしそれに身体の諸状態が外的条件としてのみ属するところのこの実体の諸状態は絶えず転変する〔ものである〕かのごとく」（B 700）見なすべきなのである。超越論的理念がかくのごとく自然研究における》als-ob《の原理として役立つのは、もしも知性的直観から見たとすれば、物自体としての心霊（超越論的主体）は実体であり単純であり人格であり他の偶然的諸実体とのコンメルキウムのうちに存するということの証ではなかろうか。直観のない概念は空虚であるが、範疇に実質を与える直観は我々の感性的直観でなく神の知性的直観であってもよいのである。かくて、合理的心理学のそれらの範疇の凡てが、実践哲学の場において積極的意義もって生き返るであろうことが窺える。

## 四　実践哲学的考察

第二版の「合理的心理学から宇宙論への移行に関する総注」で「思惟する自己」が「己の現存在の様式を規定すること、すなわち己をヌーメノンとして認識することは不可能である」と述べた後の二段落は、注目さるべきである。（以下 B 430f.）

しかし、「我々の現存在の意識のうちには」アプリオリに、我々の叡智的存在を規定しうるものが含まれている。道徳法則がそれである。それゆえ、我々は、「実体、原因等の〔純粋〕悟性概念」を「理論的使用におけるのと類比的な意味に従って」「自由及び自由の主体」へ適用する権能を有するであろう。なぜなら、「私は単に主語と述語、理由と帰結という論理的機能をそれらの概念で考えるのであり、それらの論理的機能に従って行為や結果は、全く他の原理から生ずるにもかかわらず、それらは同時に自然法則でもって、いつでも実体、原因の範疇に従って説明せられうるように、かの法則に従って規定されるのだから」。今やここでは原因、自由の範疇が超越論的主体の規定に付加されている。自由の客観的実在性は実践哲学において道徳法則を認識根拠として証明される。実践哲学的に見れば、実践的自由を媒介に合理的心理学の諸範疇は凡て生き返るのである。

㈠　実体性　思惟的主体と実践的主体とは同一の主体である。『人倫の形而上学の基礎づけ』第三章で「叡智者」と呼ばれ「本来的自己」と呼ばれている実践的主体は、純粋統覚我と異なるものでない。もちろん心霊の実体性が図式論的に時間における持続性として生き返る術はない。時間は我々の「感性的直観の純粋形式」にすぎぬゆえ、物自体には当てはまらない。《実体性》はここではカントが誤謬推理論で当てはめている《絶対的主体性》として生き返る。超越論的主体は、実践哲学的に見れば、超越論的自由の能力の主体であり絶対的主体であるゆえ、実体である。既に『プロレゴーメナ』でも、「自由の理念は全く、原因としての知性体の、結果としての現象に対する関係において成立する」、したがって、その働きが神的本性において規定されているところの神には、自由の理念は帰せられえない、と説かれている（§53 Anm.）。なかんずく『実践理性批判』「純粋実践理性の分析論の批判的吟味」は、同様の趣旨で、神との関係においても人間の絶対的自由性を確保した。自然必然性との関係から言っても神との関係から言っても超越論的主体の実体性に懐疑を差し挟む余地はない。もちろん、超越論的主体は超時間的である。図式論、原則論においてはカントは実体 Substanz は諸現象の基体 Substrat なるゆえ、それに持続性を考えた。我々の行為の究極的基体である超越論的主体は超時間的なるゆえ、それが時間における持続性を欠くからといって、それを実体とすることに何の問題もない。

㈡　単純性　「実体性、実在性、単一性、存在」は「諸範疇の各項目中絶対的統一を表す純粋範疇」（A401）

だというが、それらのうち思惟する主観の絶対的統一性を最もよく表しているのは実在性の範疇に対応する《単純性》の範疇である。第一版「第二の誤謬推理の批判」で「単純性」がしばしば》〔qualitative〕Einheit〔質的〕統一性《と記されていることもそれを示す。第二の二律背反においては「合成体の要素としての単純なもの」（アトム）が問題とされたが、第二の誤謬推理においては「（例えば自己意識において）直接的に単純実体として与えられている単純なもの」、つまりライプニッツ本来の意味における「モナス」（B470）が問題とされている。『我は単純である』という命題は統覚の直接的表現と見なされねばならない」（A354f.）。超越論的主体の実体性が生き返れば、当然、実践的には人格の統一性を示すものとしてのこの命題も「実在的」意味をもって生き返る。ライプニッツにおいてもモナドはその作用性のゆえに実体であった。カントにおいても人格はその作用性のゆえに単純実体である。

㈢　人格性　　超越論的主体は、それが「超越論的」であるという点から見ても、物自体であるという点から見ても、時間の流れを超越している。だから、当然、人格は引責能力の主体である。実践哲学的には「人格性」には「数的自同性」以上の意味が加わる。『実践理性批判』の「動機論」で「義務の根源」について述べるところから始まる数段落（V 86f.）を見られたい。すなわち、義務の根源は「人間を（感性界の一部分としての）己自身以上に高めるもの」に外ならない。それは「人格性、すなわち全自然の機制からの自由と独立」であり、また同時に、「独特な、すなわち彼自身の理性によって与えられた純粋な実践的法則に服従している存在者の能力」とも見なされる。かくて、実践哲学的には「人格性」は「道徳法則の主体」、「自律の主体」の意にまで深められる。超越論的主体が時間・空間を、したがって「自然の秩序」を超越した、「諸目的の秩序」（B425）に属する主体、引責能力の主体であることは、ここに明白である。あるいは人は私が解釈した意味での実体性とここに紹介した人格性との区別があいまいであると思うかもしれないが、ちょうど「心理学的人格性」が「数的自同性」によって人格の超越性（超時間性）を示していたごとく、ここでは自由性によって人格の超越性が示されているのである。

㈣　存在（現存在）　これについては本小節の冒頭で触れた。その存在（現存在）は現実には行為Handlungにおける自我と身体との実在的コンメルキウムにおいて確証される。我々の身体は個別的、個性的である。かつ、人格としての超越論的主体は、身体とのコンメルキウム（ないしそれへの志向）を通してのみ実践的でありうる。したがって、我々の人格は個別的、個性的である、と言わねばならない。更に、我々人格相互間のコムニカチオーンは何らかの意味で身体を媒介とする。だから、自我と身体とのコンメルキウムは他人格とのコンメルキウムを可能ならしめる基盤でもある。

かくて、合理的心理学の凡ての範疇が実践の場では生き返る。してみると、カントが『実践理性批判』の「弁証論」で「純粋実践理性の要請」として心理学的理念に関しては心霊の不死性しか考えなかったのは——もっとも「理性的存在者の無限に持続する存在と人格性」（V 122）と書いてはいるが——誤謬推理論との連関から言うと不十分であったと言える。

合理的心理学の諸範疇は形而上学的関心に従えば不死性に統一されるが、本来的自己の開明という点からすると人格性の範疇が中心を占める。『実践理性批判』における「自由の範疇表」では、合理的心理学において基本範疇であった、人格の「実体」性を「人格性」と置き換えている。つまり、関係の範疇で実体・偶有性に対応するものとして「人格性への関係」とある。ライプニッツにおいても《自我》が人格の表徴であった（『形而上学叙説』§ 34, usw.)。カントもまた純粋統覚我を「超越論的」人格性と呼んでいた。[10] 人格を人格たらしめるのが人格性である。カントの人格性概念の内容は必ずしも一義的ではない。「人格性への関係」という範疇も様々に理解できる。しかし、超越論的人格性と道徳的人格性との差異は、同じ人格性を純粋意識において捉えるかそれとも純粋意志において捉えるかという観点の相違による。だから、いずれにせよ、超越論的自我をもって人格性と呼ぶのは正しい。カントの最後の著作『実用的見地における人間学』(*Anthropologie in pragmatischer Hinsicht,* 1798)の本文は、次のごとき言葉をもって始まっている。「人間が彼の表象のうちに自我を持ちうるということは、人間を地上に生きている他の凡ての存在者を超えて無限に高める。それによって人間は人格であり、そして意識の統一によって、意識の被るであろうあらゆる変化においても同一の人格である。すなわち、我々が意のままに処理しうる、理性を欠く動物がそれであるところの諸物件から位階と尊厳によって全く区別せられた存在者である。……」ここでも《自我》が人格の表徴とされているのである。

我々は人格性以外の合理的心理学の諸範疇の持つ意味についても本節において考察した。しかし、それらの諸範疇を活かして我々の人格概念を形成するところまではいかなかった。小倉志祥先生は編著『倫理学概論』で、『倫理学における形式主義と実質的価値倫理学』におけるシェーラーの「倫理的人格」の概念(Ⅵ「形式主義と人格」B第一節「倫理的人格の本質(一)」を念頭に置いて、「人格の特性」として「主体性」、「統一性(意味連関)」、「所有性」、「責任性」を挙げておられる(第一章「人格」Ⅱ)。カントが挙げている合理的心理学の諸範疇を積極的に活かすとすれば、実体性からは主体性、単純性からは統一性、身体とのコンメルキウムからは所有性、人格性からは責任性という人格の特性を導くことも可能である。それを考えても、それらの諸範疇が人格の開明という点でいかに適切なものであるかを窺い知ることができるであろう。

## 第三節　純粋理性の二律背反

### 一　二律背反論の位置付け

「超越論的弁証論」は究極的には実践哲学的に解されるべきものである。合理的宇宙論の批判である二律背反論とて例外ではない。カントがここにいう宇宙とは、単なる機械論的宇宙ではなくて、同時に、道徳的世界秩序が実現さるべき目的論的世界でもある。しかし、合理的宇宙論の批判であるかぎり、それは実践的諸理念の対象の存在そのものではなく、それらの存在を許容するという、世界の機制を問題にする。もっとも、第三の二律背反では意志の自由が主題とされている。しかし、もしカントが宇宙論的構図を徹底させえていたならば、恐らく意志の自由の問題が主題的に採り上げられるということはありえなかったであろう。例えば、『形而上学講義』($L_1$)では意志の自由は合理的心理学の問題として取り扱われている。かくて、二律背反論は誤謬推理論と緊密な連関を有する。また、同様に、理想論とも緊密な連関を有する。そして、我々は、我々の解釈に即して、二律背反論を、実践哲学の見地から、人格性（直接的には超越論的主体）を主題とする誤謬推理論から超越神すなわち根源的最高善を主題とする理想論への高まりを媒介するものと解そうと思う。

二律背反論の誤謬推理論、理想論との連関をもう少し具体的に考察してみよう。

まず、誤謬推理論、二律背反論、理想論という序列について。我々は「超越論的弁証論」第一篇「純粋理性の諸概念について」の論述からこの序列の根拠を三つ取り出すことができる。――カント自身は三つに分けることはしていないが。――㈠ まず、カントは理性推理に定言的、仮言的、選言的の三種類があることに基づき「主語における定言的綜合の無制約者」、「系列の諸項の仮言的綜合の無制約者」、「体系における諸部分の選言的綜合の無制約者」（B379）という三つの超越論的理念を考え、これを合理的心理学、合理的宇宙論、合理的神学に対応させている。㈡また、彼は、「それについて我々が概念か理念かのいずれかを作りうる諸表象の凡ての関係」は「主体に対する関係」、「現象における客体の多様なものに対する関係」、「凡ての諸物一般に対する関係」の三通りであることに基づき「思惟する主体の絶対的（無制約的）統一」、「現象の諸条件の系列の絶対的統一」、「思惟一般の凡ての対象の条件の絶対的統一」（B391）の三種の超越論的理念を考え、これを形而上学の三部門に対応させている。㈢また、カントは不死性、自由、神の三つの実践的理念を形而上学の三部門に対応させている（B395 Anm.）。――そして、㈢については言っている。「己自身（心霊）の認識から世界認識へと進み、この世界認識を介して更に根源的存在者へと進むのは、極めて自然的な前進であるので、この前進は前提から結論への、理性の論理的進行に似ているように思われる」（B394）。しかし、㈢については、更に、右の引用文の注で言っている。不死性（宗教）、自由（道徳）、神（神学）というのは「分析的順序」であって、「綜合的順序」はこの逆である。けだし、意志の自由の概念は、神の概念と結合されて、一つの必然的結論としての不死性の概念へと至るはずであるから、と（B395 Anm.）。しかし、㈠、㈡に従えば、㈢のいわゆる「分析的順序」も必ずしも便宜的なものとばかりは言えないと思われる。いずれにせよ、二律背反論が誤謬推理論と理想論とをつなぐ位置にあるものであることに変わりはない。

そのことは「超越論的弁証論」第二篇「純粋理性の弁証論的推理について」においてより明らかとなる。――誤謬推理論は意志の自由の問題に触れていない。第三の誤謬推理のいう「心霊の人格性」は「相異なる時間における己自身の数的自同性〔＝実体の自同性〕を意識しているものは、そのかぎり人格である」（A361）といういわゆる「心理学的人格性」であって、実践哲学の説く「道徳法則の下における理性的存在者の自由」すなわち「道徳的人格性」ではない。誤謬推理論においては純粋統覚我は「意識の単なる形式」（A382）として取り扱われており、その超越性についてはほとんど説かれていない。ただ、誤謬推理論も第二版になると、超越論的自我の実践的能力にも注意を払い、「諸目的の秩序」（B425）とか「自由及び自由の主体」（B431）という概念に言及している。そして、注目すべきは、第二版の誤謬推理論の末尾に設けられた「合理的心理学から宇宙論への移行に関する総注」である。そこでは例えば次のごとく説かれている。「しかしそれにもかかわらず、私はこれらの諸概念〔実体、原因、等々〕を何としても常に経験の諸対象に向けられている実践的使用に関しては、理論的使用におけるのと類比的な意味に従って、自由及び自由の主体に適用する権限を有するに至るであろう」（B431）。合理的心理学における基本概念は心霊の実体性であった。ところが、今や「実体」概念に代わって、「原因」、「自由」の概念による規定が超越論的自我に対して持ち込まれる。論はもはや、二律背反論へと移されなくてはならない。誤謬推理論と二律背反論との連関はここにおいても明らかである。また、第四の二律背反の主題は「端的に必然的な存在者」の存在である。かかる存在者は理想論が主題とする神に外ならない。二律背反論と理想論との連関はここにおいても明らかである。二律背反論の末尾の「純粋理性の全二律背反に対する結注」を参照されたい。

二律背反論の誤謬推理論、理想論との連関は、更に、誤謬推理論で心霊をめぐる二律背反が、理想論で神をめぐる二律背反が説かれていないことからも明らかである。誤謬推理論では言っている。「超越論的誤謬推理は我我の思惟の主体についての理念に関して単に一面的な仮象を惹き起こしただけであって、その反対の主張に対しては理性概念に基づくいささかの仮象も見出されえない」（B433）。また、付録「人間理性の自然的弁証論の究極意図について」でも言っている。「心理学的及び神学的な理念は全く二律背反を含んでいない」（B701）。しかし、心霊に関しては唯心論と唯物論との、神に関しては有神論と無神論との二律背反が当然考えられうる。(11) しかし、誤謬推理論、理想論はそのことを全く顧慮していない。そこには心霊の不死性、神の存在に対する信仰的確信が大きく与っていたであろう。しかし、そこには、第二の二律背反が心霊実体（直接的には単純実体）の二律背反を、第四の二律背反が神（直接的には端的に必然的な存在者）の存在の二律背反を取り扱っているということも大きく関与している。けだし、唯物論、無神論はカントの時代にも事実として存在していたのだから。「超越論的弁証論」においては心霊、神をめぐる二律背反は二律背反論の内に包含されているのである。F・パウルゼン『イマヌエル・カント』（F. Paulsen: *Immanuel Kant*）によれば、『超越論的論理学』の図式」に先立つ二律背反論の初めの企図においては、二律背反論は「独断的主張的並びに独断的否定的な古い形而上学とのカントの全対決」を含んでいた。それが超越論的論理学の図式に繰り込まれることによって、二律背反論は仮言的理性推理に対応させて考えられることになり、合理的心理学、合理的神学の本質的問題は定言的理性推理に対応する誤謬推理論、選言的理性推理に対応する理想論へと移されたのである（219–220 Anm.）。ただし、心霊、神をめぐる二律背反をば二律背反論に任せて。

## 二　思弁哲学的構図と実践哲学的構図

二律背反論には二つの構図が見いだされる。思弁哲学的構図と実践哲学的構図とである。思弁哲学的構図は、「系列の諸項の仮言的綜合の無制約者」あるいは「現象の諸条件の系列の絶対的統一」という理念を範疇表に従ってより詳細に規定した㈠「凡ての現象の所与の全体の合成の絶対的完璧性」、㈡「現象における或る所与の全体の分割の絶対的完璧性」、㈢「現象一般の発生の絶対的完璧性」、㈣「現象における変化するものの現存在の依存性の絶対的完璧性」（B 443）という諸理念を、二律背反論の主題とするところに表れている。これは、また、宇宙論的構図とも名付けられえよう。一方、実践哲学的構図は、例えば次のごとき論述に顕著に表れている。「世界は始まりを持つということ、私の思惟する自己は単純な、したがって壊滅することのない本性を持つということ、この自己は同時にその選択意志に基づく行為において自由であり自然の強制を越え出ているということ、最後に、世界を形成する諸物の全秩序は、凡てのものがそこからその統一と合目的的連結を得ている根源的存在者から由来するということ、それはまさしく道徳と宗教との礎石に外ならない。反定立は我々からあらゆるこうした支えを奪う、あるいは少なくともそれらを我々から奪うように見える」（B494）。第三節「こうしたその抗争における理性の関心について」で、カントは定立（純粋理性の独断論）と反定立（純粋理性の経験論）とを比較し、前者が㈠実践的関心、㈡思弁的関心、㈢通俗性を具えていることを明らかにしている。実践哲学的構図、思弁哲学的構図は、その実践的関心、思弁的関心に対応する。

　ところで、これら二つの構図は、ずれをもっている。

　まず、第二の二律背反でのずれについて。第二の二律背反は原子論の問題と心霊の単純性の問題とを含んでいる。このことはなかんずく「超越論的理念の第二の抗争」での反定立に関する論述（B463-471）において明らかである。しかし、「定立に対する注」で次のように述べるとき、それは右のことと合致しない。すなわち、「単子」という語は、本来的には、「単純実体として直接的に（例えば自己意識において）与えられている単純体」を意味する。合成されたものの要素としての単純体は「原子」と名付けられるべきである。ところで「私は合成されたものに関してのみその要素としての単純実体を証明しようとしているのであるから、第二の二律背反の定立を超越論的原子論と名付けうるかもしれない。しかし、この語はずっと昔から物体的現象（分子 molecularum）の或る特殊な説明様式を特徴づけるために用いられてきており、したがって経験的概念を前提するゆえ、第二の二律背反の定立は単子論の弁証論的原則と名付けられてよい」（B470）。――思弁哲学的構図から言えば第二の二律背反の問題は原子論の問題であるが、合理的心理学では心霊を単純実体と考えるのであって（第二の誤謬推理）、この心霊の単純性の問題が実践哲学的構図に結び付いて第二の二律背反のうちに取り入れられることになり、かかる混乱が生じたのである。

次に、第四の二律背反でのずれについて。我々はそこにいう「端的に必然的な存在者」を直ちに神と同一視することはできない。けだし、純粋な宇宙論的証明によるだけではその必然的存在者が世界そのものであるのか、世界と異なるもの（超越神）であるのかは解決されえない（B484）のだから。事実、カントは、第四の二律背反の定立における無制約者を「絶対的自然必然性」（B446）とも呼んでいる。かくて、第四の二律背反の思弁哲学的構図と実践哲学的構図とのずれは明白であろう。（もっとも、このずれは理想論において解決されるのだが。）

ところが、第三の二律背反では少し事情が異なる。ここではずれは生じない。けだし、超越論的自由は、究極的には、意志の自律すなわち道徳的自由に外ならない。カントにとって理性的存在者の意志の自由以外に自由はありえない。カントが叡智的性格を純粋統覚を有する人間に限る（B574）ゆえんである。もっとも、カントはこの二律背反の反定立の「証明」において、「もし自由が法則に従って規定されているならば、それは自由ではなくて、それ自身自然に外ならない」（B475）と『人倫の形而上学の基礎づけ』や『実践理性批判』における「積極的意味における自由」の概念に矛盾するようなことを言っているが、それはカントの思想がまだそこまで成熟していなかっただけのことである。遂行能力としての選択意志 Willkür（arbitrium）から区別される立法能力としての意志 Wille（voluntas）の概念が確立され、「自由の積極的概念」が説かれるようになるのは、『人倫の形而上学の基礎づけ』以後である。ところで、二律背反論の実践哲学的構図の中心は自由の概念である。それは、既述のごとく、カントが神、自由、不死性をもって形而上学の本来的理念としているところからも明らかであるし、二律背反論の実際の展開からも明らかである。しかも、既述のごとく、自由の概念は誤謬推理論と二律背反論とを媒介するものであった。かくて、それは必然的に意志の自由の問題となる。しかも、宇宙論的自由、超越論的自由は、究極的には、意志の道徳的自由であった。かかる自由の問題が二律背反論で採り上げられたからこそ、本来的には合理的宇宙論の批判である二律背反論に実践哲学的構図が残存しえたとも言える。そして、その、実践哲学的構図の中心を占める自由をめぐる二律背反に関しては、思弁哲学的構図と実践哲学的構図との間にずれが生じないということが、他の二律背反に関してずれを看過する原因になったのではなかろうか。

## 三　心理学的二律背反と神学的二律背反

範疇表の四綱目は数学的範疇（量、質）と力学的範疇（関係、様相）とに区分される。二律背反論も範疇表に即して展開されるのだから、範疇のこの区分は二律背反論においても重要な意味を持ってくる。合理的宇宙論の論究の対象たる広義の「世界」の概念は、この区分に即して、狭義の「世界」の概念と「自然」の概念とに区分されている。狭義の「世界」は「凡ての諸現象の数学的全体」を意味し、「自然」は「一つの力学的全体として〔の世界〕」を意味する（B446）。したがって、カントは、㈠世界の始まり、世界の限界、㈡単純体をば「(大、小世界の) 世界概念」、㈢絶対的自己活動（自由）、㈣絶対的自然必然性をば「超越的自然概念」と呼んでいる（B448）。そして、純粋理性の二律背反も前者に関する「数学的二律背反」と後者に関する「力学的二律背反」とに区分される。この区分は二律背反の解決との連関において重要である。「諸現象の数学的綜合」は単に「同種的なものの綜合」でしかありえないが、「諸現象の力学的綜合」は「異種的なものの綜合」でもありうる。それゆえ、「諸現象の系列の数学的連結においては感性的条件以外のいかなる条件も入り来えない」が、「これに反して感性的諸条件の力学的系列は系列の一部分でなくして単に可想的なものとして系列の外に存する異種的条件をも許容する」。かくて、明らかである。数学的二律背反の定立、反定立は、共にしかるべき証明を具えているのだから両方共偽であるが、力学的二律背反の定立、反定立は共に真でありうる。すなわち、定立は叡智界に関して、反定立は感性界に関して。（以上「数学的に超越論的な諸理念の解決に対する結注と力学的に超越論的な諸理念の解決に対する前置き」)

思弁哲学的構図に即するかぎり、二律背反の区分は右のごとくなる。しかし、実践哲学的構図に即すると別の区分が可能になる。我々はここに、「心理学的二律背反」、「神学的二律背反」という区分を提唱しようと思う。つまり、第二、第三の二律背反をば前者に、第一、第四の二律背反をば後者に数えたいと思うのである。かかる分類に対しても、第二、第三、第四の二律背反に関しては余り異論はないであろう。異論があるとすれば、第一の二律背反のうちの、世界の限界をめぐる二律背反に関してであろう。しかし、世界の限界という概念も、世界の始まりという概念同様、神の世界創造の思想に対応しているのである。そこには、神の創造した世界は空虚な空間に囲まれた有限的世界であるという、根源的には古い神話的思考に由来し、ニュートンにおいて結実した思想が控えている。それに対して、ライプニッツ——もちろん彼も無神論者ではないが——は無限に至るまで至る所物質でもって充たされている空間を考えていた。——ここではカントのいう純粋理性の独断論、純粋理性の経験論という規定は当てはまらない。——かかる「二律背反論の歴史的前提」についてはG・マルチン『イマヌエル・カント——存在論及び学問論』(G. Martin: *Immanuel Kant Ontologie und Wissenschaftstheorie*) 第七節を参照されたい。

二律背反のかかる区分において、二律背反論が心理学的理念から神学的理念への高まりを媒介するものであることは一層明らかになる。

ところで、その心理学的二律背反、神学的二律背反のそれぞれが数学的二律背反と力学的二律背反とを含む。心理学的二律背反も神学的二律背反も数学的＝静的二律背反から力学的＝動的二律背反へと高まりゆくのである。すなわち、心理学的二律背反、神学的二律背反の主題は、単なる単純実体から自由の能力の主体すなわち叡智的性格へと、また神によって創造された世界から世界の創造主としての神へと高まりゆくのである。しかも、二つの心理学的二律背反が神学的二律背反の間に挟まれている。このことを、心霊あるいは人格は単なる被造物の全体たる世界よりは次元の高いものであるが、神よりは次元の低いものである、と解釈するのは強引すぎるであろうか。

## 四　超越論的二律背反の根源と批判的解決

「規則の能力」である悟性に対し、「原理の能力」である理性は、悟性の多様な認識にアプリオリな統一（理性統一）を与えんがために無制約者を求める。その無制約者が超越論的理念である。さて、宇宙論的理念は仮言的理性推理の背進的綜合の無制約者であった。ところで、かかる無制約者は、仮言的理性推理の前推理の系列の㈠「諸項の全体」において考えられるか、㈡「系列の一部分」において考えられるかのいずれかである。㈠の場合には系列は「前件の方向において限界なし（始まりなし）」と考えられ、㈡の場合には「系列の第一のもの」が存すると考えられる。㈠の場合には超越論的二律背反の反定立が成立し、㈡の場合には定立が成立する。（以上B 445 f.）超越論的二律背反の根源はここに存する。

しからば、一体、その二律背反はいかにして解決されるか。第四節「断じて解決されえねばならないかぎりにおいての純粋理性の超越論的諸課題について」では言っている。心霊、宇宙、神をめぐる形而上学的諸問題のうち、宇宙論的諸問題についてだけは「対象の性質にかかわる十分な答えを正当に要求しうる」（B 506）と。けだし、宇宙論的諸問題の対象は「超越論的」（B 506）〔＝超越的 transzendent〕ではなく、「経験的に与えられていなければならない」（ibid.）、換言すれば、「可能的経験の対象としての或る物」であって、「事象自体としての或る物」ではないのだから（B 507）。ところが、経験的背進的綜合の絶対的総体性が実際に経験において与えられるということはありえない。それゆえ、「超越論的宇宙論的問題の解答は〔宇宙論的〕理念以外のどこにもありえない」(B507)。――形而上学の諸理念のうち宇宙論的理念のみが経験的綜合に対応する。そして、正にそれゆえに、宇宙論的理念の対象は理念のうちにしか存在しない。――確かに、宇宙論的構図に即して言えばそのように言える。しかし、二律背反論は実践哲学的構図をも含んでいる。実践的理念でもある不死の心霊(=単純実体)、自由、神は、単に右のごとき背進的綜合によって求められる無制約者(思弁的理念)であるのではなく、まさしく純粋実践理性の理念なのである。二律背反論が必ずしも主題的には採り上げていない心霊実体をば措くとして、第三、第四の二律背反の主題(自由と端的に必然的な存在者)は、「超越論的」〔=超越的〕な対象であり、もしそれらが存在するとすれば、それらはそれ自体として存在するものではなかろうか。事実、力学的二律背反の解決においては、カントはそれらを単に宇宙論的理念のうちにのみ存在する対象とは考えていない。しかし、第四節においては、カントは思弁哲学的構図だけに即して論を進めているのである。けだし、既述のごとく、二律背反論では自由や神の存在そのものが問題にされているのではなく、それらの存在の可能性が問題にされているのである。心霊の不死性をも含めたそれらの「客観的実在性」は、『実践理性批判』において、「純粋〔実践〕理性の事実」たる道徳法則を「認識根拠」として(自由)、あるいは「純粋実践理性の要請」として解明されている。

――我々は再び上記の、第四節での考え方に戻ろう。カントが純粋理性の二律背反の解決に「懐疑的方法」(B451)を持ち込んだゆえんはそこにおいて明らかであろう。単に理念のうちにしか存在しない、したがって可能的経験の対象として与えられることはありえない「量の絶対的全体(宇宙)、分割の絶対的全体、起源の絶対的全体、現存在一般の条件の絶対的全体」(B511)をめぐる諸課題の定説的解決は不可能である。そこには批判的解決しかありえない(B512)。「批判的解決は……問いを客観的に考察するのでは全くなく、問いの根拠となっている認識の基礎について考察する」(ibid.)。それは、差し当たっては懐疑的方法という形を採るのである。それによって純粋理性の二律背反の諸命題は凡て全く空虚な主張であることが明らかになるであろう。

第五節「四個凡ての超越論的理念による宇宙論的諸問題の懐疑的表象」において、カントは、第一、第二、第三の二律背反の反定立、第四の二律背反の定立は「あらゆる悟性概念」（B514）、「あらゆる可能的な経験的概念」（B515）に対して過大である、第一、第二、第三の二律背反の定立、第四の二律背反の反定立は過小である——なぜそうなのかはカントの論述を見られたい——ことから、「宇宙論的理念は全く空虚で無意味であらざるをえない」（B514）ことを暴露しようとしている。けだし、可能的経験のみが我々の概念に客観的実在性を与えうる唯一のものであり、この可能的経験を基準尺度にして、理念は単なる理念にすぎないのか、あるいは「世界においてその対象を見いだす」（B517）のかが判定されねばならないのだから。もっとも、右のカントの説明においては、第四の二律背反が他の三つの二律背反に対して不整合であるし、またそれは「その理性統一の諸条件は……綜合が理性統一に合致するときには〔＝定立においては〕、悟性にとって過大となり、また、それが悟性に適応するときには〔＝反定立においては〕、理性にとって過小となるであろう」（B450）という考え方と矛盾するように思われるが、ここではこれ以上は触れない。[12] しかし、ともかく、今や我々は宇宙論的理念ないし純粋理性の二律背反の諸命題に対する「根拠ある疑惑」（B518）に達したのである。

ここにおいてカントは改めて超越論的観念論について説く。第六節「宇宙論的弁証論の解決に対する鍵としての超越論的観念論」では、例えば次のごとく言う。「したがって経験の諸対象は決してそれ自体で与えられているのではなく、経験においてのみ与えられているのであり、だから経験の外では全く存在しない」（B521）。我々は、ここでは、この短い文章を引用すれば事足りる。ここには、一見、二律背反論における超越論的観念論に固有とも見える考え方が簡潔に表明されている。カントは純粋理性の二律背反は諸現象の超越論的観念性を、もし誰かが「超越論的感性論」における直接的証明に満足できないとすれば、間接的に証明しうると言っているが（B534）、純粋理性の二律背反に解決を与えうるのは、右のごとく徹底された超越論的観念論なのである。

しかし、ここにおいてもカントは、「我々が我々の可能的知覚の凡ての範囲と連関を帰しうる」「超越論的客体は凡ての経験に先立ってそれ自体で与えられている」（B522f.）ということを否定しているのではない。してみれば、全感性界（全自然界）は、我々の経験に先立って可能的経験の対象として与えられているのではなかろうか。果たして人は第六節の思想を次のごとく弁護しうるであろうか。すなわち、可能的経験の対象として、直接的にではなく、単に潜在的に与えられているにすぎないものを「現存在」の範疇によって規定することは不可能だから、と。否である。けだし、後に見るごとく、カントは、被制約者並びにその条件が物自体であるなら、被制約者が与えられれば（＝存在すれば）、無制約者も与えられている（B526）、と言っているのだから。しかも、第六節の思想に従えば、私がその存在を認識している対象もそれを経験の対象としてもっていない人にとっては全く存在を有しないことになってしまう。一体、認識の対象の存在はかくも主観的なものであろうか。ここでの超越論的観念論は、皮肉なことに、独断的観念論に極めて近いものになってしまっている。[13] もっとも、カント自身の定義によれば、独断的観念論とは、時間・空間に超越論的実在性を認め、したがって外官の対象（物質）の存在を否定する――疑う場合には懐疑的（蓋然的）観念論――立場であるが、第六節の超越論的観念論が実質的には独断的観念論に近いものであることに変わりはない。

しかし、超越論的二律背反がそのように徹底された超越論的観念論によってのみ解決されうるものであるかぎり、我々はそれを無下に捨て去ることはできない。幸いなことに、「意識一般」という考え方と「諸現象の超越論的基体（客体）」という考え方とがそれを単なる主観主義ないし独断的観念論から救うのである。また、カントは、ニュートン力学の世界をも「経験の類推」の世界と考えているのである。かくて、我々は、第六節の超越論的観念論とそれ以外の箇所で説かれている超越論的観念論との統一を図りうるのである。

さて、その第六節の超越論的観念論を踏まえて、第七節「理性の宇宙論的自己矛盾の批判的解決」で、カントは純粋理性の二律背反に次のごとき解決を与えている。被制約者並びにその条件が物自体であるなら、被制約者が与えられていれば無制約者も与えられているが、現象であれば、単に条件への背進が課せられているにすぎない（B 526ff.）。その単に課せられているにすぎないものを実際に与えられたものと見なすところに純粋理性の二律背反が生ずる。それは、純粋理性の誤謬推理と同じく、媒概念多義性の虚偽である。「宇宙論的理性推理の大前提は被制約者を純粋範疇という超越論的意味に解するが、しかし小前提は単なる諸現象に適用された悟性概念という経験的意味に解している」（B 527）のだから。この誤謬は「普通の理性の全く自然的な錯覚」（B 528）である。

第八節「宇宙論的理念に関する純粋理性の統整的原理」の前半で、カントは「総体性という宇宙論的原則」（B 536）は「客体は何であるのか」（B 538）を主張しうる「理性の構成的原理」ではなく、「客体の完璧な概念に達するためには、いかに経験的背進が試みられるべきであるか」（ibid.）を主張しうる「理性の統整的原理」であることを説いている。そこでの考え方を用いて言えば、超越論的二律背反はその統整的原理を構成的原理と取り違えるところに生じたのである。

絶対的総体性という宇宙論的原則が理性の統整的原理であるということは、換言すれば、純粋理性の二律背反の定立、反定立が共に統整的原理としての意義を有しうるということである。もっとも、カントは第九節「凡ての宇宙論的理念に関する理性の統整的原理の経験的使用について」において、数学的二律背反の定立、反定立は共に誤りであることを明らかにしている。しかし、それらをも統整的原理とすることは可能である。けだし、統整的原理とは、》als-ob《の原理なのだから。定立は倫理的あるいは宗教的な世界観の、反定立は自然科学的（機械論的）な宇宙論の統整的原理となる。カント自身は、数学的二律背反に関しては、それらが「分析的対当」ではなく「弁証論的対当」（B 532）を成すという理由で、全く認めていないが、我々は「純粋理性の自然的、不可避的弁証論」（B 354）の一つである純粋理性の二律背反の定立、反定立のそれぞれにこのような統整的原理としての積極的意味を認めなくてはならない。
しからば、カントは、それぞれの二律背反についてはどのような解決を与えているか。以下、我々は第九節に即してこのことについて見ていくことにしよう。

## 五　第一の二律背反

第八節の後半では無限背進（regressus in infinitum）と不定背進（regressus in indefinitum）との区別が述べられていた。――また、第七節の後半では弁証論的対当の説明例として第一の二律背反が挙げられていた。「世界は無限であるか、有限（非無限）であるかのいずれかであると言えば、両者は共に偽でありうる。なぜなら、そのときには私は世界をそれ自体でその量に関し規定されていると見なすからである……」（B532）。第六節の超越論的観念論の思想に従えば、両者は、明らかに、共に偽である。「世界は単に諸現象の系列の経験的背進においてのみ見出されえ、それ自体としては全く見出されえない」（B533）。――かくて、明らかである。流れ去った時間における、並びに空間における諸現象の絶対的総体性を目指す背進は、有限背進でも無限背進でもなく、単に不定背進でしかありえない。第九節一「諸現象の、世界全体への合成の総体性についての宇宙論的理念の解決」においても、カントはこのことを述べている。そこでは不定背進が理性の統整的原理とされている。

しかし、注目すべきは、経験的背進の量が初めて世界量を規定するのであるゆえ、世界は時間・空間に関し有限とも無限とも規定されえないという、徹底した超越論的観念論に基づく考え方と並んで、例えば「世界は私にいかなる直観によっても（その総体性に関しては）……全く与えられていない」（B547）とか「世界は決して全体としては……与えられえない」（B550）とかいう表現が用いられているということである。後者からはそれ自体として存在する物自体としての世界（叡智界）という概念が窺われうる。かかる世界はいかなる可能的経験の対象でもありえない。それゆえ、我々は思弁的には世界の量を有限とも無限とも規定しえない。――それ自体として存在する物自体としての世界という思想は、実践哲学的構図に対応するものである。けだし、神によって創造された世界は、徹底した超越論的観念論の「現象としての世界」ではなく、人間をもその内に包むそれ自体として存在する世界なのだから。――ところで、結論的には、第一の論拠からも第二の論拠からも不定背進が帰結される。それゆえ、後者は斥けられ、徹底した超越論的観念論に基づく前者のみが前面に出されている。

かくて、神の叡智の働く、それ自体として存在する世界――道徳の世界もかかるものである――の概念を確保するためにも、我々は我々の眼を世界内に存在するものへと向けねばならない。そして、究極的には、世界創造者たる神へと進んでいかなくてはならない。

## 六　第二の二律背反

一般的に言って、宇宙とは、世界全体のことである。本来的に宇宙論的な二律背反は、第一の二律背反である。ところで、大宇宙に対して小宇宙すなわちライプニッツのいう単子が考えられる。第二の二律背反の主題はこれに対応する。もっとも、そこでは空間における物質の分割が問題にされているのであって、そこでいわれている単純体と単子論のいう単子との正確な一致を考えることは不可能であるが。

さて、第八節で無限背進、不定背進について述べる際、「全体が経験的直観において与えられたときには、その全体の内的諸条件の系列における背進は無限に進む」、だから「その限界の間に与えられた或る物質の（或る物体の）分割」に関しては前者が成り立つ、と述べられていた（B540f.）。第九節二「直観における或る所与の全体の分割の総体性についての宇宙論的理念の解決」においてその背進が無限背進であることを述べる場合、カントはその根拠として「物体の可分性は空間の可分性にその根拠を持つ」（B553）ということを挙げている。その際、以下のごとき説明が付け加えられている。——物体は空間における実体であるゆえ、物体の可分性は空間の可分性とは区別されるべきであるように思われる。けだし、空間における分解が凡ての合成を除去したら、もはやその場合には何一つ自立的なものを持っていない凡ての空間は消滅するであろうが（後者は不可能であるがゆえに、前者も不可能である）、しかし物質の凡ての合成が除去されたとしても、凡ての合成の主体たる実体は依然残存するであろうから。しかし、現象における実体は絶対的主体ではなく、感性の持続的形象にすぎない。したがって、物体は、空間の無限の可分性に基づき、無限に分割可能である。

物体が無限に分割可能であるということは、しかし、第二の二律背反の反定立を是認することではない。上述の無限の可分性は、無限に分割されうる全体は無限に多くの部分から成っている、ということをば言っていない。その全体の内に全分割が含まれているのではない。全分割が含まれていると言えるのは分離量から成る全体についてのみである。だから、有機体の有機的諸構成部分に関してならこのことが言える。（ただし、「無限に組織された有機体」というのは矛盾概念である（B554f.）。）しかし、連続量から成る全体についてはこのことは断じて言えない。この場合の無限背進は継起的無限なのである。けだし、「現象はそれ自体で存在するものではない。〔したがって〕諸部分は、分解する総合の背進によって初めて、またその背進において初めて与えられる。この背進は、有限なものとしても、無限なものとしても、決して端的に全体として与えられてはいない」（B533）。また、論理的に言っても、無限分割の全系列が完結するということはありえない。かくて、明らかである。無限背進は、理性の統整的原理である。

さて、ここにおいて原子論が否定されるのは明らかである。しかし、それによって単子論も否定されるわけではない。単子は叡智的実体なのだから。つまり、実践哲学的構図が問題にする単純実体（不死の心霊）の存在いかんは、延長実体の分割とは全く別の次元で考えられなくてはならない。なかんずく第二の二律背反に関しては、思弁哲学的構図と実践哲学的構図との間に顕著なずれが見出されたことの根源もここに存する。主題は「空間における実体」から超越論的主体の叡智的性格の自由の能力へと移る。問題は力学的二律背反へと展開されていく。

## 七　第三の二律背反

第七節でカントは第三、第四の二律背反も定立、反定立は弁証論的対当を成すと述べていた。力学的宇宙論的無制約者への背進の系列は、それ自体では、その総体性に関して有限とも無限とも見なされえない。けだし、かかる系列は力学的背進においてのみ成立するものなのだから。(以上 B533f.) ところが、力学的二律背反の解決においては、数学的二律背反の解決において定立や反定立ではなく不定背進ないし無限背進が理性の統整的原理とされたのとは異なり、定立、反定立のそれぞれが理性の統整的原理とされている。定立は叡智界に対しての、反定立は現象界に対しての。けだし、既述のごとく、力学的二律背反においては、数学的二律背反におけるのとは異なり、定立、反定立の両方共真でありうるのだから。

第三の二律背反の定立、反定立を共に理性の統整的原理とするこの考え方は、古典的にはW・ヴィンデルバント『意志の自由について』(W. Windelband: *Über Willensfreiheit*)、第十一講、一七〇頁以下で、新しい研究ではL・W・ベック『カント「実践理性批判」注釈』(L.W. Beck: *A Commentary on Kant's Critique of Practical Reason*)、第十一章「自由」、第七節で一層徹底されている。そして、ヴィンデルバントは、周知のごとく、カントの説から叡智界という思想を排除しようとしている。ベックは、カントの思想のうちに、一般に考えられている》the two-world theory《をば排して、》a two-aspect theory《を認めようとしている。

ヴィンデルバントによれば、科学(説明科学)の認識においては、我々の知性は「見渡し尽くしえない多様」である全体の素材から個々の科学的研究のその時々の目的に適い又は用いられうるものだけを選択、再生するのであって、決して「現実的なものの完全な総体性」を包括するのではない。「かくて、因果的観察様式も、科学が事実の選択と加工の課題をそれにおいて解くべきこの形式の一つとして現れる」(174)。これに対して、他の観察様式としての「評価 Beurteilung の活動」が、別の「選択の過程」として、因果的観察様式と何ら矛盾することなく成立しうる。

また、ベックは、カントの自由論に依然残存している諸ジレンマを解決する道を、カント自身の論述のうちに求めようとする。そして、そこに、》the two-aspect theory《と統整的原理の説とが持ち出されるのである。前者は『純粋理性批判』における(B 578)「観想的、理論的態度と能動的、実践的態度との対比」(ベック、上掲書 192)や『実践理性批判』における「超感性的自然は……純粋実践理性の自律の下における自然以外の何ものでもない」(V 43)という思想に求められる。後者は『判断力批判』に即して考えられる。統整的原理の思想は the two-aspect theory の完全な展開のために不可欠である。ここでは統整的原理の説について述べる。――目的論的判断力の二律背反は、定立、反定立が共に統整的原理であることを明らかにすることによって解決されていた。ベックは定立(機械論的原理)が自然に関しても単なる統整的原理とされていることに注目する。そして、第三の二律背反の定立、反定立を目的論的判断力の二律背反の反定立、定立に対応させ、前者のいずれもが統整的原理であることを明らかにする。そして、その根拠を更に、「経験の類推」においてカントが純粋悟性の力学的原則――その中には因果律の原則も含まれる――が統整的原則である(B 222)と述べていることのうちに求めている。

しかし、第三の二律背反の定立、反定立が共に統整的原理であるということは、「凡ての宇宙論的理念に関する理性の統整的原理の経験的使用について」という第九節の標題と第九節三「世界の出来事のそれらの原因からの導出の総体性についての宇宙論的理念の解決」の内容とを併せ比べれば明白である。ただし、それは必ずしも徹底してはいない。箇所によってはカントは自然法則に従う原因性の原則を感性界に関して構成的原則と考えている（B 564）。だから、ベックが『判断力批判』における考え方を持ち出したのは正当である。ところで、「目的論的判断力批判」は、自然に関する機械論的原理と目的論的原理とは「自然の超感性的基体」において合一するであろう（V 414）、と言っている。我々は第三の二律背反の反定立、定立に関してもこの考え方を適用しうる。けだし、誤謬推理論でも言っていたように（B 425）、そして「目的論的判断力批判」において一層明らかであるように、「諸目的の秩序」は、究極的には、道徳的世界秩序であるのだから。そして、我々はこう言うこともできる。理論的認識の対象とはなりえない超感性界に対して第三の二律背反の定立あるいは反定立を思弁的に構成的原理とすることはできない、と。ところで、カントも言うように、経験的性格は単に「叡智的性格の現象」（B 569）、叡智的性格の「感性的図式」（B 581）であるにすぎない。『実践理性批判』が明らかにするごとく、自由は実践的には客観的実在性を有する。したがって、第三の二律背反の定立は、実践的には、叡智界に対して構成的原理として妥当する。――かかる解釈はベックの見解を超える。――しかし、思弁的には、定立と反定立とは、前者は叡智界に対する、後者は感性界に対する単なる統整的原理であり、「世界」・「自然」に対する単なる統整的原理なのであって、自然の超感性的基体（したがって叡智界）において矛盾なく合一しうるであろう、としか言えないのである。

合理的心理学では解決されえず、また第二の二律背反においてはついに主題となりえなかった心霊の不死性は、第三の宇宙論的理念である自由を存在根拠とする道徳法則に基づいて、純粋実践理性によって要請される。その背後には最高善の理想がある。根源的最高善は超越神である。既述のごとく、自由の概念が超越神の概念と結び付いて不死性の概念が帰結されるのだから（B 395 Anm.）。今や、我々は、人格性の問題から世界創造者としての神（差し当たっては、端的に必然的な存在者）の問題へと進んでいく。

## 八　第四の二律背反

第三の二律背反の主題は「無制約的原因性」であったが、第四の二律背反の主題は「実体自身の無制約的存在」、より正確に言えば、「感性界の諸現象の現存在の条件としての必然的存在者」である。第九節四「その現存在一般に関する諸現象の依存性の総体性についての宇宙論的理念の解決」において、カントは、かかるものは感性界においては見出されえない、と断言している。その理由をカントは、「凡てのものは諸現象の総括においては変化するものであり、したがって現存在において制約されているのだから」（B587）と説明しているが、この説明は不明瞭である。第九節三においては、因果律の原則が感性界に対する理性の統整的原理であることが述べられていた。感性界には端的に必然的な存在者は存在しないということの根拠は、その因果律との連関において明らかになるのである。だから、「感性界の〔経験的〕偶然性」（B591）は、やはり、感性界に対する理性の統整的原理と見なされるべきものなのである。——それに対し、端的に必然的な存在者は、超世界的存在者として感性界の諸現象の系列の全く外に、その全系列の非経験的条件、換言すれば「諸現象の、すなわち感性界の叡智的根拠」（B591）として、「諸現象の系列における無制限の経験的背進にも、諸現象の汎通的偶然性にも矛盾することなく」（B591f.）その存在が想定されうるのである。かかる存在者を求めよという格率は、叡智界（諸目的の秩序）に対する統整的原理となるのである。

ところで、ここでは、第四の二律背反の定立、反定立をそのまま、叡智界、感性界に対する統整的原理と見なすわけにはいかない。それは、定立（B480）での「世界の部分としてか」という規定、反定立（B481）での「世界の外にも」という規定において明らかである。

ところで、第四の二律背反から帰結される、理性の統整的原理の叙述に付け加えられた「しかしその際意図されているのは、或る存在者の無制約的に必然的な現存在を証明したり、あるいはまた感性界の諸現象の存在の或る単に叡智的な条件の可能性だけでもそれに基づいて根拠づけたりすることではなく……」（B590）という論述には注意すべきである。ここにおいてカントは、半ば強引に、宇宙論的立場を明確にしようとしているのである。このことは「純粋理性の全二律背反に対する結注」においても窺える。その冒頭においてカントは言う。「我々が、我々の理性概念の対象としてもっているものが、単に感性界における諸条件の総体性にすぎず、だからそうした総体性に関して理性に役立ちうるものにすぎないかぎり、我々の理念はなるほど超越論的 transzendental ではあるが、しかしそれでも宇宙論的である。しかし、我々が無制約者（だが、本来的にはこれが問題である）を感性界の全く外に、したがって凡ての可能的経験の外に在るものにおいて定立するや否や、理念は超越的 transzendent となる」（B593）。かかる超越論的理念に関しては「純粋理性の理想」についての章において論じられている。第四の宇宙論的理念は我々に「純粋理性の理想」へとあえて歩み出すことを迫る（B594f.）。

## 第四節　純粋理性の理想

### 一　「理想」について

カントは、「純粋理性の理想」の章で合理的神学の批判を行っている。つまり、合理的神学における神の存在の証明の仕方に存在論的証明、宇宙論的証明、自然神学的証明の三通りがあるが、カントはこのいずれもが誤りであることを明らかにしているのである。しかしカントは、「純粋実践理性の優位」を認め、形而上学の問題を思弁理性の独断論ないし懐疑論から解放して、実践哲学の場で解こうとしているのである。事実、心霊の不死性、意志の自由、神の存在という伝統的形而上学の主要理念は、理論哲学においては構成的原理たることを拒否されるけれども、実践哲学においては積極的意義を帯びて生き返ってくるのである。してみれば、実践哲学の見地から見るとき、我々の「最上の認識能力 oberste Erkenntnißkraft」（B355）たる「純粋理性の自然的、不可避的弁証論」（B354）の一つである合理的神学のこれらの論証に、我々は単なる独断的詭弁以上の積極的意味を認めうるのではなかろうか。

カントは「理想」を、「単に具体的であるのみならず、個体的な理念、すなわち理念によってのみ規定されうる、それどころか規定されている個物としての理念」（B596）と定義している。我々はここに、「理想」の特徴として、超越性すなわち「理念によってのみ規定されうる」ということと、個体性との二つを挙げることができる。しからば、まず、「理念によってのみ規定されうる」とはいかなることであるか。周知のごとく、「純粋理性の誤謬推理について」の章では「思惟する主体の絶対的統一」という心理学的理念が、「純粋理性の二律背反」の章では「現象の条件の系列の絶対的統一」という宇宙論的理念が、それぞれ範疇表に従ってより詳細に規定されていた。（四つの誤謬推理と四つの二律背反）しかし、「純粋理性の理想」の章では「思惟一般の一切の対象の条件の絶対的統一」という神学的理念に関してかかる操作は施されていないのである。それは、超越論的神学が「神の超越論的認識」（B392）と規定されていることからしても、単にこの章が神の存在の証明を問題にしているということだけによるのではないであろう。むしろ、それは、我々の思弁理性が、心理学的理念、宇宙論的理念をばぱ図式化して構想するのに対して（かかるものが超越論的仮象であることは言うまでもない）、神学的理念が図式化を許さぬものであることをばよく心得ている、ということによるのである。カントが「私が理想と呼ぶところのものは、理念よりもなお一層客観的実在性に縁遠いものであると思われる」（B596）と言うゆえんである。ここにはキリスト教の超越神の思想の影響も存するであろう。しかし、一般に「理性の理想」が構想力による把捉を許さぬものであるゆえんを、カントはそれがプラトンのいう「神的悟性のイデア」（B596）に外ならないからである、と説明している。つまり、それは現実界の「模写物（ectypa）」に対するイデア界の「原型（Prototypon）」である（B606）、と。そして、カントはそれを「神的悟性の純粋直観における個別的対象」（B596）と規定している。

模写物が何らかの点で不完全なものであるのに対して、原型は「最も完全なもの das Vollkommenste」であって、個別的対象としては汎通的統一性を有している。そして、「理想」の超越性の根拠は、正に、かかる意味での個体性に存するのである。

ところで、カントは、人間の理性は「理念」ばかりでなく「理想」をも含んでいるのだから、我々は「理想」を求めるためにプラトンのいうイデア界にまで登り詰める必要はないと言い、「理想」の例としてストア学派のいう「賢者」を挙げている。「徳、並びにその完全な純粋さにおける人間の智慧は、理念である。しかし（ストア学派の）賢者は理想である。すなわち、単に思考のうちにしか存在しないけれども、智慧という理念と完全に一致した人間である。理念が規則を与えるのと同様に、理想はかかる場合に模写物の汎通的規定の原型として役立つ。そして我々は、我々の内なるこの神的人間の行状以外には、我々の行為のいかなる規準をも持っていない。……」（B597）ここに《人格性》が「理想」の有する個体性の典型として挙げられているのは、「純粋理性の理想」としてキリスト教の人格神が考えられていることとも関連があるであろう。しかし、ともかく、「理想」の例として右のごとき道徳的理想が挙げられていることからして、「純粋理性の理想」が実践的関心に照応したものであることは疑いえないのである。

それゆえ、「純粋理性の理想」すなわち神学的理念の心理学的理念、宇宙論的理念に対する超越性並びにその根拠を解明するためには、我々は実践哲学的観点を失ってはならないのである。

誤謬推理論でカントは、身心関係の問題は究極的には「一般に実体〔＝物自体〕相互間のゲマインシャフトはいかにして可能であるか」という問いに帰着するとし、しかし「これを解決することは、全く合理的心理学の範囲外の事柄であり」、また人間の一切の認識の範囲外の事柄でもある、と言っている（B 428）。後の引用符の部分は、右の問いが合理的神学の問題であることを意味している。もっとも、『形而上学講義』（$L_1$）ではこれは合理的宇宙論の問題として取り扱われているが、「経験の類推」との関連から言えば、これは当然「純粋理性の理想」の問題なのである。

## 二　正教授就任論文における叡智界構造論

ところで、正教授就任論文においては、正にこれが「叡智界の形式の原理」に関する根本問題とされているのである（§16）。そこで、我々は、正教授就任論文において叡智界の構造がいかに考えられているかについて見ておくことにしよう。

さて、その「形式の原理 principium formae」とは何を意味するのであろうか。

正教授就任論文は、世界の定義に三つのモーメントを考えている（Sectio I）。すなわち、「質料 materia」、「形式 forma」、「総括性 universitas」がそれである。㈠「（超越論的意味における）〔世界の〕質料」は、世界の構成部分としての諸実体である。けだし、偶有性は、世界の構成部分ではなく、世界の諸規定として世界の状態に属するものだからである。㈡世界の本質的形式は、諸々の実体の、従属関係 subordinata ではなく、同位関係 co-ordinata である。前者は理由と帰結の関係であって、「一方的で異名的 heteronyma」であるが、後者は「交互的、同名的 reciproca et homonyma」である。もちろん、かかる同位秩序は、観念的なものではなく、実在的なものでなくてはならない。㈢同位秩序を世界の本質的形式とするのも、世界が総括性という点からも規定されなくてはならないからである。

かくて明らかである。「形式の原理」とは、「形式の根拠」のことなのである。しからば、正教授就任論文においては、叡智界における諸実体のコンメルキウムの根拠はいかに考えられているであろうか。（以下 Sectio IV 参照。）

スピノザ（Baruch de Spinoza, 1632–77）は自己原因 causa sui を実体の本質的表徴であるとし、神を唯一の実体と考えたのであるが、正教授就任論文はスピノザ主義を排し、偶然的実体（有限実体）の存在を認めている。もちろん、偶然的実体は必然的実体（神）によって創造されたものではあろう。しかし、およそ実体たる以上、それは己の自存性のために神以外のものをば必要としないのである。かくて、単に諸々の実体が存在するだけでそれら相互間にコンメルキウムが成立しうるとし、諸実体のコンメルキウムの説明のための一切の哲学理論を全く余分なものであるかのごとく無視する物理的影響説が欠陥を有するものであることは明白である。

他方、必然的実体は依存性をば持たないのであるから、必然的実体相互間にはコンメルキウムは成立しえない。それゆえ、必然的実体から成る全体（世界）は不可能である。

かくて、世界は偶然的実体から構成されている。そして、いかなる必然的実体も、結果に対する原因として以外には、世界と連結してはいない。換言すれば、それらは世界の構成部分として世界と連結しているのではないのである。それゆえ、世界原因たる必然的実体は、世界外の存在者 ens extramundanum であって、世界霊魂 anima mundi ではない。また、世界におけるその原因の在り方は、場所的 localis ではなくて、純粋に潜勢的 virtualis である。

さて、既述のごとく、世界に属する諸実体は他の存在者によって産出されたものであるが、相異なる存在者によって産出されているのではなくて、一切が唯一の存在者によって産出されているのである。けだし、世界はコンメルキウムによる総括的な統一を有していなくてはならないのだから。そして、「世界の諸実体の結合〔コンメルキウム〕における統一は、万物の一者への依存の帰結である」。それゆえ、世界の形式は世界の質料原因の存在を証示し、世界建築者 **mundi architectus** は同時に世界の創造者 **creator** なのである。

ところで、かかる根源的、必然的原因がその結果と共に多数存在するとすれば、相互にコンメルキウムの関係にない多数の世界が成立することになるであろう。ヴォルフ（Christian Wolff, 1679–1754）は、全体 **totum** は複合体 **complexus** あるいは数多性 **multitudinis** を包含しうるとし、相互に外に在る多数の世界というものは、単なる世界の概念からして不可能であると考えているが、それは誤りである。もっとも、万物の必然的原因がただ一つしか存在しないという条件の下でなら、ヴォルフの言っていることも結論的には正しい。

さて、伝統的形而上学においては「諸実体の根源的結合」の説明の仕方として物理的影響説、予定調和説、機会原因説の三通りが提唱されてきた。ところで、コンメルキウムは、物理的影響説によれば「実在的、本性的 **reale et physicum**」であるが、予定調和説や機会原因説によれば「観念的、共感的 **ideale et sympatheticum**」であるにすぎない。（共感的とは、偶有的状態《パトス》間のコンメルキウムの意である。）それゆえ、カントは「共通原理による一切の実体の把持 **sustentatio** による」ものとしての、改善された物理的影響説をよしとしている。けだし、物理的影響説によれば、世界は実在的全体 **totum reale** と考えられるが、予定調和説や機会原因説によると、世界は構成実体相互間の真のコンメルキウムを欠いた観念的全体 **totum ideale** にすぎなくなってしまうからである。

物理的影響説をよしとするのは、多分にニュートンの万有引力説の影響である、と言えよう。さかのぼって『視霊者の夢』（*Träume eines Geistersehers, erläutert durch Träume der Metaphysik*, 1766）でも、心霊界（これは叡智界に相当するものと考えてよい）の共同態的な統一が、自然界が万有引力による統一を具えていることからの類推によって考えられており、そこに「道徳感情」の根拠が求められているのである。

ところで、かかる正教授就任論文における叡智界の構造についての思想において注目すべきは、物理的影響説がよしとされていることと並んで、叡智界の形式の根拠としての神が諸実体の普遍的・汎通的なコンメルキウムから成る世界を超越したものとして考えられているということである。かかる、叡智界に対する神の超越性の思想、換言すれば心理学的理念、宇宙論的理念に対する神学的理念の超越性の思想は、「純粋理性の理想」の章においても重要な意味を帯びてくるのである。

## 三　超越論的理想の成立

万物は普遍的・汎通的な自然本性的コンメルキウムの関係にある。そのことは現象界についても当てはまる。「経験の類推」の第三の原則はそれを言い表したものであるし、またそれを存在論的に解すれば、カントがそれに基づいて超越論的な、神の理念の成立を明らかにする「汎通的規定の原則 der Grundsatz der durchgängigen Bestimmung」（B 599）となる。「汎通的規定」とは、矛盾律に基づく規定ではなくて、「物一般のあらゆる述語の総体としての総括的可能性 die gesamte Möglichkeit, als der Inbegriff aller Prädikate der Dinge überhaupt」（B 600）に対する関係における規定である。けだし、「凡ての可能性の総体」（B 601）は、理念として、「万物を可能ならしめそれらを汎通的に規定する質料すなわち超越論的内容」（B 603）を含んでいるのである。

ところで、可能的なもののうちには派生的なものも含まれている。しかし、純粋理性が理想として求めるところのものは、派生的なものではなくて、根源的なものである。だから、「凡ての可能性の総体という理念」は、「実在性の全体（omnitudo realitatis）という理念」（B 604）と言い換えられる。かくて、この理念は、「汎通的にアプリオリに規定された概念」に純化され、「個別的対象の概念」となる（B 602）。ここに超越論的理想は、個体性を有することになるのである。もはや、「総体」という概念は捨てられて、超越論的理想は、「最も実在的な存在

者 **ens realissimum**」(B604) と言い換えられることになる。それはまた、「根源的存在者 (ens originarium)」、「最高存在者 (ens summum)」、「あらゆる存在者中の存在者 (ens entium)」とも規定されている (B606f.)。そして、カントは言っている。「万物の可能性の根底には最高実在性が、総体としてではなく、根拠 **ein Grund** として存するであろう。そして、万物の多様性は、根源的存在者そのものの制限にではなく、この存在者からの完全な帰結に基づく」(B607) と。[14] そして、更に次のごとく言っている。かかる存在者の概念こそが「超越論的意味において考えられた神の概念」(B608) に外ならない。けだし、「我々は、最高実在性という単なる概念によってこの根源的存在者を唯一の、単純な、円満具足した、永遠の、(等々の) 存在者として、一言をもってすれば、あらゆる述語によるその無制約的完全性において規定しうる」(B608) からである、と。

神が実在性 (Realität, Sachheit) の総体ではなく、根拠であるということ、これは極めて注目されてよいことである。けだし、神は諸実体の普遍的・汎通的なコンメルキウムから成る世界を、その根拠として超越しているのである。しからば、なぜ、神はかかるものと考えられなくてはならないのか。

カントは言っている。「超越論的肯定」は、「超越論的否定」に対立する、と (B602)。かかる意味での「否定」をば我々は実在性のうちに数えても差し支えないであろう。それはカントのいう「負量」なのである。道徳哲学的に言うならば、悪は、ライプニッツの言うごとくプラスの実在性である善の欠如態=0であるのではなくて、マイナスの実在性なのである (XX 282f.)。それゆえ、実在性は他の実在性との連関において相互矛盾に陥ることがありうるのである。[15] カントが、予定調和説というライプニッツの最善観《オプティミスム》を斥けた主要な理由はかかることのうちに存するであろう。『哲学における最近の尊大な語調について』(*Von einem neuerdings erhobenen vornehmen Ton in der Philosophie*, 1796) の中で、カントは、神を実在性の総体と考えると、神については「全く空虚な概念」か、「擬人化された概念」しか成立しえないとし、根拠と考えることをよしとしている (VIII 400-401 Anm.)。

『実践理性批判』の「純粋実践理性の要請としての神の現存在」の中の言葉を用いて言うならば、人間からの類推による「全能、全知、遍在、至仁」等々の「形而上学的完全性」による規定だけでは、せいぜい人間を「量」において超えた、擬人論的な神の概念しか基礎づけられえないのである（V 131 Anm.）。神の超越性の根本は、それが「ひとり神聖なもの、ひとり浄福なもの、ひとり智慧あるもの」である点に存するのである[16]（ibid.）。それゆえ、神を実在性の総体と考えるならば、我々は根源的最高善としての神の概念の中に様々な矛盾を持ち込むことになるであろう。「最高善」の理想を掲げ、ストア学派の「賢者」の理想にそれが人間離れしたものだという異議を差し挟むカントは単なるストア主義者ではないが、しかし彼はそれに「最上善」の概念としての高い価値を認め、それを道徳法則に対応する理想として挙げていることからしても、我々はカントにおいて、超越論的理想が実在性の総括的根拠と考えられていることに、右のごとき道徳哲学的解釈を下しうるのである。

かくて、神が「実在性の総体」ではなく、「根源的存在者〔＝個体〕」、「実在性の根拠」と考えられていることからして、我々は、「純粋理性の理想」が単なる選言的理性推理を超えるもの、自己の内に包括する選言肢の総体に対して超越性を有するものであることを知りうるのである。もっとも、選言的理性推理に即せばこそ唯一、神の理想が基礎づけられえたのであることは言うまでもない。

しかし、「超越論的理想（超越論的原型 Prototypon transzendentale）について」の節と「超越論的弁証論」の倫理学的構図との間には、ずれが存するのである。なぜなら、この節で派生体として考えられているものは、叡智人 homo noumenon のごとき叡智体ではなくて、現象体だからである。ところで、「純粋実践理性の分析論の批判的吟味」では、人間を「自分は自由である」という意識を付与された「操り人形あるいはヴォーカンソンの自動機械」（V 101）になぞらえるような決定論から人間の実践的自由の理念を擁護するために、神は物自体の創造者であって、叡智体にのみ関係しうるものである、と説いている。してみれば、感性界の形式の原理をば時間、空間に求め、超越神をば叡智界の形式の原理とした正教授就任論文の方が、「純粋理性の理想」の章よりもより斉合的である、と言えよう。

しかし、ここで、我々はカントの物自体の概念について一言しておかなくてはならない。それは、叡智体と現象体とは、とかくそう解されがちであるごとく、別箇の実体であるのではなくて、同一実体の二側面に外ならない、ということである。それは、二律背反論の展開からしても明らかである。けだし、そこにおいてカントは第三の二律背反と第四の二律背反との相違を次のごとく述べているのである。「自由にあっては原因としての物そのもの（現象的実体 substantia phaenomenon）は、それにもかかわらず、制約の系列に属しており、物の原因性だけが叡智的なものと考えられたのであるが、しかしここ〔第四の二律背反の定立〕では、必然的存在者は、（世界外の存在者 ens extramundanum として）全く感性界の系列の外で、しかも全く叡智的なものと考えられねばならない。……」（B589）つまり、「叡智的性格」といえども、それに対応する経験的性格が考えられるのと同一の現象的実体の叡智的な「作用因の原因性の法則」（B567）として考えられるのであって、ただ神のみが、感性界には属さない超越的実体なのである。

かくて、我々は、「超越論的理想について」の節の思考の運びが、神において諸々の叡智的実体（人格）の包越的統一を考えようとする、「超越論的弁証論」の倫理学的構図に通じうるものであることを知りうるのである。

## 四　仮説の提示

右に我々は、汎通的規定の原則に基づく超越論的理想の成立において、それが「最高存在者〔＝個体〕」であり、「実在性の根拠」であるという点では、単なる選言的理性推理を超えるものであることを指摘した。それは、個体的統一性を有する点では実体性のモーメントを含んでおり、「実在性の根拠」であるという点では原因性のモーメントを含んでいる。原因性とは、ここでは、有限実体の存在の偶然性に対する必然性として「様相」の範疇において捉えられるものであるから、右のことは、正教授就任論文が神を「必然的実体」と規定しているゆえんでもある。けだし、神の存在のいかんは二律背反論における問題でもあったが、そこでは、第四の二律背反での、必然的存在者の存在の「宇宙論的証明」が、「純粋理性の理想」での存在証明と次のごとき相違点を有すると述べられていた。すなわち、合理的宇宙論における「純粋な宇宙論的証明」によるだけでは、我々は、この必然的存在者が「世界そのもの」なのか「世界と異なったもの」なのかは明示しえない（B484）、つまりそれが超越的実体としての神であるか否かをば明示しえない、と。かかる点を顧慮しても、「純粋理性の理想」が実体性と必然性のモーメントを含んだものであることは明白である。

そこで、私は提案するのである。神の理念の成立は、汎通的規定の原則に基づくかぎりにおいては選言的理性推理に即するものであると言えようが、少なくとも、神の存在を証明するためには、そこから別の性格を導き出さねばならないのではなかろうか。すなわち、存在論的証明は定言的理性推理に、宇宙論的証明は仮言的理性推理に即したものではないだろうか。

もしこのことが論証されるならば、我々は超越論的論理学的にも、心理学的理念、宇宙論的理念に対する神学的理念の超越性を解明しうるであろう。もちろん、それは、我々があえて試みる解釈ではあるが。

ところで、既に見たごとく、カントは定言的理性推理、仮言的理性推理に対応する無制約者をそれぞれ、心理学的理念、宇宙論的理念と規定していた。しかし、それは正しいであろうか。我々はいずれの無制約者なるものをも神と考えるべきではないだろうか。もちろん、合理的心理学は定言的理性推理を、合理的宇宙論は仮言的理性推理を踏まえたものではある。しかし、神学的理念を認めるかぎりにおいては、理念としての無制約者〔究極の主体、究極の前提〕は、単に心理学的なもの、宇宙論的なものではなくて、凡てが神に帰一するのではなかろうか。

その証拠に、「純粋実践理性の分析論の批判的吟味」は、神との関係における人間の自由性（主体性）擁護のために、先に見たごとき論を展開せざるをえなかったのである。かつ、この論は、明らかに「純粋理性の理想」の章や「目的論的判断力批判」の自然神学的思想との間にずれを有しているのである。けだし、自然目的論によれば、神は自然界（現象界）に目的論的形式を与えるものと考えられるからである。また、仮言的無制約者という点から言えば、合理的宇宙論も、第四の二律背反の定立においては、必然的存在者（神）を採り上げていたのである。また、さかのぼって、正教授就任論文では、神は一切の偶然的実体を超越的関係において統一的に把持し、またそれらの存在原因であるとされていたのである。

さて、正教授就任論文が世界の規定の三つのモーメントとして挙げていた、質料、形式、総括性は、「超越論的弁証論」の倫理学的構図の成立においても重要なモーメントであるが、神学的理念の成立においても重要なモーメントになるのである。けだし、神は実在性（実在的なものは質料的なものである）の根拠であり、叡智界の形式の原理であり、しかも一切の実在性を包越するものだからである。事実、汎通的規定の原則においては総括性が、存在論的証明においては最高実在性が、宇宙論的証明においては絶対的必然性が、それぞれその根本のモーメントを成しているのである。

しかし、それら三つのモーメントは、相即関係にあるのである。総括性は、質料的規定と形式的規定とを包越するものであるが、質料的規定と形式的規定の両者も、表裏一体を成しているのである。けだし、「最高存在者の存在を推論する、思弁理性の証明根拠について」の節では、カントはその根拠を次のように説明している。すなわち、理性は経験において与えられた被制約的なものの究極の根拠として無制約的なものを求める。それは必然的存在者である。そして、それは最も実在的な存在者である。それゆえ、最高存在者は必然的に存在する。もっとも、最高実在性を持たない存在者の概念はだからといって絶対的必然性に矛盾するとは言えないにしても、しかし実践哲学的には「実践的法則に作用と活力 Wirkung und Nachdruck とを与えうるような最高存在者」(B617) が要請されるのであるから、最高存在者をもって必然的存在者に充てることは正当である、と。それゆえ、右のごとき「証明根拠」のうちには、存在論的証明と宇宙論的証明との基本的構図が一括的に含まれているのである。

## 五　存在論的証明

右のごとき経緯を踏まえれば、「神の現存在の存在論的証明の不可能性について」の節に「絶対的に必然的な存在者」なる語が頻繁に用いられていることも納得しえよう。

さて、最も実在的な存在者は、その存在に関して絶対的に必然的な存在者であって、その非存在は自己矛盾である。それゆえ、最高存在者としての神は存在する。これが、――カントによれば――デカルトの有名な存在論的証明であるが、ここでの「主要論拠 nervus probandi」は最も実在的な存在者を「絶対的に必然的な主語」(B623) として考えることであるから、存在論的証明が定言的理性推理に即するものであることは明白である。しかし、かかる絶対的必然性は、「判断の無制約的必然性」であって、「事物の絶対的必然性」ではない (B621)。この両者はすり替えられてはならないのである。けだし、存在に関する命題は凡て綜合命題なのだから (B626)。そして、「存在する」という概念は、対象自身の「実在的述語」(ibid.) ではなく、対象の、「私の思惟の全体的状態に対する関係」(B628) なのである。しかしながら、神については一切の「可能的知覚」が欠如している。だから、カントは言う。「経験の領域の外での存在は、なるほど全く不可能であるとは断言されえないが、しかしそれは、あくまでも正当化することのできない一つの前提にすぎない」(B629)。

かくて、存在論的証明の不可能性は明らかである。そして、もし最高存在者としての神が存在するとしても、その実在性が我々の理論的に考えうる実在性をば超えたものであることも明らかになった。けだし、神は実在性の総体ではなく、その総括的根拠なのだから。それゆえ、神の超越性については、宇宙論的証明においてより明白になる。

ところで、我々は「我在り」の「経験的意識」と共にその「知性的意識」をも持っている。「道徳法則の主体」としての本来的自己は「諸目的の秩序」の内に存在するものなのである。カントは「神学的道徳」を拒否するが、それにもかかわらず道徳法則の根拠を、「神聖な立法者」としての神の意志に求めている。つまり、神は目的の王国の元首としてその成員に定言命法を下すのである。そして、理性的存在者は、神の意志を言わば分有することによって、「道徳法則の主体」としての己の叡智的存在（人格性、自由性）を獲得するのである。超越論的論理学的に、超越論的主体（心理学的理念）を超越するものなる神は、倫理学的に見れば、かかる意味での最高実在性を有する主体なのである。

## 六　宇宙論的証明

存在論的証明の背後には宇宙論的要求がある。それは、既に我々の見たことでもあるが、「神の現存在の宇宙論的証明の不可能性について」の節の冒頭の段落でも、カントはこのことを強調している。

しからば、宇宙論的証明は、存在論的証明といかなる点で異なるのか。存在論的証明が最も実在的な存在者の単なる概念を基礎にしていたのに対して、宇宙論的証明は、存在論的証明とは別の途を採るべく、「無規定の経験」（B618）を基礎にするのである。けだし、ライプニッツが「世界の偶然性による a contingentia mundi 証明」（B632）と呼んだ宇宙論的証明なるものは、次のごとき推論なのである。

「何か或るものが存在すれば、絶対的に必然的な存在者もまた存在しなくてはならない。少なくとも私自身は存在する。ゆえに、絶対的に必然的な存在者は存在する」（B632）。この推論の小前提は経験を含んでおり（「観念論論駁」参照）、大前提は経験一般から必然的なものの存在への推理を含んでいる。そして、この証明は、更に次のように推論するのである（B636）。「凡ての端的に必然的な存在者は同時に最も実在的な存在者である。」（カント自身は、これが宇宙論的証明の「主要論拠」であると考えている。）そして、これに限量換位が施される。「若干の最も実在的な存在者は同時に端的に必然的な存在者である。」ところが、最も実在的な存在者は、いかなる点においても他の最も実在的な存在者から区別されえないから、若干の最も実在的な存在者に妥当することは、凡ての最も実在的な存在者にも妥当する。したがって、右の命題には単純換位が施される。「凡ての最も実在的な存在者は必然的存在者である。」さて、この命題は、全く純粋概念だけに基づいて規定されているのであるから、最も実在的な存在者という単なる概念もまた、その存在者の存在の絶対的必然性を伴っていなければならない。ところが、この最後の主張は、まさしく存在論的証明の主張であった。だから、宇宙論的証明は、存在論的証明と同じく単にごまかしであるばかりでなく、「論点相違の虚偽 ignoratio elenchi」をも犯しているのである（B637）。

さて、かかる宇宙論的証明の前半は、第四の二律背反の定立におけるのと同じく、「いわゆる、原因性の超越論的自然法則」（B633）を基礎にしている。だから、明らかに、宇宙論的証明は仮言的理性推理に即するものなのである。また、後半は、いわゆる存在論的証明を基礎にしているのである。

カントは、この証明の前半に三つの、後半に一つの誤謬を認める（B637f.）。すなわち、㈠感性界を超出するために因果律を使用している。㈡「第一原因」を「与えられたもの」として想定するという理論理性の越権を犯している。㈢我々にとっては感性界においてのみ実在的意義を有する範疇〔必然性〕を神に関して使用している。

㈣「(内的矛盾を持たぬ)合一化された凡ての実在性という概念の論理的可能性と超越論的可能性との混同」が犯されている。

かくて、宇宙論的証明の不可能性は明らかである。最高存在者の有する必然性は、我々の理論的に考えうる必然性をば超えているのである。そして、「〔感性的〕世界の内には」無制約的に必然的なものは存しえないがゆえに、絶対的に必然的な存在者としての神は「世界の外に」想定されねばならないのである(B645)。「理性的存在者」としての人間が悟性界と感性界の双方に属する存在者であるのに対して、神は悟性界にのみ属する「理性存在者」なのである。ありとある偶然的実体の創造者である神は、倫理学的に見れば、その超越性によって、悪を犯す自由をば持たない、必然的に道徳的な存在者であり、目的の王国の元首たるにふさわしく「ひとり神聖なもの」なのである。

## 七　自然神学的証明

かくて、存在論的証明と宇宙論的証明の本質が明らかにされた。しかし、合理的神学には、もう一つ、自然神学的証明なるものがある。これは「目的論的証明」とも呼ばれるとおり、「一定の経験によって知られた我々の感性界の特殊な性質」(B618)すなわちその秩序と合目的性とから、世界創造者としての神の存在を推論するのである。その主要点は、次のごとくである(B653f.)。㈠現存する世界は至る所に、多様性、秩序、合目的性、美の、測り知れない景観を呈している。㈡世界の諸事物にかかる合目的的な秩序が付帯しているのは、全く偶然的なことであって、自然自身が機械論的にかかるものを産み出したとは考えられえない。㈢それゆえ、かかるものの産出原因として「一つの(あるいは幾つかの)崇高で賢明な原因」が存在している。そしてそれは、単に多産性 Fruchtbarkeit を有する「無目的に働く全能の自然」ではなくて、自由を有する叡智者でなければならない。㈣かかる原因に基づく世界の統一は、世界のあまねき部分に及ぶものであろうと推論される。（だから、かかる世界原因は一つだけ存在することとなる。）

しかし、自然の所産を人間の技術の所産に類比させて自然の根底に悟性と自由とを有する世界原因を推論するということは、単なる憶測的推理の域を出ないのである。なぜなら、このようにして想定された世界原因は、人間理性にとってはあくまで「不明瞭で、証明し難き説明根拠」（B654）たるにとどまるからである。

それのみならず、右のごとき推論によるだけでは、「自然のおびただしい仕組みの合目的性とめでたい調和」とは、自然の「形式の偶然性」を証示するにとどまり、「質料、すなわち世界における実体の偶然性」をば証示しえないのである。けだし、後者を言いうるためには、世界の諸事物は、その実体に関しても最高の智慧の所産でないとしたら、かかる秩序と調和とに与るに適していない、ということが証明されえなくてならないが、人間の技術との類比からでは、到底かかることは証明されえないのだから。（以上 B654f.）それゆえ、自然神学的証明が証示するのはせいぜい世界建築師 Weltbaumeister（プラトンのいうデミウルゴス）であって、世界創造者 Weltschöpfer（創造神）ではありえないのである。それゆえ、自然神学的証明は、本来それが避けねばならなかったはずの「超越論的論拠」によって「一切を充足する根源的存在者 ein allgenugsames Urwesen」（B655）の存在を証明しようとするのである。すなわち、「世界の秩序と合目的性とに基づいて推論された世界の偶然性」（B657）だけから、専ら超越論的概念によって、絶対的に必然的なものの存在を想定し、最も実在的な存在者をもってこれに充てるのである。しかし、偶然的なものの存在から必然的なものの存在を想定し、最も実在的な存在者をもってこれに充てるのは、まさしく宇宙論的証明に外ならない。だから、自然神学的証明の不可能性は明白である。

しかし、カントは言っている。自然神学的証明は、我々の自然研究を鼓舞し、また最高の世界創造者に対する信仰をますます強化するものであるから、常に尊敬の念をもって迎えられてしかるべきである、と（B651f.）。かかることもさりながら、我々の実践哲学的関心から言うならば、我々は、この証明の意義をば、それが思弁的に、悟性と自由とを有する世界創造者としての神の理念を基礎づけているという点に認めなくてはならないのである。

「理性の思弁的原理に基づくあらゆる神学の批判」の節で、カントは合理的神学を超越論的神学 transzendentale Theologie と自然的神学 natürliche Theologie とに大別し、更に超越論的神学をば宇宙論的神学 Kosmotheologie と存在論的神学 Ontotheologie とに、自然的神学をば自然神学 Physikotheologie と道徳神学 Moraltheologie とに区分して、次のごとく言っている。超越論的神学だけを承認する者は理神論者 Deist であり、自然的神学をも認める者は有神論者 Theist である。なぜなら、前者は根源的存在者を単に「世界原因 Weltursache（この原因が根源的存在者の本性の必然性によるのか、それとも自由によるのかは決定されていない）」（B659f.）と見なすだけであるが、後者はそれを「悟性と自由とによって諸他一切のものの根拠を自らの内に含んでいる存在者」（B659）すなわち「世界創造者 Welturheber」（B660）と見なすからである。だから、我々は、厳密には、理神論者をば神に対する信仰を持たない者と見なしてよいのかもしれない。しかし、或る人が何事かを取り立てて主張していないからといって、彼がその事を全く否定する者であると見なすわけにはいかない。それだから、我々は、「理神論者は神を信ずる。しかし有神論者は、生きた神（最高の知性 summa intelligentia）を信ずる」（B661）と言うべきであろう、と。

かくて、自然神学的証明は、存在論的神学や宇宙論的神学には欠けていた「生きた神」の輪郭をつかみ、しかも超越論的神学的証明とかみ合うことによって、超越論的理想を「全能、全知」（B655）の神の理念と結び付けている。もちろん、かくて明らかにされた最高叡智者は「一切の自然的な秩序と完全性の原理」であって、道徳神学が明らかにする「一切の倫理的な秩序と完全性の原理」（B660）ではない。しかし、「目的論的判断力批判」等の思想を併せ考えるならば、自然神学的な神の理念が道徳神学的な神の理念に展開するモーメントをも含んだものであるということは明白である。けだし、諸々の自然目的（有機体）の目的論的系列を完結する「創造の究極目的」は、「道徳性の主体としての人間」すなわち「道徳的人格性」に外ならず、自然の目的論的秩序の根拠たる神は、同時に、目的の王国の元首としての神でもなくてはならないからである。

もちろん、右のごとく道徳神学を合理的神学のうちに含めて考えることには異論があるであろう。しかし、このことは、正に、やがて実践的形而上学として道徳神学が成立するとき、思弁的神学の諸理念が凡て積極的意義をもって生き返ってくるということを意味するのではなかろうか。けだし、カントは次のごとく述べているのである。「しかし理性は、その単なる思弁的使用においてはかかる大きな意図、すなわち最上存在者の存在に達するという意図を実現するには甚だ不十分であるにもかかわらず、理性はその思弁的使用のうちに極めて大きな効用を持っているのである。それは、かかる最高存在者の認識が別のところから〔すなわち道徳神学において〕得られるような場合には、この認識を規正し、それ自身並びに一切の叡智的意図と一致させ、そしてまた、根源的存在者の概念と矛盾するような一切のもの、並びに経験的制限の混入から純化するという効用である」（B667f.）。かかる主張は、「純粋理性の理想」の章の終わりまで続くのである。

**注**

（1）第一版で純粋理性の誤謬推理が媒概念多義性の虚偽であることを説明する箇所において（A402f.）、カントは単純性の誤謬推理を例に出しているが、そこで説かれているのは「実体」の概念が大前提、小前提で異なった意味で用いられているということである。また、カントは或る箇所では心霊の実体性が「単に内官の対象としては非物質性の概念を与える」（B403）と言い、第一版の「第二の誤謬推理の批判」では単純性が非物質性の概念を与えると言っている。

（2）これについては小倉志祥『カントの倫理思想』、一二三—一二五ページ参照。

（3）以上に関しては、小倉貞秀『カント倫理学研究――人格性概念を中心として――』、第二章、第四節から貴重な示唆を受けている。

（4）第一版での媒概念多義性の虚偽の説明の仕方（A402f.）はこれとは違っていたが、それはあいまいである。

（5）Heinz Heimsoeth: *Studien zur Philosophie Immanuel Kants* I, $^2$1971, S. 232ff.

（6）Norman Kemp Smith: *A Commentary to Kant's Critique of Pure Reason*, $^2$1923, pp. 458-461.

（7）凡ての誤謬推理の根底に潜むかかるすり換えを、カントは「実体化された意識（apperceptionis substantiatae）の欺瞞」と呼ぶ（A402）。

（8）第二版でのM・メンデルスゾーン批判（B413）で、カントは、心霊が仮に単純実体であるとしても、それはその内包量の漸次的衰退によって無に変ぜられうる、という仮説を示している。

（9）「心理学的自我」、「肉体我」は和辻哲郎の用語。「和辻哲郎全集」、第九巻、三四一ページ以下、参照。

（10）和辻哲郎は「カントにおける『人格』と『人類性』」でこの「超越論的人格性」の概念を独創的に展開させている。

（11）唯心論と唯物論との二律背反については、金子武蔵『カントの純粋理性批判』、五七ページ参照。

（12）岩崎武雄『カント「純粋理性批判」の研究』、四二七―四三〇ページ参照。

（13）同上書四六八ページ。

（14）小倉志祥『カントの倫理思想』、二〇〇ページ以下。――本章第四節の元の論題は「『純粋理性の理想』の研究――神学的理念の超越性を中心に――」であり、私が初めて印刷公表した論文である。成立の過程で小倉志祥先生から多くの御教示を賜った。殊に本章の注（14）、（15）、（16）に関してはそうである。以下、先生の『カントの倫理思想』の当該ページを示しておく。

（15）特に、同上書二〇六ページ以下。

（16）同上書一九二―一九三ページ。

# 第四章　批判的倫理学

## 第一節　概観

### 一　カント倫理学の基本的構図

カントのいう「目的の王国」とは、諸理性的存在者すなわち諸人格の、道徳法則の下での普遍的・汎通的な倫理的共同態である。その共同態を一つの「王国」になぞらえて、カントは、目的の王国を一人の「元首」の統治下における、諸人格の普遍的・汎通的な倫理的共同態として構想している。目的の王国の構成要素すなわち「質料」は諸人格であり、目的の王国における諸人格の倫理的共同の規範は道徳法則である。そして、諸人格の倫理的共同の全体的統一という理念に対応して、カントは、目的の王国の元首として、超越神を理念的に想定している。正教授就任論文における叡智界構造論に対応させて言えば、目的の王国の「質料」は諸人格であり、「形式」は道徳法則の下での、諸人格の普遍的・汎通的な倫理的共同であり、そして一つの世界としての「総括性」に対応して超越神の存在が理念的に想定されている。

私は、諸人格、道徳法則、超越神という三つの元《げん》から成る、目的の王国のその三元的構造を《カント倫理学の基本的構図》と名付ける。カントの批判的倫理学の基底には、この基本的構図が、換言すれば、諸人格の、道徳法則の下での普遍的・汎通的な共同の統一という理念が据えられているのである。私のいう《カント批判哲学の倫理学的構図》とは、カント倫理学におけるそのような基本的構図を意味することはもちろんであるが、更に、批判哲学における次のような諸点をも意味する。㈠例えば『純粋理性批判』の「超越論的弁証論」におけるように、合理的心理学の実体論的心霊概念を斥けて超越論的主体（主観）の超越性――カントが「超越論的」と規定する意味での――の開明を目指す「純粋理性の誤謬推理について」の章（それは人格論に外ならない）、人間の意志の自由の開明（それは『実践理性批判』での道徳法則の事実性の開明によって完結する）を最高の主題とする「純粋理性の二律背反」の章、超越神を「純粋理性の理想」と規定し、「汎通的規定の原則」に基づいて神の包越者（超越者）的な性格を開明し、合理的神学における、存在論的証明、宇宙論的証明、自然神学的証明という、凡ての、神の存在証明を斥けて、道徳神学への道を開こうとする「純粋理性の理想」の章、というふうに、それ自体が《カント倫理学の基本的構図》に対応した構成の論の展開。㈡例えば『判断力批判』の「目的論的判断力批判」における有機体の理念のように、或る意味で、自然界における、目的の王国の理念の範型と見なされうるようなものの理念とカント倫理学との、直接的ないし間接的な対応関係。㈢その他、カントの批判哲学における倫理思想ないし倫理に関連する思想。――《批判哲学の倫理学的構図》の解明は、言うまでもなく、本書全体を通しての課題である。

## 二　共同態の倫理学

道徳法則は人間には定言命法として意識される。定言命法の法式化がカント倫理学における最も基本的な作業となる。単子相互間に「実在的」な交互作用が成り立ちうるか否かを問題にしたライプニッツの世界構造論は、正教授就任論文における批判期前のカントの叡智界構造論を媒介にして、定言命法の諸法式の導出のうちに反映している。しかし、カントは、定言命法は「形式的」命法としてしか法式化されえない、と考える。それは、言ってみれば、《意識一般》の立場に立った法則定立的・機械論的な発想法である。人格は、実践哲学的に見れば、行為の主体である。諸人格の倫理的共同における「普遍的調和」をもたらす倫理的規範を「普遍妥当的」な、したがって「形式的」な定言命法として定式化したところに、カント倫理学が《意識一般》の倫理学、「形式的倫理学」（シェーラー『倫理学における形式主義と実質的価値倫理学』）にとどまらざるをえなかった最も根本的な理由が存するのである。

カント倫理学における最高の、したがって最も枢軸的な理念は、「目的の王国」の理念と「意志の自律」の理念とである。そして、これら二つの理念は、カント倫理学においては表裏一体を成している。後に見るように、ペートンは定言命法の「目的の王国の法式」を「自律の法式」の系と見なしている。「自律の法式」の根底には「普遍的に立法する意志としての各々の理性的存在者の意志という理念」（IV 432）が据えられている。この理念は、量の範疇で言えば、「実質（諸客体すなわち諸目的）の体系の全体性 Allheit あるいは総体性 Totalität の範疇」（IV 436）に対応する。

「純粋実践理性の基本法則」は、「汝の意志の格率が常に同時に普遍的立法の原理として妥当しうるように行為せよ」と命ずる（V 30）。『人倫の形而上学の基礎づけ』における定言命法の諸法式も、我々に格率の在り方を命じている。カント倫理学は《格率倫理学》である。その格率の在るべき在り方の規準は、道徳法則・定言命法である。そして、道徳法則・定言命法は、諸人格の普遍的・汎通的な倫理的共同の規範である。カント倫理学は、本質的には、共同態の倫理学なのである。

そのことはカントにおいても明確に意識されていた。「義務は……理性的存在者相互の関係にのみ基づく。その関係においては、理性的存在者の意志は、常に同時に立法的と見なされねばならない。なぜなら、さもないと、理性的存在者は彼らを目的自体と考えることができないであろうから」（IV 434）。「目的の王国の法式」においてはもちろんのこと、その他の、定言命法の法式においても、諸人格の交互関係ないし交互作用ということが念頭に置かれていることは明らかである。例えば、カントが「唯一の定言命法」（IV 421）――その他はこれからの導出法式である――として持ち出す「普遍的法則の法式」が理性的存在者の交互性 Gemeinschaft を念頭に置いて定式化されていることは明白である。我々が共同態の一員であるかぎり、我々は普遍妥当性を有する格率に基づいて行為しなくてはならない。「自然法則の法式」に関しても同様である。カントは、「普遍的自然法則は凡てを調和的にする」（V 28）がゆえに道徳法則の範型を自然法則に仰ぐのである。「目的自体の法式」に関しても同様であるし、また「自律の法式」においても、そこには「普遍的に立法する意志としての各々の理性的存在者の意志という理念」（IV 432）が根底に置かれていた。

## 三　意欲の形式的原理

人間は誰しも幸福になることを意欲している。「凡ての理性的存在者がことごとく自然必然的に抱いていると人が確実に前提しうる意図は、幸福への意図である」（IV 415）。「幸福であることは、必然的に凡ての理性的な、しかし有限な存在者の願望であり、それゆえ彼の欲求能力の不可避的規定根拠である」（V 25）。カント倫理学は人間が幸福を追求することを決して禁止はしない。「自分の幸福を配慮することは、或る意味では義務でさえありうる。一つには幸福（これには練達、健康、富裕が属する）は彼の義務の履行のための手段を含んでいるがゆえに。一つには幸福の欠如（例えば貧乏）は彼の義務に違反する誘惑を含むがゆえに」（V 93）。カントにとって徳（神聖性 Heiligkeit としての）は最上善であっても、完全善ではない。完全善は徳と幸福との一致である。カント倫理学は意欲《ヴォレン》の形式的原理と実質的原理とを峻別する。前者は倫理・道徳 Sittlichkeit の原理、すなわち諸人格の普遍的・汎通的な倫理的共同の原理であり、後者は自愛ないし自己幸福 Selbstliebe oder eigene Glückseligkeit の原理である。つまり、道徳法則・定言命法は意欲の形式的原理としてしか定式化されえない、というのである。『人倫の形而上学の基礎づけ』で最初に出て来る定言命法は、こうである。「私は、私の格率が普遍的法則になるべきことをもまた意志しうるようにのみ行動すべきである」(IV 402)。この法式は、自己幸福の追求を許している。ただし、それを道徳の原理によって規制すべきことを命じている。カントは倫理的共同態（共同体）の理想として目的の王国を構想した。「最高善」という言葉こそ充てられていないが、『人倫の形而上学の基礎づけ』でカントが考えている《最高善》は、目的の王国である。目的の王国においては「各々の理性的存在者が自分自身に設定するであろう自己の目的」も実現されるのである (IV 433)。

では、カント倫理学においては、幸福はいかなるものとして考えられているか。人間は理性的存在者であり、そのかぎり己の諸傾向性を体系的に満足させることを意図する。「まさしく幸福の理念において凡ての傾向性は一つの総和へと合一される」(IV 399)。もちろん「幸福は理性の理想ではなくて、構想力の理想である」(IV 418)。しかし、幸福が傾向性の満足の体系的総和であるかぎり、理性なくして幸福の理念を構想することも、幸福を追求することもできない。「人は自然的傾向性を、それらが互いに先を競い合って自ら疲弊することなく、幸福と呼ばれる全体における諸和へともたらされうるよう、馴致せねばならない。これをなす理性は利巧と呼ばれる」(VI 58)。我々は常に幸福に関心を抱いている。「関心」とは、「偶然的に規定されうる意志の理性の原理への依存性」である (IV 413 Anm.)。動物は傾向性に従い快楽を追求しても、幸福を追求することはない。しかし、幸福が快楽の総和であるかぎり、「人間は幸福という名の下での凡ての傾向性の満足の総和に関していかなる規定された確実な概念をも作ることはできない。それゆえ、いかにして唯一の、それが約束するものに関して、またその内でそれの満足が保持されうる時間に関して規定された傾向性が〔幸福という〕揺らめく理念を凌駕しうるかは驚くべきことではない」（IV 399）。快楽と幸福とは区別されなくてはならない。現代の科学技術は我々の傾向性の欲求を満足させ、したがってそれを増長させることはできても、我々に「自分の全現存在の満足」（V 25）をもたらすことはできない。元来、絶対的な意味での全体的満足は、得ようとしても得られるものではない。「幸福の理念のためには、私の現在の、そして将来のあらゆる状態における安寧・息災の絶対的全体、最大限が必要である」（IV 418）。それゆえ、「何が彼を真に幸福にするであろうかを何か或る原則に従って確実に規定するためには全知が必要であろう」（ibid.）。それに、幸福は「生の快適さの（量並びに持続に関する）最大の総和」（V 208）であるゆえ、際限を知らない。幸福主義は悪無限に陥らざるをえない。カントが「最高善」の理念において徳を幸福に優先させるゆえんである。

カントは徳と幸福との結合を「理性的で公平無私な観察者」（IV 393）、「公平無私な理性」（V 110, 124）の立場から吟味している。カントはアダム・スミス（Adam Smith, 1723-90）のいう「よく事情に通じた公平無私な観察者」を真に普遍的な「公平無私な理性」に高めた。(1) 経済社会の自由競争はスミスの時代とは比較にならぬほど激化した。社会の経済的繁栄は保たれているにしても、「理性的で公平無私な観察者」の視点はいつの間にか奪い去られ、普遍的幸福の理念も見失われてしまった。現代人の大多数が求める幸福は、カントが「それは、我々の凡ての格率の原理として採用されたときには、まさしく凡ての悪の源泉である」として否定する「自愛」（VI 45）に基づく自己幸福にすぎない。

## 四　仮言命法と定言命法

カントは定言命法と仮言命法を区別した。「仮言命法は人が意欲する（あるいは、少なくとも人が意欲することが可能な）他の或る物に到達するための手段としての或る可能的行為の実践的必然性を表象する。定言命法は、行為をそれ自体として、他の可能的目的に関係なしに、客観的＝必然的〔なもの〕として表象する命法である。……」（IV 414）定言命法、仮言命法の区別は判断表の関係の綱目に即したものと考えられる。そこには「選言的」という第三の綱目があった。しかし、カントは選言命法を考えなかった。それは、彼が「義務及び〔倫理的〕拘束性の衝突 eine Kollision von Pflichten und Verbindlichkeiten は全く考えられえない」（VI 224）と考えていたことによる。と同時に、定言命法、仮言命法の区別が意欲の形式的原理と実質的原理の区別に則することにもよっている。唯一の無制約的善として「善意志」を考えるカントは、いわゆる「道徳性 Moralität」を重んずる心情倫理の立場を取る。「義務に基づく行為はその道徳的価値を、それによって達せらるべき意図のうちにではなく、それに従って行為が決定される格率のうちに持つ」（IV 399）。「命法は作用因としての理性的存在者の原因性の条件を単に結果と結果〔の産出〕に対する充足性に関して規定するか、あるいは意志のみを、それが結果〔の産出〕に対して十分であろうとなかろうと、規定する。」前者は仮言命法であり、後者は定言命法である。（以上 V 20）

カントは技術、幸福、道徳——換言すれば、練達、利巧、智慧——という人間の生活段階を考えた。(2) この段階系列は、本来、包摂的系列であるべきである。技術は人間の幸福のために用いられるべきものであり、また、各人の幸福の追求が道徳法則・定言命法によって規制されたときに初めて、徳福一致の世界すなわち目的の王国が実現されうる。

右の段階区分は、『人倫の形而上学の基礎づけ』における実践的諸原理の区分に活かされている。「あらゆる意欲がまた対象を、したがって実質を持たなくてはならないということは、もちろん否定できない」（V 34）。これは批判的倫理学を一貫した考え方である。「意志にそれの自己規定の客観的根拠として役立つのは、目的である」（IV 427）。そして、「実践的規則は常に理性の所産である。なぜなら、それは意図としての結果に対する手段としての行為〔マックス・ヴェーバー流に言えば、「目的合理的」な行為〕を指定するのだから」（V 20）。さて、我我の意欲の多様な目的を統一すべき究極目的は《理性的存在者》、《人格》である。「人間、そして一般に凡ての理性的存在者は目的自体 Zweck an sich selbst として存在する」（IV 428）。「欲求の主観的根拠は動機 Triebfeder であり、意欲の客観的根拠は運動根拠 Bewegungsgrund である。それゆえ、動機に基づく主観的目的と、凡ての理性的存在者に妥当する運動根拠に関係する客観的目的との相違〔が存する〕」（IV 427）。この主観的目的と客観的目的との区別は重要である。ここに定言命法の、実質に即した法式が成り立つ。「理性的存在者はその本性上、目的として、したがって目的自体として、凡ての格率に対してあらゆる単に相対的、恣意的な目的を制限する条件として役立たねばならない」（IV 436）。したがって、「その現存在自体が絶対的価値を有する」（IV 428）人格が目的自体として尊重される共同態（共同体）を実現することは、道徳的に必然的な意図である。そのように、定言命法は、意欲の実質に即して見れば、客観的目的ないし必然的意図に基づく。

しかし、我々の行為の意図には、また、可能的意図、現実的意図がある。現実的意図とは、「幸福への意図」である。カントは命法を、また、判断表の様相の綱目に対応して蓋然的実践的原理、実然的実践的原理、確然的実践的原理の三種類に区分している。これらの間には「意志の強制〔の度合い〕の不等」が存することは明らかである。（以下 IV 416ff.）だからカントはそれらを「練達の規則 Regeln der Geschicklichkeit」、「利巧の勧告 Rathschläge der Klugheit」、「道徳の命令（法則）Gebote（Gesetze）der Sittlichkeit」と呼んでいる。そして言う。「我々は第一の命法をまた技術的 technisch（技術 Kunst に属する）、第二を実用的 pragmatisch（幸福 Wohlfahrt に属する）、第三を道徳的 moralisch（自由な行動一般に、すなわち道徳 Sitten に属する）と呼びうるであろう。」しかし、技術的命法は実用的命法のうちに包括される。事実、『実践理性批判』では、仮言命法としては実用的命法しか考えられていない。数学や自然科学の技術的命題は、そこでは理論的原理のうちに数えられている（V 26 Anm.）。カントは技術的命法を学問の「実践的（実用的）部門」に即して考えている（IV 415）。我々が学問においてあまたの技術的命題を学ぶのは、我々が幸福になり、また、人類の福祉に寄与するためである。そのことは技芸の習得についても言えるであろう。『人倫の形而上学の基礎づけ』が技術的命法の実例を最初に書くだりは次のようであった。「幼少の頃には我々が生涯においていかなる目的に出くわすであろうかが判らぬゆえ、両親はとりわけ彼らの子供たちに全く色々なことを学ばせようとし、あらゆる種類の任意な目的に対する手段の使用における練達を配慮する。……」(ibid.) 親が子供に色々なことを学ばせるのもやはり子供の将来の幸福を思えばこそだ、と言うのである。狭義の利巧とは、「彼自身の最大幸福 größtes Wohlsein のための手段の選択における練達」である。（以下 IV 416）広義の利巧には「世間的利巧 Weltklugheit」と「私的利巧 Privatklugheit」との二通りの意味がある。「第一のものは或る人が彼の意図のために他人を利用すべく他人に影響を及ぼす練達である。第二はこれらの凡ての意図を彼自身の永続的利益のために合一する洞察である。後者こそ本来的に、それに前者の価値さえも還元される利巧である。第一のやり方では利巧であるが、第二のやり方では利巧でない人については、彼は要領がよく狡猾であるが、全体的には利巧ではない、と言った方がよいであろう。」我々はこの引用文の後半の世間的利巧の箇所に技術的知識という言葉を置いてもよい。けだし、世間的利巧とは、人使いの技術に長けていることなのだから。幸福の概念が拡充しないことには私的利巧は成り立ちえない。したがって、私的利巧の勧告こそが、勝義の実用的命法なのである。

カントの倫理思想の中にも普遍的幸福の理念を垣間見ることはできる（第二批判、定理四、注一の後半を参照）。それならば普遍的幸福という理念が道徳の原理になりうるかというと、決してそうではない。何を幸福と考えるかについて普遍的一致を得ることは不可能である（第二批判、定理三、注一の後半を参照）。人間の実情を見るに、人々の価値観、幸福観は全くまちまちである。環境が異なり、また人格が人間関係の中で果たす役割はそれぞれ異なるのだから、それは当然とも言える。そういうことを考えると、「欲求の規定根拠を問い、それを何か或る物から期待される快適さのうちに置くときには、この満足させる対象の表象がどこに由来するかは全く問題でなく、ただそれがどれだけ多く満足させるかのみが問題である」（V 23）というカントの、快楽の質差を無視する考え方は当を得ている、とも言える。「あらゆる実質的実践的規則は下級欲求能力における意志の規定根拠を成す」（V 22）。もちろん、他人の幸福の増進ということはカントにおいても倫理的義務である。しかし、自分の幸福観を他人に強制することは許されない。それは他人の自由意志を無視したわがままな振る舞いである。かくて、道徳の原理は「全く形式的な法則」（ibid.）としてのみ考えられうる、というのがカントの論である。「あらゆる実質的実践的原理は、かかるものとして、ことごとく同一種類のものであり、自愛あるいは自己幸福という普遍的原理に属する」（ibid.）。

## 五　意志の自律

批判的倫理学によれば、「意志の自律」が「道徳性 Sittlichkeit の最上原理」（IV 440）である。カントは「道徳的人格性」を「意志の自律」によって基礎づけた。「道徳的人格性は道徳法則の下における理性的存在者の自由以外の何ものでもない」（VI 223）。カントの自由の概念には自律の自由と選択意志の自由の二つがあるが、前者の自由も後者の自由なくしては成立しえない。自律の原理をカントは次のようにも法式化している。「意志の選択する格率が同一の意欲のうちに同時に普遍的法則として含まれているようにのみ選択せよ」（IV 440）。そして、選択意志の自由をカントは自己意識によって基礎づける。「自分の自己意識をもっていて自分の判断に関してよそから指導を受けるような理性を考えることは不可能である。なぜなら、その場合には、主体は彼の理性にではなく、衝動に判断力の規定を帰することになるであろうから[3]」（IV 448）。自律的意志すなわち人格性意識の根源には自己意識がある。その場合の《自己》は、もちろん、純粋意識における《叡智的自我》である。（なお、『人倫の形而上学の基礎づけ』では「選択意志 Willkür」という用語は前面には現れないが、既に『純粋理性批判』で「選択意志（Willkür, arbitrium）」という用語が用いられていることは、周知のとおりである。）

『実践理性批判』のいう「〔派生的〕最高善」は個人における徳と幸福との一致に主眼が置かれており、『純粋理性批判』が基礎づけた超越神の理念、すなわち根源的包越者たる「純粋理性の理想」としての「根源的最高善」によって根拠づけられる共同善としての最高善ではない。その点では、この「目的の王国」、『純粋理性批判』のいう「道徳的世界」（B 836ff.）（それは同時に、徳福一致の世界であり、ライプニッツのいう「恩寵の王国」でもある）、あるいは『判断力批判』のいう「世界福祉 das Weltbeste」（V 453）という共同態的な最高善の理念の方が優れている、と言える。『人倫の形而上学の基礎づけ』のいう「目的の王国」も共同態（共同体）的最高善の世界である。

自由の主体であるところの人格は、自然法則による秩序を超越したところに位する。『人倫の形而上学の基礎づけ』第三章は、叡智界であるところの倫理的世界を、感性界であるところの「作用因の秩序」に対し、「諸目的の秩序」と呼んでいる。叡智界は物々自体の世界である。叡智者としての理性的存在者が叡智界の本来の構成員である。『人倫の形而上学の基礎づけ』には、「叡智界の概念（すなわち物々自体としての理性的存在者の全体）」（IV 458）とも記されている。その「諸目的の秩序」のアプリオリな統一原理こそが道徳法則なのである（450）。

自由の「消極的」概念は自然必然性からの意志の独立であり、「自由の積極的概念」は意志の自律であった（IV 446f.）。『人倫の形而上学の基礎づけ』の論の展開の全体を視界に収めて言うならば、「意志の自律」はあくまでも、諸人格の普遍的・汎通的な倫理的共同態という理念に即しての人格の道徳的な在り方を意味している。

カント倫理学は共同態の倫理学である。しかし、カントは、『実践理性批判』において「思弁理性との結合における純粋実践理性の優位」（V 119）に基づいて心霊の不死性、神の存在の証明を試みるとき、最高善の問題を主題にしながらも、最高善の《共同善》としての側面についてはほとんど顧慮せず、大筋においては最高善を「徳福一致の『完全善』[4]」として捉えている。それは、カントの論の展開における欠陥とも言えなくはない。しかし、そこでカントが対決しているのはストア学派、エピクロス学派の倫理学である。カントがそこで最高善を個人における《完全善》として捉えているのは、そういう脈絡から見れば、むしろ当然とも言えよう。我々は次に、その最高善の概念について考察することにする。

## 六　最高善

「ストア学派は徳が全き最高善であり、幸福は主体の状態に属するものとしての徳の所有の意識にすぎないと主張した。エピクロス学派は幸福が全き最高善であり、徳は幸福を得ようと努める、すなわち幸福のための手段の理性的使用における格率の形式にすぎないと主張した」（V 112）。幸福の原理を「最上の実践的原理」と考えたエピクロス学派は全く誤っている。しかし、ストア学派も誤っている。ストア学派の賢者は「（彼の満足に関して）自然から全く独立な」者として考えられているが（V 127）、これは人間の本性を無視した非人間的理想にすぎない。——道徳は自由の法則に基づき、幸福は自然の法則に基づく。道徳と幸福とは「種別的に全く異なる」（V 112）ものである。それゆえ、徳と幸福との結合は「分析的」ではなく、「綜合的」である。「幸福への欲動が徳の格率への動因であるか、あるいは徳の格率が幸福の作用因であるかでなければならない」（V 113）という「実践理性の二律背反」の二者択一のうち、残されるのは後者のみである。最高善の第一条件は道徳性 Sittlichkeit であり、幸福は従属的、被制約的要素である。「この従属関係においてのみ最高善は純粋実践理性の全き対象である」（V 119）。そして、徳と幸福との結合の可能のために、根源的最高善すなわち神の存在が要請される。カントは最高善の問題を、結局、「純粋実践理性信仰」の問題として取り扱う。幸福や道徳の問題を現実の問題として考えようとする私には、その点は不満である。しかし、我々はカントの倫理思想の根源にある深い宗教性を看過してはならない。最高善の二つの要素の結合においては序列があることの把握は、『単なる理性の限界内の宗教』第一篇における根本悪の思想に発展していく。

## 第二節　定言命法の諸法式

### 一　五つの法式

H・J・ペートン『定言命法』（H. J. Paton: *The Categorical Imperative*——以下、ペートンと表記する——）は『人倫の形而上学の基礎づけ』全体にわたっての卓越した研究書であるが、ここでは、一般に三つあるいは四つあると言われている定言命法の法式が、実は五つあることを明らかにしている点に注目したい（第三篇「定言命法の諸法式」）。その五つの法式は、ペートンの番号付けに従って列挙すれば、次のごとくである。法式Ⅰ「普遍的法則の法式」。法式$\mathrm{I}_a$「自然法則の法式」。法式Ⅱ「目的自体の法式」。法式Ⅲ「自律の法式」。法式$\mathrm{III}_a$「目的の王国の法式」。

カントは「定言命法はそれゆえただ一つだけであり、しかも実にこうである」（IV 420）と言って、普遍的法則の法式を挙げている。この点に重きを置けば、普遍的法則の法式は諸他の法式とは区別されて基本法式と呼ばれるべきである。そして、カントの論述に忠実に従えば、導出法式には三つある。かくて、定言命法の法式は四つであるとする見解が成立する。しかし、ペートンが『人倫の形而上学の基礎づけ』の英訳（*Immanuel Kant Groundwork of the Metaphysic of Morals* Translated and analysed by H. J. Paton）で「諸法式の復習」（IV 436f.）、「論全体の復習」（437-440）と名付ける部分では、カントは法式を三つとしか考えていない。すなわち、普遍的法則の法式は自然法則の法式と同一視されている。『実践理性批判』同様『人倫の形而上学の基礎づけ』でも、普遍的法則の法式の範型が自然法則に求められ、そこに自然法則の法式が導出されているのだから、それも当然と思える。しかし、考えてみれば、自然法則が普遍的法則の法式の範型にされたからといって、定言命法の法式は三つしかないということにはならない。「諸法式の復習」でカントは言う。「道徳性の原理を表象する前記の三様式はしかし、根本的には、全く同一の法則の三法式にすぎない。……しかしながら、それらのうちには差異が存する。それは客観的＝実践的というよりは、むしろ主観的＝実践的である。すなわち、理性の理念を（或る種の類推によって）直観に接近させ、またそれを通して感情に接近させるための」（IV 436）。第一、第二導出法式も、基本法式を直観、感情に接近させて示されたものであるからには、定言命法の一種の範型に外ならない。とすれば、三法式説は崩れざるをえない。しからば、四法式説はどうであろうか。

カントは同じ場所で、「進行はここでは、意志の形式（意志の普遍性）の単一性、実質（対象すなわち目的）の数多性、そして目的の体系の総体性あるいは全体性の範疇を通してのように行われる」（IV 436）と言っている。しかしながら、自律の法式と目的の王国の法式とを全く同一視することには困難があるのではなかろうか。今や四法式説も崩れることになる。ペートンもそのことに注目して定言命法の法式として前記の五つを挙げた。しかし、ペートンはそれらの法式に前記のごとき番号付けを施した。ペートンはこの番号付けを単に便宜的なものと言いながらも（130）、法式の三区分の考え方を完全には脱し切っていない。法式I〜Vという番号付けを施さなかったのは、後に触れるごとく、ペートン自身の解釈によっているのである。しかし、『定言命法』第三篇は五つの法式のそれぞれを徹底的に分析することによって成り立っている。我々はペートンのこの見解を一歩推し進め、定言命法の諸法式にⅠ〜Ⅴという番号付けを施しうる、否、その方がむしろ妥当であることを明らかにしようと思う。

さて、定言命法の法式がⅠ〜Ⅴの五つあるとしよう。そこでは定言命法の諸法式を単一性、数多性、総体性という量の範疇に対応させることは不可能である。しからば、その五つの法式はいかなる原理に基づいて導出されるのか。それらの間にはいかなる体系的連関が考えられるか。まず、普遍的法則の法式が基本法式と考えらるべきであることは言うまでもない。次に、私は、後に見るごとき理由に基づいて、自然法則の法式を形式的には『純粋理性批判』の図式論の考え方に対応し、実質的にはカントの目的論的自然観に対応するものと見なす。また、これについても後に述べるが、目的自体の法式、自律の法式、目的の王国の法式を『純粋理性批判』「超越論的弁証論」の誤謬推理論、二律背反論、理想論に対応するもの、換言すればカントの叡智界の思想に対応するものと考える。けだし、誤謬推理論が批判する合理的心理学の主題である純粋統覚の自我すなわち超越論的主体は、別の見方をすれば、目的自体の法式のいう「人格の内なる人間性」に外ならず、また合理的宇宙論の批判である二律背反論の最も重要な主題は、究極的には意志の自由であって、積極的に言えば自律の法式の主題——意志の自律に基づく選択意志の自発性をも含めて——と同一であり、また理想論のいわゆる超越論的理想は実在性相互間の普遍的・汎通的なコンメルキウムの包越的統一体であって、目的の王国の法式の、理性的存在者相互間の目的・手段の普遍的・汎通的なコンメルキウムの統一態に対応するものであるから。とすれば、定言命法の諸法式を「理性の理念を（或る種の類推によって）直観に接近させ、またそれを通して感情に接近させる」ことを目指して導かれたとするカント自身の所説は崩れざるをえない。目的自体の法式、自律の法式、目的の王国の法式はより次元の高いものへ向かっての系列に外ならない。けだし、意志の自律は人間性の尊厳の根拠であり、目的の王国における諸人格の目的・手段の普遍的・汎通的なコンメルキウムの統一態は、理想論によれば、単に実在性の総体にとどまらず、その包括的根拠としての神を予想するものだからである。しかし、そのことは決して矛盾ではない。『人倫の形而上学の基礎づけ』は定言命法の諸法式を定式化した後、第三章で、自由の積極的概念（意志の自律）を媒介にして叡智人、悟性界（叡智界）の展望を開き、それによってアプリオリな綜合命題としての定言命法を演繹しているのだから。

## 二　普遍的法則の法式

悟性界にのみ属する神聖な存在者には定言命法は当てはまらない。かかる存在者には、我々有限な理性的自然存在者にとっての「道徳的なべし Sollen」は「必然的な欲する Wollen」である。道徳法則は「神聖性の法則」（V 82）であって、当為 Sollen の「命令」ではない。悟性界は、実践哲学的に見れば、道徳法則によって普遍的・汎通的に規定されている道徳的世界と考えられる。ちなみに、カントが叡智的性格を認めているのは、純粋統覚を有する人間（ないし理性的存在者）においてだけである。一方、感性界は自然法則によって普遍的・汎通的に規定されている。近代物理学（古典力学）はこの自然法則の法式化、それに基づく、自然界の諸現象の解明を主眼として展開した。それはニュートンの『自然哲学の数学的原理』（一六八七年）において一応の体系的完成をみた。（いわゆる古典力学の完成）カントはケーニヒスベルク大学の学生時代、ライプニッツ＝ヴォルフ学派の若き員外教授マルチン・クヌッツェン（Martin Knutzen, 1713-51）からニュートン物理学を学んで、大きな感化を受けた。カント哲学のニュートン物理学とのつながりは深い。しかし、その詳細をここで述べる必要はない。ここでは、ただ、カント倫理学がニュートン物理学から法則の概念を取り入れていることを断っておこう。

さて、カントは、純粋実践理性の働きに二側面を認める。立法能力としての自律的意志と遂行能力としての自発的選択意志とである。選択意志が純粋意志の立法する道徳法則をもって己の格率とするときにのみ道徳性は成立する。そしてカントは、「行為のあらゆる道徳的価値の本質を成すもの」をこの道徳性に置いた（V 71）。かくて明らかである。アプリオリな綜合命題としての定言命法は、純粋実践理性における、道徳法則と格率とのアプリオリな綜合において成立する。カントは言う。仮言命法一般については、条件が与えられるまでは、それが何を含むかをあらかじめ知ることはできないが、定言命法については、それが何を含むかを直ちに知ることができる。「何となれば、そこでは命法（定言命法）は法則の他にはただ格率がこの法則に適合すべきであるという必然性だけをしか含んでいないからである。この法則はしかしそれに対してこの法則が制限されているようないかなる制約をも含んでいないので、残るところのものは法則の普遍性以外にはない。そして行為の格率はこの法則に適合しているべきであり、そしてこの適合性だけが命法を本来的に必然的なものとして表象する」（IV 420f.）。ここに、カントが「あらゆる命法の原理」としての「唯一の定言命法」（IV 421）とも呼ぶ普遍的法則の法式が導かれるのである。

それは次のとおりである。「格率が普遍的法則になることを、それを通して汝が同時に意志しうるところのその格率に従ってのみ行為せよ」（ibid.）。これは『実践理性批判』の「純粋実践理性の基本法則」すなわち「汝の意志の格率が常に同時に普遍的立法の原理として妥当しうるように行為せよ」（V 30）という法式と同一である。ペートンは後者をば自律の法式と同一と見なしている（130）。確かにそう言うこともできる。けだし、ここでは、『人倫の形而上学の基礎づけ』の普遍的法則の法式とは異なって、「普遍的立法」ということが説かれ、また『実践理性批判』はこの「純粋実践理性の基本法則」を導く過程において既に道徳法則と自由意志との相互関係に説き及んでいるのである（同書 §§ 5,6）。しかし、もしこのペートンの見解が成り立つとすると、普遍的法則の法式を基本法式とすることの根拠は弱くならざるをえないようにも思われる。しかし、その心配には及ばない。普遍的法則の法式に既に意志の自律が示されていることは後に見るとおりである。しかも、ペートンは『人倫の形而上学の基礎づけ』第三章における、自由の積極的概念から出発し、叡智人、悟性界（叡智界）の概念に至ってなされる、「純粋実践理性批判」による定言命法の言わば超越論的な演繹[5]との連関において自律の法式、目的の王国の法式を重視し、殊更に「純粋実践理性の基本法則」における「普遍的立法」という概念を重視しているのである。しかし、原理的には、普遍的道徳法則と格率とのアプリオリな綜合こそがあらゆる定言命法の基本原理であることは疑いえない。「純粋実践理性の基本法則」が何にもまして示そうとしているのも、この「実践的普遍的法則」と格率とのアプリオリな綜合である。けだし、カントは、実践的法則――これは普遍妥当性を具えていなくてはならない――の言わば形而上学的な演繹[6]のために、格率から一切の実質的実践的原理を排除し、実践的法則を「普遍的立法の単なる形式」において把捉し、そこに「純粋実践理性の基本法則」が導かれているのであるから。この導出過程は、原理的には『人倫の形而上学の基礎づけ』における普遍的法則の法式の導出過程と全く同一である。

この普遍的法則の法式あるいは「純粋実践理性の基本法則」において、よくカント倫理学の形式主義が指摘される。いかなる人間も、行為するに際して欲求能力の対象（実質）を全く顧慮の外に置くことはできない。しかし、そのことはカントも十分承知していた。ペートンは、普遍的法則の法式における「通して durch」という「いささか奇妙な前置詞」の使用において「言わば形式的格率と実質的格率との相互浸透」が強調されている、と言う（136）。我々は、「〔実質的〕格率が普遍的法則になることを、〔我々が〕それを通して同時に意志しうるところの格率に従ってのみ行為」せねばならないのである。『実践理性批判』について言えば、実践的法則は「普遍的立法の単なる形式」においてしか規定されえないものであった。「法則の単なる形式は、ただ理性によってのみ表象されうる」（V 28）。そして、純粋実践理性に基づいてアプリオリに規定されうる道徳性の原理はこれのみなのである。また、ペートンは普遍的法則の法式における「のみ」という表現に注意して言う。「『のみ』という語はこの要求を満足させぬ格率を排除することを主眼とするむしろ消極的な趣きを持つ」(141)。普遍的法則の法式は我々の行為の「制限的制約」(VI 389)を示す。我々は、この制約に矛盾しないかぎり、己自身の幸福を追求する権利を持つ(ペートン、142)。「格率の適用には幅すなわち『余地』がある」(同 137)。『人倫の形而上学』「徳論の序論」は倫理的義務を「広い責任」に関するもの、法義務を「狭い責任」に関するものとするが、その説明において次のごとく言っている。「法則がただ行為の格率のみを命じえて、行為そのものを命じえないのなら、それはすなわち、法則が自由なる選択意志に対して遵守 Befolgung (Observanz) の余地 Spielraum (latitudo) を残して置くことの、すなわち、同時に義務であるところの目的に対していかにまたどれだけ行為を通してなされるべきかを的確には示しえないことの標《しるし》である。……」(VI 390)

さて、カントは、「この〔客観的〕原理に従って行為すべきであるという実践的必然性すなわち義務は……理性的存在者相互の関係にのみ基づく」(IV 434)と言っている。普遍的法則の法式も人格の相互関係を前提している。けだし、普遍的法則の法式は、最も直接的には、我々が「我々のために、あるいは(ただ今度だけということにして)我々の傾向性の利益のために」(IV 424)「自分だけは〜してもよいだろう」という法則の例外を設けることを一切禁止するものなのである。(積極的義務すなわち不完全義務は、厳密に言うと、単なる形式によってだけでは基礎づけられえない。それの基礎づけは「同時に義務であるところの目的」すなわち実質を必要とする。)普遍的法則の法式が「凡ての人々の意志」の調和 Einstimmung を目指しているものであることについては、更に、『実践理性批判』定理三の注の後半をも参照されたい。普遍的法則の法式は既に目的の王国の理念を念頭に置いているのである。

## 三　自然法則の法式

カントは言っている。「道徳的判定においては常に厳密な方法に従い、『自分自身を同時に普遍的法則となしうるところの格率に従って行為せよ』という定言命法の普遍的法式を根拠とするのがよりよいやり方である。しかし、道徳法則に同時に普及の道を開こうと欲するならば、同一行為を上記の三概念を通過させ、それを通してできるだけ直観に接近させるのが、極めて有効なやり方である」(IV 436f.)。普遍的法則の法式はそれのみで道徳的判断の規準となりうる。格率が普遍的法則となることを「意志しうる」か否か、より正確に言えば「矛盾なく意志しうる」か否かに、善悪の基準が求められるのである。しかし、『純粋理性批判』の図式論との連関から言えば、当然、超感性界の道徳法則と「感性界において生起し、したがってそのかぎりにおいて自然に属する出来事としての行為」(V 68) とを媒介する、純粋実践的判断力の範型が求められなくてはならない。また、『人倫の形而上学の基礎づけ』においても、カントはこの普遍的法則の法式を実際の道徳的判定にそのまま適用してはいないのである。普遍的道徳法則の範型は自然法則に求められている。道徳法則の概念が元来自然法則の概念に仰がれたものであってみれば、けだし、このことも当然であろう。そこに自然法則の法式が成立する。それは次のごとくである。「汝の行為の格率が汝の意志を通してあたかも普遍的自然法則になるべきであろうように行為せよ」(IV 421)。また、『実践理性批判』の範型論に掲げられている「純粋実践理性の法則の下における判断力の規則」は次のとおりである。「汝のもくろむ行為が、汝自身がその一部分であるような自然の法則に従って生起すべきであるとしたならば、果たしてよく汝はその行為を汝の意志によって可能なものと見なしうるかどうか自問せよ」(V 69)。それらを導く論述においては、カントは、一見、自然法則の普遍性のゆえにのみ道徳法則の範型を自然法則に仰いでいるかのごとくである。とすれば、カント倫理学はやはり形式主義のそしりを免れ難いであろう。我々は『人倫の形而上学の基礎づけ』の次の記述をもう少し吟味することにしよう。「それに従って結果が生起する法則の普遍性は、最も一般的な意味で（形式から見て）本来自然と称せられるところのもの、すなわち普遍的法則に従って規定されているかぎりでの、諸物の現存在と称せられるところのものを構成している」（IV 421）。法則の普遍性が自然を構成している。我々はこのことを看過してはならない。法則の普遍性のゆえに、自然の体系的統一が成立する。自然（宇宙）は「コスモス」——ギリシア語の原義は「秩序」——なのである。カントは自然法則の法式の命ずるところのものを「自然の秩序に似た行為の普遍的合法則性」（IV 431）とも言い換えている。更に言えば、ここでカントは「自然の王国」と「目的の王国」との類比を念頭に置いているのである。『実践理性批判』の範型論でも「感性界の自然」と「叡智的自然」との類比に言及している。そこにおいてカントは、「実践理性の経験主義」、「実践理性の神秘主義」を戒めるべく、道徳法則の範型を感性界の自然の「合法則性一般の形式」に仰ぎ、「判断力の合理主義」を基礎づけているのである（V 70f.）。

しかし、道徳法則と自然法則とは全く異質の法則と考えられる。前者は自由の法則であり、後者は必然の法則なのだから。機械論的世界の普遍的合法則性をもって直ちに道徳的世界の普遍的合法則性の範型とすることには問題があるように思われる。ペートンはこの点に関しても我々に貴重な示唆を与えてくれる。ペートンによれば、自然法則も究極的には「諸目的の体系的調和」を目指す「意図的（あるいは目的論的）な法則」なのである。(7) 自然目的論的思想は『人倫の形而上学の基礎づけ』第一章の初めの部分における有機的存在者の規定にも窺われるし、また、自然法則の法式の適用例の第一、第三例においても顕著に窺われる。（なかんずく第二版の第三例の説明においては、「理性的存在者の内なるすべての能力は……与えられている」（IV 423）という神学的表現がなされている。(8)）この点に関しては、『人倫の形而上学の基礎づけ』刊行の前年の一七八四年に刊行された『世界公民的見地における一般歴史考』が「自然の意図」という概念を積極的に展開していることも興味深い。もっとも、そこでは「全人類を包括する世界公民的状態」の設立を自然の最高意図とする歴史哲学が展開されているのであって、目的の王国の理念が直接に説かれているわけではない。また、『判断力批判』「目的論的判断力批判」でも、自然の機械論と目的論との、統整的原理としての両立が説かれ、両者は自然の超感性的基体において矛盾なく合一しうるであろう、と説かれている。諸事物の目的論的系列を完結する「創造の究極目的」は「人格の内なる人間性」であり、歴史哲学的に言えば、人類の道徳化である。自然は目的論的な「自然の王国」であり、さらにそれ自体「自然の王国としての目的の王国」の理念を内包したものと見なされる。そして、「自然目的」としての有機体は目的の王国の象徴なのである。ペートンの表現を借りて言えば、なかんずく「人間の本性」は目的論的法則によって支配されている。それは「類、個体の両方における諸目的の完全な調和」(ペートン、150)を目指しているがごとくである。それは、「自然の意図」――第一、第三の適用例――であるとともに、「社会における〔人間の〕諸々の意図の体系的調和」(同 153)――第二、第四の適用例――でもある。かかる諸目的の体系的統一を破壊する格率は完全義務に反する。それは積極的に助成されねばならないものであるが、この助成を怠る格率は不完全義務に反する。前者はその格率が矛盾なしには普遍的自然法則として考えられることはできず、まして普遍的自然法則になるべきことを意志することはできない。後者は内的不可能性をば含まないが、しかしそれが普遍的自然法則になることを意志することはできない。「狭い(ゆるがせにできない)義務」と「広い(功績になる)義務」との区別の根拠もここに求められている。

しかし、この場合にも、道徳性成立の根本要件としての、「義務のための義務の遂行」ということが忘れられてはならない。「自然の法則と合致しうるがごとき意図の体系的統一」は「道徳的行為の試金石 test」ではあるが、その「本質 essence」ではない(ペートン、157)。ペートンは言う。「自然法則の助けによって我々は何をなすべきかを決定しうる。しかし、自然法則はそこにおいて我々がそれをなすべき精神については何も我々に教えはしない」(152)。

カントが挙げている、この自然法則の法式の具体的な適用例をここで採り上げる必要はなかろう。そのように、自然法則の法式の成立根拠は自然法則もまた目的論的法則——これは究極的には目的の王国の実現を目指す——であるということに存する。これに基づけば、感性界は同時に悟性界とも見なされうる。自然法則と目的論的法則とのこの相即性に、換言すれば感性界と悟性界との同一世界としての統一性に、『人倫の形而上学の基礎づけ』第三章で、「悟性界に属する純粋な、それ自身で実践的な意志」と「感性的欲望によって触発される私の意志」(IV 454)とのアプリオリな綜合として、言わば超越論的に演繹されている[9]——ただし蓋然的に——定言命法の究極的な成立根拠が存するのではなかろうか。

## 四　目的自体の法式

道徳法則が叡智界の法則であること、そして定言命法が叡智界の純粋意志と感性界の感性的意志とのアプリオリな綜合によって成立するものであることは、右に述べた。ところで、正教授就任論文によれば、世界は質料、形式、総括性の三つのモーメントによって規定される。叡智界の質料は諸実体であり、形式は諸実体相互間のコンメルキウム——小倉志祥先生に御教示を賜ったことであるが、カントは実体の本質を自存性 Subsistenz あるいは持続性 Beharrlichkeit と規定し、独立性 Independenz という伝統的形而上学における規定を斥けて、諸実体相互間に実在的なコンメルキウムを認める——であり、総括性は超越神によるそのコンメルキウムの普遍的・汎通的な統一態であった。今、これを倫理学的に解すれば、その実体は超越論的主体、すなわち、「汝の人格及びあらゆる他人の人格の内なる人間性を常に同時に目的として使用し、決して単に手段としてのみ使用しないように行為せよ」(IV 429)という、目的自体の法式のいう「人格の内なる人間性」である。諸実体相互間のコンメルキウムは自律の法式の「意志の自律」（自由性）において成立する。けだし、これに基づかぬコンメルキウムは単なる偶有的状態《パトス》間のコンメルキウムにすぎないからである。また、それらのコンメルキウムが神によって総括されるところに目的の王国の法式の「目的の王国」が成立する。既に指摘した、定言命法の諸法式と「超越論的弁証論」との対応は、これによって一層明らかであろう。

　ついでに言うと、『実践理性批判』で普遍的法則の法式――ペートンによれば自律の法式――、自然法則の法式以外の法式が法式として積極的には定式化されていないことの理由は、心霊の不死性、神の存在の「純粋実践理性の要請」としての定立と連関している。目的自体の法式や目的の王国の法式の定式化は、『実践理性批判』の場合には、原理的に言って、心霊の不死性、神の存在の定立の後にならざるをえないのである。

　我々は以下、「超越論的弁証論」との対応において定言命法の諸法式について見ていく。道徳法則は「純粋〔実践〕理性の事実」である。『実践理性批判』はその道徳法則をもって自由の「認識根拠」とした。道徳法則を介して超越論的主体――実践的意味で実体と見なされる――の理念が「客観的実在性」をもって実践哲学的に定立されることは、「純粋実践理性の要請」の思想をまたずとも我々には明らかである。我々は、まず、目的自体の法式を考察することから始めよう。

　基本法式は純粋意志の形式を規定した。「意志」とは「或る種の法則の表象に従って自分自身を規定して行為する能力」（IV 427）であるが、「意志にとってそれの自己規定の客観的根拠として役立つところのものは目的である」（ibid.）。目的自体の法式は純粋意志が目的そのものとして追求しうるところの普遍的目的を問題にする。それは善意志、道徳性に外ならない。善意志は潜勢的には凡ての人間の内に存する。人格の尊厳はこれに由来する。「道徳性は、その下でのみ理性的存在者が目的自体でありうる条件である。何となれば、〔彼は〕ただ道徳性を通してのみ目的の王国における立法的成員であることが可能なのだから。それゆえ、道徳性及び道徳性を実現しうるかぎりでの人間性が、それのみが尊厳を持つところのものである」（IV 435）。人格は客観的目的であり、絶対的価値を持つ。だから、「人間、そして一般に凡ての理性的存在者」（IV 428）を単に手段としてのみ用いることはいかなる場合においても許されない。それは常に同時に目的と見なされねばならない。

かくて、理性的存在者は「定言命法の根拠」（ペートン、170）であり、ここに目的自体の法式が成立するのである。しかし、この法式は様々な仕方で導出されている。今、ペートンの呼び名に倣ってそれらを列挙すれば、次のごとくである。㈠「定言命法の本質からの論」。これは右に見た論に外ならない。定言命法の命ずる客観的、絶対的目的は絶対的価値を持たねばならない。かかるものは理性的存在者、人間を措いて他にはない。ここに人間を目的自体として取り扱えという定言命法が導かれる。㈡「理性的行為者の本性からの論」。人間は必然的に己の現存在を目的自体と考えている。そして、凡ての他の理性的存在者も己の現存在を目的自体と考えている。だから、「理性的自然は目的自体として存在する」（IV 429）ということは、単なる主観的原理ではなく、客観的原理であって、目的自体の法式の根拠である。しかし、カントは、注において、それが「私にも妥当するのと正に同一の理性根拠に従う」（ibid.）客観的原理であるということをば、ここでは単に「要請」として掲げているにすぎない、と言っている。『人倫の形而上学の基礎づけ』第三章ではカントは自由を凡ての理性的存在者にその意志の特性として帰している。自由の積極的概念は意志の自律であった。私は私の現存在を正にその意志の自律のゆえに目的自体と見なす。とすれば、凡ての理性的存在者も己の現存在を目的自体と見なす、と言うことができるのである。㈢「善意志の性格からの論」。これはペートンの英訳のいわゆる「論全体の復習」に見られる論である。絶対的善意志の実質から「凡ての実現さるべき目的」――これらは凡て単なる相対的目的にすぎない――を捨象すると、「自立的目的」が残る。それは「可能的絶対的善意志の主体」であって、「凡ての可能的目的の主体そのもの」である。「これは矛盾なしには他のいかなる対象にも劣後させられえない」（IV 437）。㈣「普遍的法則の法式からの論」。「論全体の復習」はそれに続けて言う。目的自体の法式と普遍的法則の法式とは原理的には全く同一である、と。けだし、後者は人間の行為の形式的側面に基づく規定であり、前者は意図的側面に基づく規定なのである。これはまた、定言命法の本質からの論とも見なされうる。けだし、普遍的法則の法式は単に定言命法の本質を述べているものなのだから。

これらの錯綜した論をまとめて、ペートンは次のように結んでいる。「もし道徳性が、いかに見なされようとも、普遍的法則に従う理性的意志による傾向性の制御であるならば、自他の内なる理性的意志を単に傾向性の満足のための（あるいは単に傾向性に奉仕している理性によって設定された諸目的の達成のための）手段としてのみ用いることは不道徳なことでしかない」(178)。

この目的自体の法式に基づけば、完全義務と不完全義務との区別の根拠は次のごとくなる。人格を単に手段としてのみ用いることは完全義務に背く。また、単に手段としてのみ用いはしないが、しかし、同時に目的自体として用いることを怠ることは不完全義務に背く。

この法式の適用例としてカントが挙げているものによれば、目的論的色彩は、目的自体の法式を展開するここにおいては当然のことながら、一層明白である。その一々についてはここで触れる必要はない。ただ、第二例で、理性的存在者を常に同時に目的と見なすということは、すなわち、それが「同一の行為の目的を自分自身のうちにも含みえねばならない理性的存在者としてのみ考えらるべきである」(IV 430) ということを考慮に入れることであるとされていること、また第四例で、「目的自体であるところの主体の諸目的は、かの表象〔＝目的自体としての人間性〕が私においてその作用を発揮すべきであるならば、できるだけ多く私の目的でもなくてはならない」(ibid.) と述べられていることには注目すべきである。後者に基づいてペートンは、他人を目的自体として取り扱うということは「彼らの目的、すなわち彼らの相対的、個人的目的を可能なかぎり〔＝㈠我々の力の能うかぎり、㈡それら諸目的が道徳法則と合致しうるかぎり」我々自身の目的となす」(173)ことである、と言っている。『人倫の形而上学』「徳論の序論」でも、他人の幸福を促進するということは「彼らの(許される)目的を……私の目的となす」(VI 388)ことであるとされている。そして、「他人の幸福」(自然的安寧、道徳的安寧)は、「自己の完全性」(自然的完全性、道徳性の開化)と共に、徳義務を基礎づける「同時に義務であるところの目的」なのである。

カントはこの法式には従属法式を考えていない。ペートンによれば、法式$I_a$は$I$の、$III_a$は$III$の従属法式であるが。人格の尊厳は我々が直接に感得しうるものである。目的自体の法式は直ちに適用されうる。「〔個人における、社会における〕人間の諸々の意図の理想的体系的調和は、前の場合〔すなわち自然法則の法式の場合〕にもまして一層明白に道徳的行為の試金石である」(ペートン、175)。

目的自体の法式は自律の法式と緊密な関係にある。しかし、自律の法式の考察に移る前に、我々はこの法式と誤謬推理論との関連を考えておく。

誤謬推理論でカントは超越論的主体の実体論的把捉を斥け、それをXとしている。カントは、人格は同価物による置換を許さない、それゆえそれは尊厳を持つ、と言っている。人間性(人格性)の尊厳、神聖性は確かに道徳法則の神聖性に基づくものである。しかし、それはまたそれが理論的認識に不可捉な超越論的主体Xであるということにも基づくのではなかろうか。人格が同価物による置換を許さないことの根源もそれに基づくのであるし、また、この超越論的主体Xという概念は、既にこれが叡智的秩序に属するものであることを予感させる。諸他の被造物の働きとは本質的に次元を異にするところに、感性論的には、超越論的主体の尊厳の根源が求められる。

その超越論的主体を誤謬推理論は、それが(直接には論理的意味においてではあるが)絶対的主体であることに注目しながらも、合理的心理学との連関において、実体論的に不死の心霊実体として捉えうるか否かを問題にしていたが、目的自体の法式はそれを道徳性の主体として捉えている。この超越論的主体という無制約者こそが道徳的行為の根源的主体（したがってまた自由の主体）に外ならない。「道徳的人格性」概念はカントによって確立されたものであるが、既にこの目的自体の法式には合理的心理学を超える立場が示されている。叡智界の構成員としての超越論的主体は、不死の心霊実体ではなくて、道徳的実践の主体なのである。

## 五　自律の法式

既に普遍的法則の法式においても、意志が普遍的道徳法則の立法者であることが示されている。すなわち、「汝が……意志しうるところのその格率に従って」という表現において。しかし、そこにおいては意志の自律は積極的には示されていない。自律の法式は次のとおりである。「汝の意志がその格率を通して自分自身を同時に普遍的法則を定立するものと見なしうるように行為せよ」（vgl. IV 434）。

前の法式におけると同様、ここでもカントは、互いにはっきりとは区別されていない様々な仕方でこの法式に到達している。㈠第三の実践的原理としての「普遍的に立法する意志としての各々の理性的存在者の意志という理念」（IV 431）を持ち出した最初においては、カントはこれを第一の「普遍性の形式」の原理と第二の「目的」――これは理性的存在者の純粋意志である――の原理との綜合と見なしている。同様の論は「諸法式の復習」にも見られる。もっとも、そこでは自律の法式は既に目的の王国の法式へと移行しているが。㈡ペートンの英訳のいわゆる「目的の王国の法式」（IV　433f.）の第六段落――四三四ページの第二段落――では、自律の法式は普遍的法則の法式から直接導かれうるとされている。㈢次の段落及び英訳のいわゆる「徳の尊厳」（434-436）では、目的自体の法式から導かれうるとされている。㈣また、「論全体の復習」では、普遍的法則の法式から目的自体の法式へ、目的自体の法式から自律の法式へという推論が考えられている。(五) 定言命法の本質からも導かれうる。

　ところで、ペートンは自律の法式への移行においてなぜ目的自体の法式がかくも重んぜられているのかに注意を促す（181）。その最大の理由は、言うまでもなく、道徳法則が理性的意志に根源を持つということである。このゆえにこそ、理性的存在者は尊厳なる目的自体でもあった。「自律はそれゆえ人間的及び凡ての理性的な自然の尊厳の根拠である」（IV 436）。ところで、『人倫の形而上学』「徳論の序論」には、次のような叙述がある。「確かに私は、他人から、手段として或る目的に向けられた行為を強制されることはできるが、しかし決して目的を持つことを強制されることはできない。私はただ自身で、或ることを私の目的となすことができるのみである」（VI 381）。これによれば、目的自体の定言命法が私自身の自由なる理性的意志に由来することは明白である。自律の法式においては普遍的法則の法式における法則の理念と目的自体の法式における目的自体の理念とのアプリオリな綜合がなされているのである。

　ところで、「あらゆる実質的実践的規則」を「低級欲求能力における意志の規定根拠」として斥け、純粋理性によってのみ考えられうる「意志〔規定〕の全く形式的な法則」（V 22）を定立するカントは、何らかの感性的関心が意志規定の動機 Triebfeder として混入することをば許さない。換言すれば、定言命法はいかなる関心にも基づくものではない。ここに、意志規定の運動根拠 Bewegungsgrund は自律的意志に存するという、意志の自律の理念が成立する。これが定言命法の本質からの論である。カントは言っている。「定言命法の仮言命法との種別的差異の標《しるし》としての、義務に基づく意欲におけるあらゆる関心からの離脱は、この命法そのもののうちに、それが含む何か或る規定を通して同時に示唆されている。そしてこのことは、この、原理の第三の法式においてなされている」（IV 431f.）。もっとも、カントも、「行為の格率の普遍妥当性が意志の十全な規定根拠であるときにのみ、理性がその行為に対して持つ」（IV 460 Anm.）いわゆる道徳的関心、あるいはその「基礎 Grundlage」（IV 460）としての道徳感情をば認めている（「純粋実践理性の動機について」の章を参照）。

ところで、カントのこの自律の法式は、格率から一切の感性的動機を排除しなくてはならないと言っているのではない。このことは、「格率を通して」という規定において明らかである。ただし、カントは、「道徳的行為の形式的側面の分析」（ペートン、183）を目指す『人倫の形而上学の基礎づけ』では、理性的存在者に普遍的に妥当する道徳法則・定言命法しか法式化していない。しかしながら、道徳的行為が形式と共に実質をも持つことは明白である。カント倫理学を形式主義と批難することは当たらない。かくて明らかである。「定言命法は抽象的思惟によってではなく、行為によって適用されなくてはならない」（ibid.）。「特定の道徳法則は善き生を生きることにおいて制定される」（ペートン、184）。

さて、自律の法式も、やはり範型論の思想に倣い、自然の目的論的法則との連関において適用されなくてはならない。自然の目的論的法則が究極的に目指すところのものは目的の王国である。かくて、ペートンは目的の王国の法式を自律の法式の範型と見なす。しかし、カントは、この自律の法式は直接に実際の行為の判定に適用しうる、と述べている（IV 432 Anm.）。ペートンの見解は、カントがこれをもって「道徳性の最上原理」（IV 440）としていることによるものであろう。そして、カントの論述においても、目的の王国の法式は常に自律の法式と結合されているのである。

かくて、我々は、『人倫の形而上学の基礎づけ』に即して自律の法式について明らかにした。その最後に断っておこう。自由の積極的概念である意志の自律は、表現の上から見ると、単に普遍的自己立法のことをのみ指しているかのごとく見えるが、立法能力である意志と遂行能力である選択意志とは同じ実践理性の二側面に外ならず、自律ということは当然、これら両能力の働きを包含している。

次に、我々は、自律の法式について「超越論的弁証論」との連関において簡単に考察しておこう。

誤謬推理論は、直接的には、純粋統覚我を「意識の単なる形式」としてのみ捉え、少なくとも第一版では、その超越性についてはほとんど触れていない。それに対して二律背反論は、なかんずく自由論において、我々に初めて叡智界の展望を開いている。それによって純粋統覚我には叡智的性格が付与される。かくて、超越論的主体の超越性、叡智性が明らかになる。叡智界こそ超越論的主体が存在し、コンメルキウムを営みうる場なのである。叡智的自我は道徳的実践においてのみ確保される。したがって、道徳法則に基づいて行為するときにのみ、叡智的実体としての人格相互間のコンメルキウムが成立しうる。既述のごとく、積極的意味の自由に基づかぬコンメルキウムは単なる偶有的状態（パトス）間のコンメルキウムにすぎない。ところで、私は、『純粋理性批判』の二律背反論を、実践哲学の見地から、誤謬推理論から理想論への高まりの媒介をなすものと見なしている。カントが自律の法式を目的自体の法式との緊密な連関において導出し、また、これを目的の王国の法式と結合しているゆえんも、それとの対応において考えられうるのではなかろうか。

## 六　目的の王国の法式

目的の王国の法式の様々な表現のうちでペートンは次のものを最も優れたものと見なす。「あらゆる格率は自らの立法に基づいて自然の王国としての、諸目的の、可能的な王国に調和すべきである」（IV 436）。――ここには自然の王国の理念が説かれていることに注目していただきたい。先には自然の普遍的法則が自由の普遍的法則の範型とされていた。それに対応して、今や、自然の王国が目的の王国の範型とされるのである。目的の王国のこの法式は「カントの凡ての法式の中で最も包括的なもの」（ペートン、185）である。端的に言えば、この法式には、道徳的行為の形式的、実質的両側面からの規定が綜合されている。それは、既述のごとく、自律の法式の場合も同様である。しかし、三法式説の三法式の、単一性、数多性、総体性の範疇との対応は、第三法式については目的の王国の法式において初めて明白になる。ところで、カントは、厳密な道徳的判定においては普遍的法則の法式に従う方がよい、と言っている。果たして、目的の王国の法式は普遍的法則の法式、あるいは自律の法式に劣るものであろうか。カントがかく言うのは、目的の王国の法式が道徳性の形式の規定のみならず、実質（「目的自体としての、また、同時に彼らの主観的目的を持った人格」（ペートン、186））の規定をも包含しているからである。目的の王国においては、我々の相対的目的も、普遍的道徳法則に矛盾しないかぎり実現される。思想史的に言えば、目的の王国の思想は「神の王国」、「恩寵の王国」の思想に対応する。恩寵の王国においては徳にふさわしい幸福が与えられる。目的の王国は極めて魅力的な世界である。しかし、正にそれゆえに、目的の王国の法式においてはいわゆる「義務のための義務の遂行」ということが見失われがちである。「義務のための義務の遂行」こそが道徳的行為の本質であった。だからこそ、普遍的法則の法式、なかんずく自律の法式がその他の法式に優位する、と言うのである。

しからば、この目的の王国の法式はいかにして導出されるか。目的の王国の様々な法式の凡てにわたり、これが自律の法式と深い連関にあることは疑うべくもない。ペートンは目的の王国の法式を自律の法式の範型と考えた。自律の法式において既に「普遍的に立法する意志としての各々の理性的存在者の意志」という理念が説かれていた。自律の法式も総体性の範疇に対応しているのである。しかも、その「各々の理性的存在者の意志」は普遍的法則を立法するのであるから、それらが国を形成することは明らかである。目的の王国の概念を初めて持ち出す箇所で、カントは言っている。「私は王国を、多種多様な理性的存在者の、共通の法則による体系的結合と解する」（IV 433）。しかも、これが目的の王国であることは、目的自体の法式を考えれば明白である。

ところで、右に引用した「王国」の規定に続けて、カントは次のように言っている。「ところで、法則はその普遍妥当性に従って目的を規定するのであるから、理性的存在者の個人的相違を度外視し、同様に彼らの私的目的の凡ての内容を度外視すると、凡ての目的（目的自体としての理性的存在者、並びに各々の理性的存在者が自分自身に設定するであろう自分の諸目的と）の全体が体系的結合において考えられうる、すなわち、上記の諸原理に従って可能な、目的の王国が考えられうるであろう」（IV 433）。ここにおいては、私が傍点を施した二つの部分が互いに矛盾しはしないであろうか。カントが言っているのは、我々が目的の王国の立法的成員として行為しようとするなら、我々の意志は個人的相違や私的諸目的によって規定されてはならない、その場合にのみ諸目的の完全に調和した体系が成立する、ということなのである。目的の王国においてこそ我々の私的諸目的も最高度に実現されうるのである。

注目すべきは、目的の王国の法式において自然の王国の理念が言及されているということである。「目的の王国はそれゆえ、自然の王国との類比に従ってのみ可能である」（IV 438）ということがカントの目的の王国の思想において看過されてはならない。もちろん、「格率、すなわち自分自身に課した規則に従って」可能な目的の王国と「外的に強制された作用因の法則に従ってのみ」（ibid.）可能な自然の王国とは異なったものである。しかし、カントは言う。「それにもかかわらず、我々は自然全体にも、それが機械と見なされるにもかかわらず、なおもそれがその全体の目的としての理性的存在者に関係を持っているかぎり、この理由に基づいて自然の王国という名を与える」（ibid.）。これは、更に、「目的論的判断力批判」の思想によって補われなくてはならないであろう。カントにとっては、前に見たとおり、自然法則もまた目的論的法則であった。自然の王国の思想は、ニュートンの諸発見のもたらした影響で、カントの時代の人々のなかへ染み込んでいた。そして、「目的の王国の実現」ということに関して言えば、それは自然の王国を踏まえなくては不可能である。ペートンは言っている。「善意志はそれ自体で善であるという彼の主張にもかかわらず、カントは、世界における善意志の効果的表明は単に他人の協力に依存するのみならず、また自然自身の協力にも依存するということを認めていた。このことは、自然が神的意図を表明するものと、したがって神的元首の下における自然の王国と見なされえないかぎり不可能である」(192)。――ペートンによれば、カントが目的の王国に元首の概念を持ち込んだのも、この自然の王国の概念を確保するためであった(188)。『実践理性批判』の「弁証論」によれば、人間の道徳的欲求の最高目的たる最上善と、自然的欲求の最高目的たる幸福とは、根源的最高善としての神によって結合される。『人倫の形而上学の基礎づけ』では自然の王国と目的の王国との、唯一の元首の下における統一(IV 439)については積極的には述べられていないが、目的の王国が相対的目的をも含むかぎり、それも見逃されてはならない。目的の王国においては「理性的存在者の凡ての行為は、あたかも、凡ての私的選択意志を自らの内にあるいは自らの下に把握している最高の意志から発するもののごとく生起する」(B838)。その「最高の意志」は、全能、全知、遍在、至仁の超越神・唯一神でなくてはならない。(＊「目的の王国の実現」は、ペートン、XVIII §8 の標題。)

しかし、目的の王国は「もちろん一箇の理想にすぎない」(IV 433)。「単に可能的であるにすぎない目的の王国」(IV 439) という概念は、そのことの一面を表す。しかし、「理想」という概念は、『純粋理性批判』の理想論において明らかであるように、神学的意味をも持っている。目的の王国の元首という思想もこのこととの連関において考えられるべきである。目的の王国の元首は諸人格相互間の目的・手段の普遍的・汎通的なコンメルキウムの全体を超えたところに位している。理想論によれば、超越論的理想は諸実在性の総体ではなく、それらの包括的根拠なのである。それは既にコンメルキウムの範疇を超えている。コンメルキウムは諸実体の同位関係である(正教授就任論文)。カントは目的の王国を、原理的にはあくまでコンメルキウムの次元で考えている。自律の法式ではそのコンメルキウムの原理ないし場が問題であった。目的の王国の法式ではそのコンメルキウムそのものが問題である。超越神は純粋理性信仰の次元の対象であって、倫理的コンメルキウムの世界をば超越している。かかるものの理論的規定は我々には拒まれている。神の存在の存在論的、宇宙論的、自然神学的の凡ての証明が不可能だったゆえんである。意志の自律を「道徳性の最上原理」、「道徳哲学の唯一の原理」（IV 440）とするカントは、確かに神学的道徳を斥ける。しかし、道徳法則を神の命令と見る考え方はカントのうちにも依然存する。カントは神をもって目的の王国の元首とし、また、神は「神聖な立法者（そして創造者）、善性な統治者（そして維持者）及び公正な審判者」（V 131 Anm., VI 139）であるとする。しかし、超越神の理念、神の王国の理念に対応する目的の王国の法式においても、カントが神の理念を積極的には持ち出さず、神律倫理に陥らなかったのは、一つには意志の自律の思想との連関もあるが、一つには超越神をコンメルキウムの世界を超越したものと考えていることによる。超越神はコンメルキウムの世界の成員ではなく、直接的には（顕在的には）コンメルキウムの世界とかかわりを持つ者ではない。それは信仰の対象ではありえても、道徳哲学の対象ではありえない。超越神はそのコンメルキウムの統一を成立せしめるものとしての理念、要請にすぎない。

## 第三節　自由の範疇表

### 一　自由の範疇表

『実践理性批判』の「純粋実践理性の分析論」は、「純粋実践理性の諸原則について」（以下、原則論と記す）、「純粋実践理性の対象の概念について」（以下、概念論と記す）、「純粋実践理性の諸動機について」（以下、動機論と記す）の三章から成っている。カントが彼のいう「道徳性」をもって「諸行為のあらゆる道徳的価値の本質」であることを強調しているのは、とりわけその動機論においてである。そこでは、尊敬感情という、超感性的起源の感情の構造の分析がなされている。徳義務を対自的義務（「自己自身に対する義務」）と対他的義務（「他人に対する義務」）とに区分して展開し、《カント倫理学の基本的構図》に即して共同態の倫理学を志向するカント倫理学が、結局は道徳性・内面性の倫理学になってしまったのはなぜなのか。それは、一つには、カントが、概念論において善・悪の概念を論ずるに際して、善・悪を道徳法則との対応関係においてしか考えていないことによる。概念論においては、カントは善・悪を《意欲》の述語としてしか考えていないのである。道徳法則は倫理的共同態の理法である。原則論はそのことを強調している。しかし、カントにおいて観念されているかぎりでの道徳法則は、人倫共同態における一切の実質的諸要素を捨象したところに法式化される「形式的」法則でしかない。実在的共同態とアプリオリな道徳法則との間には、そのように、大きなギャップが存する。カントはそれを看過して、ただ行為主体の《意欲》の局面にのみ焦点を合わせて善・悪の概念論を展開する。

しかし、概念論における「善・悪の概念に関する自由の範疇表」にはカント倫理学が本質的に共同態の倫理学であることが表明されている、と私は解釈している。

その「善・悪の概念に関する自由の範疇表」は、次のとおりである（V 66）。

**1**　量の範疇

主観的、格率に従う（個人の意向）

客観的、原理に従う（指図）

アプリオリに客観的でも主観的でもある、自由の原理（法則）。

**2**　質の範疇

なすことの実践的規則（praeceptivae）

なさぬことの実践的規則（prohibitivae）

除外の実践的規則（exceptivae）。

3　関係の範疇

人格性へ〔の関係〕

人格の状態へ〔の関係〕

一つの人格の、他の人格の状態への交互的な〔関係〕。

4　様相の範疇

許されることと許されぬこと

義務と義務に違背すること

完全義務と不完全義務。

この範疇表にごく簡単なコメントを加えた後、カントは言う。「私はここでこの表の説明のためにこれ以上何も付け加えない。なぜなら、この表はそれ自体で十分に理解されうるからである」(67)。カントが言っているのは、自由の範疇表は『純粋理性批判』の純粋悟性概念の表を基にして作成されたものであるゆえ、説明を加える必要はないということであろうが、しかし、自由の範疇表が何を意味するのかは明瞭ではない。L・W・ベックは『カント「実践理性批判」注釈』(Lewis White Beck: *A Commentary on Kant's Critique of Practical Reason*)でこの表の説明だけに十ページを割き、「自由の範疇表の検討はためらいながら提示されたものである。それは答えよりも問いの方をより多く含んでおり、決定よりも推測の方をより多く含んでいる」(153)と書いている。私は、範疇表の各綱目において第三番目の範疇は第一、第二番目の範疇の綜合であるという『純粋理性批判』の主張をそのまま自由の範疇表の解釈に活用しようという考えを前々から抱いていた。その点で私の解釈はベックの解釈と見解を異にする。しかし、範疇表の各綱目における範疇相互の体系的連関が『実践理性批判』の範疇表でだけ欠如しているとは考え難い。その体系的連関は自由の範疇表においても量、関係の綱目に関しては容易に認められる。なぜなら、量の範疇においては、「客観的でも主観的でもある」第三番目の範疇が、「主観的」である第一番目の範疇と「客観的」である第二番目の範疇との綜合であることは明白であるし、関係の範疇においては、超越論的主体としての人格性へ、その超越論的主体の営為が影響を及ぼす自他の〔特に他我の〕人格の状態へ、人格性と人格の状態との綜合としての人格の交互作用という三範疇は、『純粋理性批判』の範疇表で交互性の範疇が実体性の範疇と原因性の範疇との綜合であるのに全く対応した体系的連関を成しているからである。私は、あるいは無理な試みであるかもしれないが、質、様相の範疇においても、第三番目の範疇に第一、第二番目の範疇の綜合、統一を認めようと思う。

さて、自由の範疇表は倫理学に対してどのように役立つか。カントは言っている。「かかる、原理に従って作成された区分は、凡ての学問にとり、その徹底性のためにも理解し易さのためにも非常に役に立つ。だから我々は、例えば上の表とその最初の番号とから直ちに、我々は実践的考慮において何から始めなくてはならないかを知る。……」(67)　しかし、この主旨は明瞭ではないので、解明を要する。

## 二　原因性の範疇の諸様態

自由の範疇表について分析する前に、この表の前後の論述に注釈を加えておく必要があるかと思う。「さて、アプリオリな意志規定の帰結としての善・悪の概念は、また、純粋な実践的原理を、したがって純粋理性の原因性を前提するがゆえに、それらは根源的には、純粋悟性概念あるいは理論的に使用された理性の範疇のごとく、(例えば、所与の直観の多様なものの、一つの意識における綜合的統一の規定として) 客体に関係するのではなくて、客体をばむしろ所与のものとして前提する。否、善・悪の概念は、原因性の規定根拠が、自由の法則として理性が自分自身に与え、それにより自らをアプリオリに、実践的であるとして証示する、原因性の法則の理性表象のうちに存するかぎり、ことごとく唯一の範疇の、すなわち原因性の範疇の諸様態 modi einer einzigen Kategorie, nämlich der der Kausalität である。それにもかかわらず、行為は、一方ではなるほど、いかなる自然法則でもなくて、自由の法則であるところの法則の下に、したがって叡智的存在者の行動に属するが、他方ではそれにもかかわらず、また感性界における出来事として現象に属するのであるから、実践理性の規定はただ現象に関してのみ行われうるであろう。したがって、なるほど悟性の諸範疇に従って行われうるであろうが、それは、（感性的）直観の多様なものをアプリオリな意識の下へもたらすために、悟性の理論的使用の意図においてではなくて、ただ欲求の多様なものを、道徳法則において命令している実践理性の、あるいはアプリオリな純粋意志の統一の下へ服従させるためにである」(65)。

カントによれば、自由は、理性的存在者の意志という原因性の特性 Eigenschaft である (IV 446)。意志の自由を前提にして、我々は善・悪の評価を下す。善・悪の概念は原因性の範疇の諸様態である、ということは自明である。ベックの用語を用いれば、善・悪は、意志の作用 an act of will、意志の或る在り方 a certain setting of the will に関する述語である。だから、「善・悪の概念は、根源的には客体には関係しない」のである。しかし、意志は必ず何か或る目的を志向しているはずである。「欲求の多様なもの」、そしてそれらを達成する手段としての客体的なものないし客体的諸条件、そういうものとの関係を持たない意志規定はありえない。そこでは客体は既に所与のものとして前提されているわけである。かくて、「実践理性の規定も悟性の範疇に従って行われる」わけである。カントが自由の範疇表を純粋悟性の範疇表を基にして作成したゆえんである。

ここで問題なのは、果たしてベックの言うごとく、「実践的可能性は理論的可能性を前提とする presuppose」(137) と断言できるかどうかである。ベックは続けて言う。「それゆえ、実践理性のいかなる原理も、事物の自然的可能性の諸条件と衝突することはありえない。というのは、実践理性の諸客体は、一般に自然的経験の可能的諸客体でなくてはならないのだから。」『実践理性批判』の「分析論」の第二章の冒頭で行為の道徳的可能性 die moralische Möglichkeit と物理的可能性 die physische Möglichkeit とを区別し、「純粋理性の形式的実践的原理」〈41〉の倫理学においては前者が「先行しなくてはならない」と説く箇所では、前者について次のように説明されていた。「何か或る事柄が純粋実践理性の対象であるか否かを判定することは、ただ、我々がそのための能力を持っているとすれば（それについては経験が判断せねばならない）、それにより或る客体が実現されるであろうところの行為を意欲することとの可能性、不可能性を区別することであるにすぎない」（V 57）。しかし、実現すべき事柄を実現する物理的可能性を欠くということで苦悩しているのが、我々の実践の実状ではあるまいか。そういう意味での限界状況の意識は、カントの倫理学には欠けている。行為の道徳的可能性を問う場合には、我我は常に、《自分を取り囲む因果連関に即して》、理性法則に照らして、いかに行為すべきかを問うべきである。そうすれば、「実践的可能性は理論的〔物理的〕可能性を前提とする」と言うこともできるし、「汝なすべきであるがゆえに、なし能う」と言うこともできる。

「善をば人は欲求能力の必然的対象、悪をば嫌忌能力の必然的対象と解する。両者とも理性の原理に従っている」（V 58）。ベックの論述を引用しよう。「私はいかなる客体をも、それが欲求能力に対する必然的関係のうちに立っていないかぎり、『善なるもの』とは命名しない。私は快適なものを善なるものと同一視しない。なぜなら、快適な事物はこの必然的関連を持たないからである。私の欲求は多様であり、衝突し合っている。……しかし、もし私が何か或ることを『善』と呼ぶことができるならば、私はそれが理性的人間によって必然的に欲求せられるであろう客体であるということを意味する。……したがって、『私は理性的に欲求する』は〔超越論的統覚〕『私は考える』と同様である。……『私はXを欲求する』という陳述は事実の陳述である。……しかし、『私はXを理性的に欲求する』……は『Xは善である』を意味する。……『Xは善である』という判断は客観的に妥当すると信じられた理性的評価であり、Xの感覚的評価、すなわち『Xは快適であろう』あるいは『Xは面白いであろう』から区別される。……欲求の多様は理性により実践的な諸原理あるいは諸規則に従って綜合される。そして、それらの共通の焦点は、『善』と呼ばれる客体である」(138f.)。

「欲求の多様なものを実践理性の、あるいはアプリオリな純粋意志の統一の下へ服従させる」ということの説明は、ベックのこの論述に尽くされている。我々の欲求は多様である。それらが一つの実践的意図に統一されるためには、理性が必要である。理性は、純粋実践理性としては、更に、欲求の多様なものにアプリオリな理性統一を与えようとする。その原理が、それ自体は実質を持たない「理性の原理」すなわち道徳法則なのである。その理性統一は、少なくとも理念的には、必然的統一である、とカントは考える。だから、善は欲求能力の必然的対象である、と考えられるわけである。欲求の多様なものの統一——ただし偶然的統一——は、自己幸福の原理に基づいてもなされうる。いわゆる根本悪における心情の顚倒状態である。それが純粋実践理性の必然的な嫌忌の対象であることは言をまたない。

以上で明らかなように、カントにおいては善・悪の評価の基本原理はあくまで道徳法則であり、自由の諸範疇はそれ自体としては道徳的評価の機能を帯びていない。自由の諸範疇は、あくまで、「欲求の多様なものを実践理性の、あるいはアプリオリな純粋意志の統一の下へ服従させる」ための諸範疇なのである。

「これら自由の諸範疇——我々はこれらを自然の諸範疇としてのかの理論的諸概念の代わりにこう命名したいのであるが——は理論的範疇に対して明白な利点を有する。その利点とは、理論的諸範疇は、ただ無規定的に、我々にとって可能なあらゆる直観に対する客観一般を普遍的概念によって表示する思考形式であるにすぎないのに、自由の諸範疇はこれに反して、それらは自由なる選択意志の規定 die Bestimmung einer freien Willkür

にかかわるがゆえに（自由なる選択意志には、なるほどいかなる直観も完全に対応的には与えられえないが、それは根底にアプリオリな純粋実践的法則を持っている。かかることは我々の認識能力の理論的使用のいかなる概念の場合にも起こらぬことである）、実践的諸基本概念として、理性自身のうちに存するのではなくて、よそから、すなわち感性から取って来られねばならない直観の形式（空間と時間）の代わりに、理性の、したがって思惟能力自身のうちなる純粋意志の形式を所与のものとして根底に持っている、ということである。かくて、以下のごとくなる。純粋実践理性の凡ての指定においてはただ意志規定のみが問題であり、意志の意図の遂行の（実践的能力の）自然的諸条件は問題ではないがゆえに、アプリオリな実践的諸概念は自由の最上原理と関係して直ちに認識となり、意味を与えられるために直観をまつ必要はない。しかも、アプリオリな実践的諸概念はそれらが関係するものの現実性（意志の心情 die Willensgesinnung）を自ら生み出す——これは理論的諸概念の事柄では全然ない——という注目すべき理由に基づいてである。ただ、我々は次のことによく注意しなければならない。これらの範疇はただ実践理性一般にのみ関係し、だからそれらの序列において道徳的にはまだ無規定の、感性的に条件づけられている諸範疇から、感性的には無規定で、全く道徳法則によって規定されている諸範疇へと進む」（V 65f.）。

自由の範疇の自然の範疇に対する利点は、前者が客体（行為の物理的可能性）には関係しないで、「〔ただ〕自由なる選択意志を規定すること〔にのみ〕かかわる」という点に由来する。「自由なる選択意志」それ自体は、選択の自由を有するものとして、自然法則を超越しており、その意味で叡智的なものである。だから、「自由なる選択意志にはいかなる直観も完全に対応的には与えられえない」のである。感性的直観によって規定可能であるとするならば、選択意志 Willkür は、動物的選択意志 arbitrium brutum となってしまい、自由なる選択意志 arbitrium liberum ではなくなってしまう。しかし、我々の欲求の多様なものは経験的に与えられ、我々の意志規定は、言わば欲求の多様なものに触発されてなされるのである。「実践理性一般」であるところの「自由なる選択意志」が意欲《ヴォレン》の道徳的可能性、不可能性の判断を下すためには、ともかく欲求の多様なものについて吟味がなされなくてはならない。だからこそ、純粋実践的判断力に関しても範型論が展開されたのである。カントが言おうとしているのは、自由の範疇そのものが、ベックの用語を借りれば、「実践理性の規則」として、欲求の多様なものに範疇的統一を与える機能を有している、ということである。その「実践理性の規則」は、しかしそれ自体ではあくまでも範疇であるにとどまるゆえ、それ自体だけでは倫理的評価の機能を有していない。しかし、それを与えるものがある。それは「純粋意志の形式」としての「アプリオリな純粋実践的法則」である。道徳法則との関連において自由の諸範疇は倫理的評価の機能を帯びる。私は、自由の範疇表の各綱目において、第一番目の範疇を主観性の範疇、第二番目の範疇を客観性ないし適法性の範疇、第三番目の範疇を道徳性の範疇と解することができると思う。

自由の範疇表を掲げた後に、カントは次のように続ける。「人はここですぐ、以下のことを認める。この表においては自由は、経験的な諸規定根拠には服従していないが、一種の原因性として、それによって可能な諸行為に関しては感性界における諸現象として考察され、したがって感性界の自然的可能性の諸範疇に関係するが、それにもかかわらず、あらゆる範疇が非常に一般的に解されるから、かの原因性の規定根拠は感性界の外に叡智的存在者の特性としての自由においても想定されうる。そして、ついには様相の諸範疇が実践的諸原理一般から倫理 Sittlichkeit の諸原理への移行を、ただ蓋然的にではあるが、始める。倫理の諸原理は後に道徳法則によって初めて定説的に叙述されうる」(67)。

ベックは、範疇表の各綱目で「道徳的にはまだ無規定の、感性的に条件づけられている諸範疇から、感性的には無規定で、全く道徳法則によって規定されている諸範疇へ」の進行が起こるという叙述と「様相の諸範疇が実践的諸原理一般から倫理の諸原理への移行を始める」という叙述との矛盾に注意を払い、『純粋理性批判』の「様相の原則」の第二原則すなわち「経験の実質的諸条件、換言すれば感覚と結合しているものは現実的である」という命題との対比において、以下のごとく説いている。自由の範疇に実在的意味を付与する、実践理性にとっての「この、実質的条件のアナロゴン」は「或る現実的な、『経験の実質的諸条件』」（ただし、これは「『純粋理性の唯一の事実』、道徳法則の直接的意識によって提示される」ものである）でなければならないとし、この「実質的条件のアナロゴン」すなわち「道徳法則の直接的意識」との連関において、範疇表の各綱目における「論理的展開としての移行」は「現実的移行」になる。換言すれば、各綱目における「論理的区別」は「現実的区別」になる。「現実の移行は、しかし、表によって、あるいは表のうちでなされるのではなくて、我々が様相の諸範疇によって、凡ての範疇を実践的経験の『実質的条件』に結び付けるであろう『純粋理性の事実』へと差し向けられることによってなされるのである。」（以上 152f.）なお、カントからの引用文中に「ただ蓋然的にではあるが」とあり、また「倫理の諸原理は後に道徳法則によって初めて定説的に叙述されうる」とあるのは、ベックによれば、『実践理性批判』の「執筆の途中の或る時期においては」道徳法則の演繹論よりも善・悪の概念論の章の方を先に配列した構想がなされていたことを証示する、という（126fn.）。

「私はここでこの表の説明のためにこれ以上何も付け加えない。〔前出部分省略〕我々は、例えば上の表と〔範疇表の綱目を表す〕その最初の番号とから直ちに、我々は実践的考慮において何から始めなくてはならないかを知る。すなわち、各人が彼の傾向性に基づいて立てる格率から、理性的存在者という類に対して彼らが或る傾向性において一致するかぎり妥当する指定から、そして最後に、凡ての理性的存在者に対して彼らの傾向性を顧慮せずに妥当する法則から、等々。このようにして我々は、我々がなさねばならないことの全プランを、答えらるべき実践哲学のあらゆる問いをすら、そして同時に、遵守さるべき秩序を概観する」（67）。

自由の範疇表の『純粋理性批判』の範疇表に対する対応関係を理解することは、さして困難ではない。自由の範疇表は、我々が欲求の多様なものを様々な次元で綜合し統一づけることのできる範疇（むしろ規則）を示す。ただ、カントの書き方では、例えば道徳的意欲は凡て第三番目の範疇によって規定されねばならないということになり、量、質、関係、様相というそれぞれ独立の視点から独立に範疇を当てはめて意欲なり行為なりを評価することはできなくなってしまう。我々は、範疇表の各綱目の第一番目、第二番目、第三番目の範疇のそれぞれの表を作り、主観性の範疇表、客観性ないし適法性の範疇表、道徳性の範疇表というものを考えるべきことになる。自由の範疇表が実践哲学の全プラン等々を与えるというのは、そのことを意味する、と私は解する。

## 三　範疇表の各綱目

### (一)　量の範疇

ベックは、カントが自由の範疇表で「判断と概念とを明確に区別していない」ことを指摘し、「善の原理ないし規則をその範疇ないし概念から区別し」(145)、各範疇について《規則》と《概念》とを分けて考えている。既述のごとく、自由の諸範疇には、実践的判断の諸規則という意味合いが濃い。ベックの見解は優れている。量の範疇に関してベックは（以下、引用ページは当該の見出しを参照）「カントは誤って格率と原理を対比させている」と述べているが、第三番目の範疇で客観的原理と主観的原理すなわち格率とが綜合されるのであるから、カントは誤ってはいないのである。第三番目の範疇に「自由のアプリオリな主観的原理」とあるが、これは、純粋意志の立場で考えれば、アプリオリな道徳法則はまた意志規定の主観的原理でもある、ということを意味する。また、ベックは言う。「どんな種類の善についてカントは語っているのか？　恐らく初めの二つは安寧・息災 das Wohl であり、第三番目は善 das Gute である。しかし、これは量的相違ではない。」だから彼は、むしろ「全体性の判断の下で、種々な理性的存在者の有機的統一としての目的の国の概念によって」第三番目の範疇が編み出されるべきであると考えている。しかし目的の王国は、この範疇表に則するかぎり、関係の範疇に則して考えられるべきである。第二番目の範疇の客観性は、第三番目の範疇においてアプリオリな真の普遍性にまで高められている。これはやはり量的展開である。それに、第一、第二番目の範疇に対応する善を das Wohl と、第三番目の範疇に対応する善を das Gute と考えるより、既述のごとく第一番目の範疇は主観性（したがって傾向性）に、第二番目の範疇は社会的性向 Geselligkeit に、第三番目の範疇は純粋意志に対応するものであると考えた方が、筋が通ると思われる。「客観的、原理に従う（指定）」という第二番目の範疇が意味するのは、例えば、共同体の掟に従うというようなことであり、それを直ちに das Wohl に結び付けることは難しい。

## (二)　質の範疇

『人倫の形而上学の基礎づけ』に「……利巧の命法は理性の命令（praecepta）としてよりもむしろ理性の勧告（consilia）と見なされるべきである」（IV 418）とある。》praecepta《、》consilia《は、元々は、完全義務、不完全義務を意味するキリスト教の用語である。しかし、カントが自由の範疇表で「なすことの実践的規則（praeceptivae）」というとき、そこでは利巧の命法が考えられていると見なされるべきである。禁止の規則、除外の規則と命令の規則とが対比させられているわけであって、praecepta と consilia の対比がなされているわけではない。S・フロイトの用語を借りて言えば、傾向性（S・フロイト場合には Libido であるが）は、快楽原理に従って、快楽ないし自己幸福を実現するための行動に向かう。それがこの第一番目の範疇の意味である。第二番目の範疇は、S・フロイトのいう現実原理に対応する。共同体の成員として承認されうるために、自我は傾向性の欲動――S・フロイトで言えば、《エディプス＝コンプレックス》――に抑圧を加えることを学ぶ。第三番目の「除外の実践的規則（exceptivae）」という範疇は、意志規定の、道徳的に許される原則と許されない原則とを道徳法則に照らして判別し、後者を意志の規定根拠から排除することを意味する。

ベックの解釈は全く趣きを異にする。ベックの論述を引用しよう。「除外の諸規則は、それらが或る行為を先のいずれかの規則の視界から排除するという点において、理論における無限判断に対応する。それらは形式的には肯定的であるが、それらの理論的法式化においては否定的述語を持つ。それらの実践的形式においては、我々はそれらを、肯定の要素と否定の要素の両方を含む》but-rules《すなわち、『そのようになせ。しかし……』として考える方がよいであろう。……かかる除外の諸規則は不完全義務の諸命令のうちに表れている。……ここで、質の諸下属範疇 subcategories のどれも特別に道徳的であるとは思われない、ということが注意されるべきである。利巧や練達においてさえも、これら三種の判断を区別することが必要である。」第三番目の範疇についての説明も注目に値するし、表そのものの解釈としては、ベックの方が素直である。ただ、自由の範疇表の各綱目の配列が「道徳的にはまだ無規定の諸範疇から全く道徳法則によって規定されている諸範疇へと進む」というカントの論述を素直に活かして、私は、質、関係の範疇に関しては、あるいは強引とも思われる解釈を下すのである。

㈢　関係の範疇

私は最初、「人格性へ」、「人格の状態へ」を《道徳的人格性へ》、《快・不快という人格の状態へ》の意味に解した。そして第三番目の範疇には「一つの人格から他の人格の状態へ」とあるので、なるほどこの範疇では目的の王国の理念が念頭に置かれているが、この範疇において考えられている人格の交互作用は実在的 real な交互作用ではなく、共感的 sympathetisch な交互作用であり、それゆえ、真に倫理学的意味を帯びているのは第一番目の人格性の範疇であると解した。ベックの解釈も大体その線に沿っている。さらに、ペートンは「(a) 自律の命法の下での叡智人（人格性）に対する関係、(b) 目的自体の命法の下での現象人（人格）に対する関係、(c) 目的の王国における異なった諸人格の諸行為の関係」という解釈を示しているという（ベック、上掲書 148fn.）。しかしかかる解釈では、範疇表の各綱目の配列が「道徳的にはまだ無規定の、感性的に条件づけられている諸範疇から、感性的には無規定で、全く道徳法則によって規定されている諸範疇へと進む」という論述との間に食い違いが出て来る。『実践理性批判』で「人格性」という言葉が用いられているのは特に「純粋実践理性の動機について」の章である。それはそこでは「道徳的人格性」の意味で用いられている。しかし和辻哲郎博士らが指摘されたごとく、カントには純粋統覚我によって基礎づけられる「超越論的人格性」という人格性概念がある。ここでは第一番目の範疇はその超越論的人格性への関係を表す。超越論的人格性は、それ自体としては、道徳的に無規定な自己意識の立場であり、エゴイズムの原理に支配されることにもなる。否、それは、むしろ一次的には傾向性や感性的衝動によって規定される、と言った方がよいであろう。

ベックの解釈で注目すべきは、第二番目の範疇の「状態」という言葉の理解である。カントの用語では「『状態』という言葉は道徳的状態 moral condition、自然的状態 physical condition、安寧・息災の状態とその反対 the state of well-being and its opposite に関係することができる」、とベックは言う。詳しく言えば、次のごとくなる。「a）道徳的規則は抽象的実在としての人格性から生ずるのではなくて、特殊な道徳的状態における人格から、それの評価のためには自己認識を必要とする『心』の状態から生ずる。b）我々の完全義務の諸義務 our duties of perfect obligation は凡ての人に対して同一であるが、それらの適用の様態は人々の状態、例えば彼らの年齢、性別、社会的地位、健康等々に従って異なる。c）『状態』はただ幸・不幸の状態 the state of happiness or unhappiness を意味することもできる。以下が第二番目の範疇の許されうる解釈である。2a）行為は或る道徳的状態における人格から生ずるものとして判断されるという規則。性格の特別の善さ、例えば勇気、大度等等から派生するものとしての行為の善さ。b）行為によって影響を与えられる人々の状態を考慮に入れることの規則。行為の受動者に適合するものとしての善。c）諸行為は人格の幸福 the welfare に対するそれらの諸結果によって判断されるという規則。利巧としての善。」第三番目の範疇もこれとの対応において三通りの意味に解釈されうるが、「〔第二、第三番目の範疇のいずれについても〕可能的意味の第三番目が恐らく最も適切である」。2bと2cの相違は、前者においては行為の影響を受ける以前の「自然的状態」が問題であるのに対し、後者においては行為の影響を受けた結果としての「幸・不幸の状態」が問題であるという点に存する。両者は相互に密接な関係にある。

第二、第三番目の範疇に関するかぎり、私の見解はベックと同様である。第二番目の範疇は社会的正義の通念に対応し、第三番目の範疇は目的の王国の理念に対応する。第三番目の範疇に「一つの人格から他の人格の状態へ」とあるのは、カントが人格相互間の主体的交わりを否定するからではなくて、「自己の完全性」の促進、「他人の幸福」の促進という徳義務 Tugendpflicht の内実に対応させて理解されるべきである。目的の王国の理念は、共同善としての「世界福祉」という最高善の理念と結び付いている。

### (四)　様相の範疇

ベックは言う。「理論的認識における様相の諸範疇は『思惟一般に関するコプラの価値にのみ関係し』、『判断の内容には何物をも付け加えない』。それから類推して、我々は、実践的諸判断の様相は我々に、それに諸判断が関係づけられる善が何であるかについては何も告げず、それらのコプラ、the 》ought《 に、したがってそれに対応する善に帰せられるべき実践的ウェイトのみを我々に告げる、と言うことができる。概念の様相は我々に、問題になっている事柄が可能的に善であるか、現実的に善であるか、あるいは必然的に善であるかを告げる。その際、『善』は前もって他の諸範疇の下で定義されている。様相の諸範疇に関連した判断は、蓋然的、実然的、確然的命法であるであろう。」そしてベックは、カントが「様相の諸概念へのこの明らかに簡単な手順に従っていない」ことを指摘する。その手順に従えば、》bonitas problematica, pragmatica, and moralis 蓋然的、実用的、道徳的善《という善の概念が得られる。

様相の範疇について理解するためには、『実践理性批判』「序言」の、様相の範疇に関する注を見ておく必要がある。「実践理性の範疇表で様相の標題において、許されることと許されぬこと（実践的・客観的に可能なことと不可能なこと）は、普通の用語法では、次に続く義務と義務に反することという範疇とほとんど同一の意味を持つ。ここではしかし、前者は単に可能的な実践的指定と一致する事柄、あるいは矛盾する事柄を意味するが（例えば幾何学や力学の凡ての問題の解決がそうであるごとく）、後者は理性一般のうちに現実的に存する法則への一致あるいは矛盾の関係に立っている事柄を意味するのである。意味のこの相違は、普通の用語法にとっても、やや特例的ではあるが、全く知られていないことではない。だから、例えば演説家その人には新しい語や語の組み合わせを作り出すことは許されていないが、詩人にはそれが或る程度許されている。両者のいずれにおいても、ここでは義務には思いが致されない。……ここではただ、蓋然的、実然的、確然的な規定根拠の下での諸命法の相違が問題である」（11 Anm.）。

ベックの解釈によれば、「許されること、許されないこと」は、「或る任意な意図を仮定した場合に」「或る行為」が許されるか否かを意味する。私もこの解釈に賛成である。つまり、「許される」、「許されない」に道徳的意味を考えてはいけないのである。また、上の引用文で明らかなごとく、「義務と義務に反すること」は、「理性一般のうちに現実的に存する法則」に照らし合わせて言われている。「現存在、非存在」という『純粋理性批判』の範疇との対応で考えれば、ベックの言うように、》duty and not-duty 義務と義務でないこと《という》contradictories 矛盾対当関係《を考えた方が、「義務と義務に反すること」という》contraries 反対対当関係《を考えるよりもよかったであろう。さて、この「理性一般のうちに現実的に存する法則」をば、共同体（共同態）のエートス、実定法のごときものと解してよいと思う。第一番目の範疇は傾向性に基づく「任意な意図を仮定した場合に」という点で蓋然的であったが、この場合には客観的な——比較的な意味で——原理が与えられているのである。

第三番目の範疇について、ベックはこう書いている。「先には、第三番目の範疇は初めの二つの範疇のほとんどヘーゲル的綜合と言ってよいものであったが、ここでは第三番目の範疇は第二番目の範疇の論理的区分から生ずる。現実的である何ものについても、我々は、それが必然的に現実的であるか、あるいは偶然的に現実的であるかである、と言うことができる。現実的義務について、カントは——非常に薄弱な類推により——、それは完全義務の、あるいは不完全義務の義務 a duty of perfect or of imperfect obligation である、と言う。……」ベックの論の主旨も解らないではないが、不完全義務をもって「偶然的に現実的な」義務というのは了得できない。不完全義務も純粋意志にとっては「必然的に現実的な」義務である。完全義務と不完全義務との相違は、ベック自身が十分に承知しているように、完全義務が《行為》を命ずるのに対して、不完全義務が行為の《格率》を命ずる、という点にある。なお、ベックは不完全義務における「或る格率の下での行為の選択の許されうる幅 latitude」を「一つの規則の遵守が他の規則と矛盾することを防ぐために、除外の規則が当てはまることができる」ことと解しているが、それは、次の引用文に言う、「義務の一つの格率を他の格率によって制限する」という意味でなら、すなわち一つの格率に或る制限を加える、という意味でなら理解できるが、既述のごとく、「除外の規則」の解釈においては私はベックと見解を異にする。「もし法則がただ行為の格率を命令することができるだけで、行為そのものを命令することができないならば、これは法則が〔その〕遵守に対して自由選択のための或る幅 latitude を空けておくということの標《しるし》である。……広義の義務〔不完全義務〕の下では行為を格率から除外することの許しはなく、ただ義務の一つの格率を他の格率によって制限することの許しがあるだけである。……」(VI 390) なるほどベックの言うように、カントの叙述に従えば「道徳的義務は常に不完全義務であり、法義務は完全義務である」が、しかし、ここでは、『人倫の形而上学の基礎づけ』における義務の区分の実例を念頭に置けば明らかなごとく、倫理的義務を完全義務と不完全義務とに区分していると考えるべきである。

# 第四節　良心論

## 一　内的裁判官としての良心

《良心 das Gewissen》とは、我々の責めの意識である。人生には成功もあり、失敗もある。その時々に、我々は喜び、悲しみを感ずる。しかし、『実践理性批判』の或る注にこうある。「ただ少し沈思するだけで、人は常に、彼が何かによって人類に関して自ら負っている罪(それは、人が公民的体制における人間の不平等によって利益を享受し、そのために他の人々がその分だけ不自由せねばならないという罪であってもよい)を見出すであろう」(V 155)。例えば、或る人が、競争率の高い就職試験に合格したとすれば、そのために誰かが不合格になったはずである。それを独り善がりに喜ぶことすら、カントにとっては罪悪である。あるいは、『人倫の形而上学』(*Die Metaphysik der Sitten*, 1797) にこうある。「人間には、彼がいつか彼の道徳的意図の純粋さと彼の心情の無垢とをたった一つの行為においてだけですら確信しうるほど、彼自身の心胸 Herz の深みを洞見することは可能でない。たとえ彼が行為の適法性については全く疑っていないにしても」(VI 392)。『人倫の形而上学の基礎づけ』にも、『単なる理性の限界内の宗教』（*Die Religion innerhalb der Grenzen der bloßen Vernunft*, 1793. 以下『宗教哲学』と記す）にも、同様の主旨の論述がある（IV 407, VI 51）。

ここでは、『人倫の形而上学の基礎づけ』から、我々の論旨に関連する箇所を引用しておく。「……最も鋭い自己審査（自己検査）die schärfste Selbstprüfung においても、我々が、我々を動かしてあれこれの善き行為、そして非常に大きい〔自己〕犠牲をなさせるためには、義務という道徳的根拠以外には十分に力のありえたような何ものをも全く見出さないという場合が、なるほど時としてはある。……しかし実際には、最も真剣な審査（検査）die angestrengteste Prüfung によってさえ、内密の諸動機の背後へは決して完全には至ることはできない。道徳的価値が問題である場合には、目に見える諸行為ではなくて、目に見えない、かの、諸行為の内的諸原理が肝要であるのだから」（IV 407）。ここには、道徳法則・定言命法を規準にする徹底した《心情倫理》の倫理観が述べられている。[10] また、ここに用いられている「最も鋭い自己審査（自己検査）」、「最も真剣な〔自己〕審査（検査）」という言葉には、マックス・ヴェーバー（Max Weber, 1864-1920）が『プロテスタンティズムの倫理と資本主義の精神』（一九〇四―〇五年）において注目している、カルヴィニズムの倫理が反映している、と解することもできよう。同論文で、ヴェーバーは、例えば、次のごとく叙述している。「それゆえカルヴィニストは……彼の救い Seligkeit――正確には『救いの確信』と言われねばならないであろうが――を自ら《創造する schaffen》のであり、しかもこの創造は……いつでも『〔永生の幸福に〕選ばれているのかそれとも永劫の罰を受けているのか？』という二者択一の前に立つ体系的自己検査 systematische Selbstkontrolle においてなのである……」[11]『厳密な』ピューリタンのキリスト教徒が彼の恩寵の状態を絶え間なく検査したごとき仕方《アールト》……」[12]「カルヴィニズムの不気味な教えが含んでいたごとき、恒常的な自己検査への、そしてそれと共に一般に自己の生活の計画的規制への、かの起動力……」[13]――我々は、徹底的な「自己審査（自己検査）」という厳しい倫理的態度が、カント倫理学の背後にあるエートスの根幹を成しているということに、注目しなくてはならない。

そして、我々は、我々の行為を、マックス・ヴェーバーの描くカトリックの平信徒の日常倫理におけるように「個々の行為の具体的志向 intentio」[14]に即して審査するのではなく、「体系的自己検査」によって審査しようとするカルヴィニズムの倫理とカントの格率倫理学との間に顕著な類似性が認められることにも、注目しなくてはならない。

カントによれば、人間は責めを免れえない存在者である。カントは言う。「あらゆる人間は、倫理的存在者として、良心を根源的に自らの内に持っている」（VI 400）。《良心》を《超自我 das Über-Ich》として捉えてその形成を自らが構築した精神分析理論によって解明したのは、S・フロイトであった。カントのいう《良心》が「生得的」、「根源的、知性的」な道徳的素質（437f.）であるのに対し、フロイトのいう《超自我》はエディプス・コンプレックスの克服を通して形成される、経験的なものである。S・フロイトは言う。「この新しい心的審級 **psychische Instanz** は外界の人々が演じていた機能を継承する。その心的審級は自我を観察し、自我に命令を下し、自我を裁き、そして刑罰をもって自我を脅迫する。全く両親と同じように。両親が占めていた地位を、今やその心的審級が占めることになったのである。我々はこの審級を超自我と名付け、それをその裁判官的諸機能において我々の良心と感ずる。……」[15] カントは良心を「内的裁判官」（VI 401, 438f.）、「人間の内なる内的法廷の意識」（438）と捉えた。S・フロイトの超自我の概念には、明らかにカントの良心の概念を継承している側面がある。《超自我》は、その道徳的機能に限定して見れば、《良心》に相当するものである。S・フロイトにおいては、罪責感は、「超自我の不安」、「良心の不安」として問題にされる。精神分析理論によれば、超自我はリビドーの発現を抑圧し、リビドー体制の健全な発達を阻止し、そういった意味で病理的な機能を営むものである。倫理学における良心論も、精神分析理論におけるそのような超自我論を無視すべきでない、と私は思う。

## 二　『人倫の形而上学』における良心論

法義務と徳義務の区分は、「外的自由の義務」と「内的自由の義務」の区分に対応する（VI 406）。前者に対しては「外的立法が可能である」が、後者に対しては「外的立法は可能でない」（239）。けだし、後者は、「同時に義務であるところの目的（あるいはそれを持つことが同時に義務であるところの目的）にかかわる」からである（ibid.）。換言すれば、前者に対しては「外的強制が道徳的に可能的である」が、後者は「ただ自由な自己強制のみに基づく」（383）。「汝の選択意志（意思）の自由な使用が凡ての人の自由と普遍的法則に従って共に存立しうるように外的に行為せよ」という法式が、「法の普遍的法則」である（231）。——以上の義務の区分は、当然、適法性、道徳性の問題に関連するが、それとの関係で注意すべきは、次のごとき叙述である。「法律的法則が関連する自由は、〔選択意志の〕外的使用における自由にすぎないが、倫理的法則が関連する自由は、選択意志が理性法則によって規定されるかぎり、選択意志の外的並びに内的使用における自由である」（214. Vgl. S. 219）。カント倫理学は心情の純粋さのみを重んずるのではなく、外的行為をも重んずる、と言えよう。とすれば、『人倫の形而上学の基礎づけ』や『実践理性批判』の適法性と道徳性の区別は訂正されなくてはならないかもしれない。

しかし、この問題は、以下のごとき論述との連関において理解されなくてはならない。カントは倫理的拘束性あるいは倫理的義務と徳義務とを区別する。「或る目的（実質、選択意志の客体）にというより、むしろ単に道徳的意志規定の形式的なもの（例えば、義務に適った行為はまた義務に基づいて生起せねばならないということ）に関係する義務は徳義務ではない。同時に義務であるところの目的のみが徳義務と呼ばれうる。それゆえ後者は幾つか（種々の徳も）あるが、それに反して前者に関してはただ一つの、しかし凡ての行為に妥当する心情（有徳な心情）が考えられる」（383）。だから、法義務を法義務として遵守するということも、倫理的義務であるということになる。だから、良心は法義務の遵守にも関係することになるのである。先の引用文にいう「倫理的法則が関連する自由」とは、この《倫理的義務》を指しているのである。

「意志からは法則が生じ、選択意志からは格率が生ずる。後者は人間においては自由なる選択意志である。単に法則以外の何ものにもかかわらぬ意志は、自由とも不自由とも呼ばれえない。なぜなら、意志は行為にではなくて、直接には諸行為の格率に対する立法（それゆえ実践理性自身）にかかわるからである。それゆえ、また端的に必然的であり、それ自身いかなる強制をも受け入れえない。それゆえ、選択意志のみが自由と呼ばれうる」(226)。しかし、これに続く段落では、カントは選択意志の自由を法則的自由（意志の自律）として考えている。

『人倫の形而上学』で良心について述べているのは、『徳論の形而上学的基礎論』の「序論」XII b「良心について」と『徳論の形而上学的基礎論』の「原理論」第一巻、第二章、第一節「自分自身に関する本有的裁判官としての、自分自身に対する人間の義務について」との二箇所である。

まず、前者の概要を叙述してみよう。カントは言う。「凡ての人間は、倫理的存在者として、良心を根源的に自己の内に持っている。」良心は獲得されうるものでも、獲得さるべきものでもない。「良心とは、人間に法則〔が適用される〕凡ての場合に彼の義務を提示して、あるいは赦免しあるいは有罪宣告をする実践理性なのである。それゆえ、良心の〔有する〕関係は、客体への関係ではなくて、ただ主体への（道徳感情を実践理性の活動によって触発する）関係である。それゆえ、避け難い事実であって、責務や義務ではない。」ちょうど、『実践理性批判』が道徳法則を「純粋理性の事実」と捉えていたごとく、ここでは「実践理性」そのものである良心が、「事実」として捉えられている。カント倫理学は、そのような道徳意識の《事実》を前提として構築されている。しかし、それにもまして注目すべきは、良心が「主体への関係」しか持たないということである。そこから、「思い誤る良心〔等というもの〕は実在しないものである」という、重要な結論が導かれる。「なぜなら、或ることが義務であるか否かという客観的判断においては、人は時折思い誤ることがありうるが、私がかの判断を下すためにそれを私の実践的（ここでは、裁きをする）理性と比較したかどうかという主観的判断においては、私が思い誤ることはありえないのだから。……」カントは実践的判断力による「客観的判断」と良心による「主観的判断」とを区別する。我々が日常語で「良心に基づいて行為する」という場合には、その両方の判断を含めて考えているわけであるが、そういう意味での良心が思い誤ることがない、とカントは決して言っているのではないのである。ちなみに、『宗教哲学』は、良心を「それ自身義務である意識」と捉えて、次のように言う。「或る行為が一般に正であるか不正であるかに関しては、良心ではなくて悟性が判断する。……良心とは、自分自身を裁く道徳的判断力である。」「私が企てようと欲する行為が不正でないということをば、私はまた確信もしていなくてはならない」ということは、「良心の要請」である。（以上 VI 185f.）——かくて、「良心がないということ Gewissenlosigkeit は、良心が欠如していることではなくて、良心の判決を顧みないという性癖のことである」。（以下『徳論の形而上学的基礎論』「序論」XII b）「何が義務であり何が義務でないかに関して自己の悟性を啓蒙する」ことだけが我々の責務である。「良心は不随意的 unwillkürlich、不可避的 unvermeidlich に判決を下す。それゆえ、良心に従って行為すること自体は義務ではありえない。」最後の段落は、総括的に述べている。「義務は、ここではただ、彼の良心を開化し、内的裁判官の声への注意を高め、その裁判官に傾聴するために、凡ての手段を使用すること（したがって、間接的義務であるにすぎない）である。」

次に、後者、すなわち『徳論の形而上学的基礎論』第十三節の概要を叙述する。我々に道徳的な義務・法則を与えるのは「実践的悟性」であり、「行いの内的帰責」は「判断力（iudicium）」の任務である。「判断力は行為の帰責の主観的原理として、行為が行い Tat（法則の下に立つ行為）として生起したか否かを、法的に有効に判断する。」しかし、まだ最終判決が下ったわけではない。だから、「判断力」は「行為の帰責の主観的原理」と言われているのである。まだまだ、自愛に基づく弁護人が現れて、被告である「自我」を弁護する。最後に「理性の決議（判決）、すなわち法律上の結果〔刑罰〕と行為との結合（有罪判決あるいは赦免）」が宣告される。「以上に述べた凡てのことは、法則に効力を付与する、法廷（forum）と呼ばれる道徳的人格としての裁判官の前で（coram iudicio）行われる。」その裁判官が良心なのである。「凡ての人間が良心を持っており、内的裁判官によって自己が監視され、脅かされ、また一般に〔良心への〕畏敬 Respekt（恐怖と結合した尊敬）のうちに拘束されているのを覚っている。そしてこの、諸法則を彼の内で監督している威力は、彼が自己自身で（任意に）作る何かではなくて、良心は彼の本質に一体化している。良心は、彼がそれから逃げ去ろうと思うと、彼の影のごとく彼に付きまとう。……」カントが考えている良心は、我々の自覚する良心よりもずっと厳格なものであるかもしれない。カントの良心論は、良心論のアポリアをめぐって、キリスト教と結び付いていく。そのアポリアとは、「良心の仕事は人間の自己自身に関する仕事であるにもかかわらず、人間は、その仕事を他の一人格の言い付けで行うよう、彼の理性によって強制されているように見える」ということである。ここに持ち出される「理想的人格（権利を授けられた良心裁判官）」は、「〔人間の〕心胸を察知する者」であり、「凡ての義務を負わす」者であり、「凡ての権力（天上と地上の）を持っている」者でなければならない。このような「道徳的存在者」は、神である。「だから良心は、その行いによって神の前に果たされるべき責任の主観的原理と考えられねばならないであろう。」しかし、カントは神の存在の現実性を直ちに肯定するのではない。「人間は神の理念を介して、凡ての理性的世界存在者の〔従うべき法則の〕立法者〔すなわち神〕との類推に従ってのみ、良心的であること Gewissenhaftigkeit（これはまた religio とも呼ばれる）を、我々自身とは異なった、しかし我々に最も内的に現在している神聖な存在者（道徳的＝立法的理性）の前での責任 Verantwortlichkeit として表象し、自己の意志を正義の諸規則に服従させるよう、指導を受けるのみである。宗教一般についての概念は、ここでは人間にとって単に『彼の凡ての義務を神的命令と判定する原理』であるにすぎない。」なお、注においては、「良心において自己を告発し、裁判する人間」が「二重の人格性」によって説明されている。すなわち、立法者、告訴者、裁判官は叡智人であり、被告、弁護人は感性人である。

この小節の末尾は、良心に関して、次の三箇条を述べている。㈠「警告する良心（praemonens）」について。「極度の躊躇（scrupulositas）も、義務概念（それ自体道徳的な何か）に関しては、［すなわち］それに関して良心が唯一の裁判官である場合には（casibus conscientiae）、小事拘泥（微細論 Mikrologie）と判定されることはできず、真の違反は瑣事（peccatillum）と判定されることはできない。……それゆえ、幅の広い良心を或る人に帰することは、彼を良心がないと呼ぶのも同然である。」㈡「行為が終結してしまうと」良心の内には告発者と弁護士 Anwalt（Advokat）が登場するが、「その際、争いは示談によって（per amicabilem compositionem）調停されてはならず、法の厳正に従って判決が下されねばならない」。㈢それに続いて良心の最終判決が下る。それは法的効力を帯びている rechtskräftig ものである。その際、たとえ無罪判決が下ったとしても、「彼の良心の、慰めの多い激励のうちでの至福は積極的（喜びとして）ではなくて、消極的（先行した心配の後での安心）であるにすぎない」。良心の無罪判決は、「決して、以前には彼のものではなかった何かの獲得としての報酬（praemium）を決定することはできない」のである。我々は、いつも禁止の声として聞こえたという、ソクラテスのダイモニオンを連想する。

次の第十四節でカントは、「汝自身を……汝の義務に関する道徳的完全性に従って知れ（探究せよ、究明せよ）。汝の心胸を。それが善であるか悪であるか、汝の諸行為の源泉が純粋であるか不純であるかを。……心胸の、一層究明され難き深み（深淵）へ入り込んで行くことを要求する道徳的自己認識は、人間の凡ての智慧の初めである。……（自己認識という地獄行きのみが神化への道を開くのである）」と説いている。無意識の自己までも知れ、という意味ではない。しかし、真に客観的な自己評価を下すことは、至難の業である。精神分析における抵抗の克服と同様に。

しかし、前述のように、超自我——したがって良心——が徒らに厳格であることは、決して健全なことではない。S・フロイトによれば、うつ病患者の超自我はうつ病的状態の期間中には極度に厳格になる余り、その反動として、「超自我が一切の力を失ってしまった、あるいは自我と融合してしまったかのように、自我が勝ち誇る」躁病的状態がやって来る、という。(16)

P・メンツァーがTh・Fr・ブラウアーの筆記ノートを中心にして編纂した『カントの倫理学講義』の、カント自身の原稿は、最後の講義でバゼドウの汎愛学校（一七七四年設立）に言及しているところから、一七七五年以後に書かれたもの推定され、一七七五年から一七八一年にかけて、五学期、その原稿に基づいて講義がなされたと推定される。テキストにはバウムガルテン（Alexander Gottlob Baumgarten, 1714-62）の》*Initia philosophiae practicae primae*《と》*Ethica philosophica*《が用いられ、「説明の順序」、「アプローチの方法、論究さるべき諸問題とそれらの論究の結論」に関してはバウムガルテンに従っているが、決して「テキストの注釈の形は取らず……大体において彼は彼自身の意見の説明のために〔大学によって〕指定された〔テキストの〕著者によって設定された形式を用いたのである」。(17)——一七八一年といえば、『純粋理性批判』の初版が刊行された年である。我々はこの『倫理学講義』によって、『純粋理性批判』の完成を目指して苦闘を続けていた時期のカントの倫理思想を知ることができる。そこには、「良心について」という一節が設けられている。

その『倫理学講義』の「良心について」の節の最終段落の末尾において、《良心》が余りにも苛酷でありすぎると、人は抑うつ的状態に陥り、いつかは《良心》が機能しなくなってしまう、と言っている。

精神分析理論によれば、徒らに厳格な超自我はリビドー体制の健全な発達を妨げ、精神医学的疾患の病因にもなる。W・ライヒ（Wilhelm Reich, 1897–1957）の『性格分析』（*Charakteranalyse*, 1933）に従って言えば、厳格すぎる超自我は人間を「性格の鎧」で武装させ、「性器的性格」への発達を妨げて、「神経症的性格」にとどめさせる。S・フロイトは言う。「精神分析の治療的尽力の意図は、自我がエスの新しい諸部分を己のものにすることができるよう、自我を強化し、自我を超自我から独立させ、自我の知覚野を拡げ、自我の組織化を仕上げることである。」(18)

しかし、カントの倫理学・倫理思想をピューリタニズムの《禁欲 Askese》——世俗内的禁欲——が性格づけていることは否定できない。カント倫理学とピューリタニズムとの連関については、マックス・ヴェーバー『プロテスタンティズムの倫理と資本主義の精神』が的確な指摘をしている。(19)

## 三　根本悪

『宗教哲学』の中で、カントは、ストア学派の人々は「彼らの敵を誤認した」と言っている。（以下 VI 57ff.）「敵は自然的な、全く訓育されていない、しかし姿を隠さずに各人の意識に明らかに現れる傾向性のうちに求められるべきではなく、言わば不可視の、理性の背後に隠れている敵であり、それゆえ一層危険である。……自然的傾向性は、それ自体として見られれば、善である。すなわち、斥けられるべきでない。……」敵は「魂を堕落させる原則で心情を密かに破壊する（人間の心胸の）悪意 Bosheit」なのである。「格率のうちにのみ悪の根拠は存しうる」（VI 21）。『人倫の形而上学の基礎づけ』や『実践理性批判』の心情倫理的な考え方は、『宗教哲学』第一部において一層深められている。そしてカントは、「心胸の深み（彼の格率の主観的第一根拠）は彼自身にも見究めえないものである」（VI 51）と言っている。もちろん神は、我々の「心胸の（選択意志の凡ての格率の）叡智的根拠を見通す」、と彼は言う（VI 48）。ここに我々は、「人間的理性にとっての真の深淵」の思想と結び付いたカントの厳しいエートスを窺うことができる。さて、『宗教哲学』は「人間的本性のうちなる善への根源的素質」(一)動物性に対する素質、(二)人間性に対する素質、(三)人格性に対する素質)を挙げた後に、「人間的本性のうちなる悪への性癖」について叙述している(VI 28ff.)。「性癖(propensio)」とは、「人間性一般にとって偶然的であるかぎりでの、傾向性(習慣的欲動、concupiscentia)の可能性の主観的根拠」である。それには「自然的 physisch」なそれと「道徳的 moralisch〔すなわち自由な選択意志に基づく〕」なそれとの二種類があるが、「〔道徳的〕悪への性癖は選択意志の道徳的能力にのみ付着しうる」、すなわち「我々自身の行為」である。しかるに、「性癖」とは、「あらゆる行為に先行する、したがってそれ自身はまだ行為でないところの、選択意志の主観的規定根拠」である。それゆえ、カントは、「悪への性癖」を「叡智的行為」と呼ぶ。それは「それを通して最上の格率が(法則に適いあるいは反して)選択意志の中へ採用される自由」に関係し、「あらゆる反法則的〔可感的、経験的〕行為の形式的根拠」である。「この悪への性癖の理性的根源は我々には見究めえない」(43)。それは「人間的本性のうちなる根本的、生得的な(しかし、それにもかかわらず、我々自身によって招来された)悪」である(32)。カントは悪への性癖に「三つの異なった段階」を考える(29f.)。(一)道徳法則が選択意志の唯一の動機たるべきことを意識しつつも傾向性の誘惑に負けて道徳法則の遵守を怠る「人間的本性の脆さ die Gebrechlichkeit (fragilitas)」、(二)選択意志の規定に道徳法則以外の動機を混入する「人間的心胸の不純さ die Unlauterkeit (impuritas, improbitas)」、(三)「道徳法則に基づく動機を諸他の(道徳的でない)動機に劣後させる格率へ向かう選択意志の性癖」すなわち「人間的心胸の悪癖 die Bösartigkeit (vitiositas, pravitas)、……腐敗 die Verderbtheit (corruptio)」、すなわち「自由なる選択意志の動機に関して倫理的秩序を転倒させる人間的心胸の顛倒 die Verkehrtheit (perversitas)」。悪の度合いは後の段階ほど高い。前二者での「生得的責め (reatus)」は「無意図的責め (culpa)」であるが、第三段階でのそれは「意図的責め (dolus)」である(38)。カントが「根本悪 das radikal Böse」と呼ぶのは、特に、「自愛の動機とその傾向性を道徳法則の遵守の条件にする」(36)という「彼の格率を通しての倫理的秩序に反した動機の転倒」(ibid.)への性癖である。「この悪は根本的である。なぜなら、それはあらゆる格率の根拠を腐敗させるからである」(37)。それは殊に「人間性」に「人格性」を優先させるべきであるという秩序の顚倒とも考えられる。けだし、「人間性に対する素質」とは、「自然的ではあるが、しかし〔自分を他者と〕比較する自愛(そのためには理性が要求される)」であり、これは根源的にはただ平等性を目指すものであるが、「これから結局は、他者に対して優越を獲得しようという不当な欲動が生ずる」(27)。つまり、不当な自己幸福の欲動が生ずる。一方、「道徳法則の理念及びそれと不可分な尊敬は人格性そのもの(全く知性的に見られた人間性の理念)であり」、人格性即道徳法則(の主体)なのだから(28)。適法性 Legalität と道徳性 Moralität の区別は、『宗教哲学』では、経験的性格と叡智的性格の区別に即して、現象的徳と叡智的徳の区別にまで深化されている(47)。後者のみが「道徳的に善(神の意に適う)」(ibid.)である。善への根源的素質はいかに悪への性癖が妨害しようと根絶されない。殊に「人格性に対する素質には絶対に、悪なるものは何一つ接木されえない」(27)。また、人間の意志は「法則そのものに対する反抗」を動機へと高める「悪魔的」な「悪意ある boshaft 理性(端的に悪い意志)」ではないのである(35)。それゆえ、善への素質の力の回復は可能である。そのためには「格率の基礎が不純なままであるかぎりでの漸次的改革」ではなく、「人間の内なる心情の革命(心情の神聖性という格率への移行)」が不可欠である。(以下 47f.)「習性の変化 eine Änderung der Sitten」ではなく、「心胸の変化 eine Herzensänderung」が必要である。それにより「原理〔最上の格率〕の純粋性」を回復し、「この原理の堅固さ」を得ることが不可欠である。「考え方 Denkungsart に対しては革命が、しかし(これを妨害する)感じ方 Sinnesart に対しては漸次的改革が必要であり、それゆえ人間にも可能でなければならない。……」かくて、宗教も、心情の革命を要求しない「恩寵志願の(単なる祭祀の)宗教」とそれを要求する

「道徳的宗教すなわち善き行状の宗教」とに区分される。（以下 51f.）後者に相当するのはキリスト教のみである、と言う。前者は「この自己改善の要求に反して、本性上道徳的論究が嫌いな理性が本性的無能力の口実のもとに」、人間はより善い人間になることなくしても神が咎の赦しにより永遠に幸福にしてくれる、あるいは乞うだけで（つまり本質的には何もしないで）神が幸福に値するより善い人間にしてくれると考える「不純な宗教的諸理念」に基づいている。

『純粋理性批判』の「純粋理性の規準」の章に述べられている定言命法は、「それによって汝が幸福であるに値するようになるところのことをなせ」であった（B 836）。その背後には我々の心情の叡智的根拠を見通す審判者としての神、という考えが控えている。叡智界（来世）において神は必ず「道徳性 Sittlichkeit の体系」を「幸福の体系」と結合する、とそこでカントは考えている。現代は人間が人間を、少なくとも物質的には、幸福にすることが可能な時代となった。幸福は現世で獲得されるべきものだ、と考えられるようになった。そして善良な人もしからざる人も平等に幸福に与るべきだ、という考え方が一般的になっている。右の定言命法は現代人にはだんだん受け入れられなくなっていくのではなかろうか。そのような時代だからこそ、我々はカントに立ち返って、「善き行状」について考え直してみる必要があるのではないか。それは心情の問題であり、科学技術をもってしてもいかんともし難い自由意志の問題である。もちろん心情の神聖性は我々有限な理性的存在者には「無限に進む前進」（V 122）においてのみ到達されうる理念（我々の道徳的実践の「原型」（V 32））にすぎない。最上善の理念は、カントによれば、心霊の不死性を要請する。カントの純粋意志の倫理学は、それほどまで徹底して、心情の純粋さを追求した。さて、心情の純粋さは主観的信念に基づくものではない。それは、人間のみならずあらゆる理性的存在者に「客観的、普遍的に妥当する」道徳法則（V 21）のみを十分な動機として選択意志を規定することにおいてのみ成り立つ。カントの心情倫理は「公平無私な理性」の立場に基づくものであり、我々はこれを心情倫理一般と同列に置いてはならない。

**注**

（1）小倉志祥『カントの倫理思想』、四三一四六ページ参照。
（2）同上書、第三章、第三節参照。
（3）この引用文を自由論との連関において重視すべきことについては、同上書、一五三一一五四ページ参照。
（4）同上書、四三五ページで用いられている言葉。
（5）同上書、三六一ページ参照。
（6）同上箇所参照。
（7）*Immanuel Kant Groundwork of the Metaphysic of Morals* Translated and analysed by H. J. Paton, pp. 30-31.
（8）H. J. Paton: *The Categorical Imperative*, p. 155.
（9）小倉志祥『カントの倫理思想』、三六一ページ参照。
（10）その徹底した心情倫理の背後にある宗教思想については、同上書、第一章、第一節三、第三節三を参照されたい。
（11）*Max Weber Gesammelte Aufsätze zur Religionssoziologie*, [7]1978, Bd. I, S. 111.
（12）同上書 Bd. I, S. 123.
（13）同上書 Bd. I, S. 127.
（14）同上書 Bd. I, S. 113.
（15）*Sigmund Freud Gesammelte Werke chronologisch geordnet*, Bd. XVII, S. 136.
（16）同上書 Bd. XV, S. 67.
（17）以上 *Immanuel Kant Lectures on Ethics* Translated by Louis Infield, Foreword to the Torchbook Edition by Lewis White Beck, 1963, "Introduction" by J. Macmurray.
（18）前掲「ジグムント・フロイト全集」Bd. XV, S. 86.
（19）前掲マックス・ヴェーバー『宗教社会学論集』Bd. I, S. 181-182 Anm.

# 第五章　美と有機体

## 第一節　美の倫理性

### 一　合目的性



『判断力批判』の主題は、心意能力の批判という点から言えば、『純粋理性批判』における認識能力（悟性）の批判、『実践理性批判』における欲求能力（理性）の批判に対する、快・不快の感情（判断力）の批判であるが、反省的判断力のアプリオリな原理は合目的性であり、カントはこの反省的判断力によって想定される自然の合目的性をもって、『純粋理性批判』が開明した自然概念の領域と『実践理性批判』が開明した自由概念の領域との結合を媒介するものと見なす（vgl. V 198）。看過してならないのは、この感性界と叡智界の統一ということが問題にされるのは、専ら実践的関心からだということである。「自由概念は己の法則によって課せられた目的を感性界において実現すべき」（176）だからである。しかるに、自然概念と自由概念との二律背反に明らかなごとく、感性界と叡智界とは「見渡し切れぬ裂け目」（V 175）によって隔絶されているかのごとくである。いかにして叡智界が感性界に影響を及ぼしうるのかは不可知である。ただ、カントは、自然の合目的性という眼前の事実から出発する。「超越論的合目的性」、「美的合目的性」、「目的論的合目的性」のうち、後の二者が、『判断力批判』の主題である。前の二者においても、人はあたかも自然界の内に叡智的技巧が働いているかのごとく想定するであろう。

　ところで、有機体の実質的合目的性は実在的、客観的合目的性と見なされうるが、美的合目的性は単に形式的、主観的合目的性でしかない。田邊元博士が『カントの目的論』でカントの目的論すなわち『判断力批判』の中心を「目的論的判断力批判」に置いたのもこれによる。美的合目的性をそう解するのが正しいか否か、さらにはカントのいう「美の観念論」をいかに評価するかは、自然の技巧、直観的悟性の問題につながるが、ここでは措いて、「美的判断力批判」を道徳的感性論の素材として考察することから始めよう。

## 二　人間の開化

『優美と崇高の感情に関する考察』（*Beobachtungen über das Gefühl des Schönen und Erhabenen*, 1764）で「人間の本性の優美と尊厳の感情」（II 217）をもって「真の徳」の「原則」（ibid.）と考えたカントも、批判期に入るとかかる意味での「道徳感情」をハチソン（Francis Hutcheson, 1694-1747）に代表させて否定する。カントの説く道徳感情は「道徳法則に対する尊敬」の感情のみである。ところで、これが全く知性的な感情であるにせよ、「道徳感情」というものを認めるかぎり、カントは道徳性の感性的開化をも認めているのではなかろうか。

『判断力批判』は「人間の開化」を「自然の最終目的」とする。「人間の開化」とは、文化の進歩を意味するが、カントは「練達性の開化 die Kultur der Geschicklichkeit」をもって直ちに「自然の最終目的」とすることは不可能であるとして、「訓育（訓練）の開化 die Kultur der Zucht（Disziplin）」を説く。この「訓育の開化」の本質は「欲望の専制からの意志の解放」であり、「美的技術〔芸術〕と学」とはこれに大きく与る（§83）。換言すれば、そこにおいて（優美に対する）「趣味」、（崇高に対する）「感情」の美的開化も非常に重視されている。そして、この自然の最終目的は、更に、「創造の究極目的」たる人類の「道徳化」すなわち目的の王国の実現という超越的目的を目指す。美的合目的性も究極的には目的の王国の実現を目指すのである。

『実践理性批判』であれほど尊敬感情を諸他一切の感性的感情から峻別したカントも、『判断力批判』ではしばしば「崇高」、「尊敬」という語を混用している。崇高と尊敬とが相似たものであることはその成り立ちからしても明らかである。『実践理性批判』の「結語」は「我が上なる星の輝く大空」と「我が内なる道徳法則」とを並置し、双方に「感歎」、「畏敬」という語を適用している。カント倫理学には崇高のエートスがみなぎっている。カント倫理学のエートスはシャフツベリ（3rd Earl of Shaftesbury, 1671-1713）やハチソンの道徳哲学のそれとは異なる。しかし、カントは優美の倫理性も認める。

## 三　無関心的適意

《カント倫理学の基本的構図》を思い起こそう。その基底に存しているのは、ホッブズ（Thomas Hobbes, 1588-1679）が「万人の万人に対する戦い」と規定した近代市民社会の実態についてのカントなりのイメージである。一切の法的規制を取り去れば、近代市民社会はホッブズ的意味での自然状態の様相を呈する、という考えがカントにはあった。カントは土地の所有が凡ての所有権の基礎であると考えている。小牧治先生が指摘されたように、「カント倫理思想の社会的基盤」は「グーツヘルシャフト的封建社会（グーツヘルシャフト的領主・農民関係、ピエティスムス的エートス、ビルガートゥムとしての市民社会ないし市民意識）の西欧的近代的修正」、したがって「フリードリヒ絶対王政」であった(1)。そのケーニヒスベルクの哲学者カントも、近代市民社会の実態を観念的には的確に把握していたのである。しかし、そのような近代市民社会の中で生きる人間には、私的な利害関心を超越する純粋観照の態度が殊更に要請されることになる。カントは優美の最も本質的な特徴を、それが《関心と結び付いていない》ことのうちに見ている。我々はそこに《優美の倫理性》を見る。

『判断力批判』の「優美の分析論」は趣味判断 Geschmacksurteil を質、量、関係、様相の四つのモーメントに即して分析し、次のごとき「優美の説明 Erklärung des Schönen」を帰結している。（質）「趣味とは、一切の関心を伴わぬ適意あるいは不適意 ein Wohlgefallen oder Mißfallen ohne alles Interesse による対象あるいは表象様式の判定能力である。かかる適意の対象は優美と呼ばれる」（V 211）。（量）「優美とは、概念なくして普遍的に適意を与えるところのものである」（219）。（関係）「優美とは、対象の合目的性が目的の表象を伴わずに対象において知覚されるかぎり［での］、対象の合目的性の形式である」（236）。（様相）「優美とは、概念を伴わずに必然的適意の対象として認識されるところのものである」（240）。

質のモーメントを最初に考察したことについて、カントは、「優美に関する美的判断 das ästhetische Urteil はまず第一にこれを顧慮するからである」（203 Anm.）と述べている。カントにとっては、《一切の関心を伴わぬ適意》こそが趣味判断の最も顕著な特徴だったのである。では、「関心」とは何か。カントは言う。「関心と呼ばれるのは、我々が対象の存在と結び付けるところの適意である。関心は、それゆえ、あるいは欲求能力の規定根拠として、あるいはさなくとも欲求能力の規定根拠と必然的に関係があるものとして、常に同時に欲求能力に関係している。ところが、何か或る物が優美であるかどうかが問われる場合には、我々は、我々にあるいは誰か或る人にその事物の存在において何か或る物が重要であるか、あるいは少なくとも、重要であることが可能であるか否かを知ろうと欲するのではなくて、いかに我々が事物を単なる観察（直観あるいは反省）において判定するかを知ろうと欲する。……少しでも関心が混入した優美に関する判断は、甚だ党派的 parteilich であり、決して純粋な趣味判断ではないということを、凡ての人が認めねばならない。……」（204f.）

さて、カントは、「趣味判断における純粋な、無関心的適意」に「関心と結び付いた適意」を対比させる。後者には快適なもの das Angenehme と善なるもの das Gute とがある。

「快適とは、感覚 Empfindung において感官に適意を与えるものである」(205)。さて、「感覚」という語には、「快・不快の感情の規定」を意味する場合と「(認識能力に属する受容性としての感官による) 事物の表象」を意味する場合とがあるが、ここでは前者をば「感情」と呼び、後者を「感覚」と呼ぶ、とそこでカントは断っている。「〔一種の認識判断である〕後者の場合には表象は客観へ関係づけられるが、〔美的判断である〕前者の場合にはただ主観へのみ関係づけられる。」「草原の緑色は、感官の対象の知覚としては、客観的感覚に属する。しかしその緑色の快適さ Annehmlichkeit は、それによってはいかなる対象も表象されない主観的感覚に属する。すなわち、それによって対象が適意 (それは客観の認識ではない) の客観として観察される感情に属する。」趣味判断が関心を伴わぬゆえんは、ますます明らかである。

問題なのは、「善なるものにおける適意は関心と結び付いている」(207) ということの理解である。

カントは言う。「善とは、理性を介して、単なる概念によって適意を与えるものである。我々は或る事物を何かのために善〔なるもの〕wozu gut (有用なるもの das Nützliche)、ただ手段としてのみ適意を与える事物と呼び、他の或る事物をばしかしそれ自体において善〔なるもの〕an sich gut、それ自身で適意を与えるものと呼ぶ。両者には常に目的の概念が、したがって理性の (少なくとも可能的な) 意欲への関係が、したがって客観ないし行為の現存在 Dasein における適意が、すなわち何か或る関心が含まれている」(ibid.)。「最高の関心を自らに伴っているのは、端的に、すなわち凡ての意図において善なるもの、すなわち道徳的善である。なぜなら、善は意志の (すなわち理性によって規定される欲求能力の) 客体であるからである。しかし、或るものを意欲することとそれの現存在に適意を持つこと、すなわちそれに関心を抱くこととは、同一のことである」(209)。快適、優美、善の比較の詳細はカントの叙述にゆだねるが、右の引用文で明らかなごとく、それ自体において善なるものが伴う関心の対象は、道徳的行為そのものなのである。換言すれば、叡智的な道徳法則が関心を惹き起こすのである。カントはこうも書いていた。「適意の対象に関する判断は、全く無関心的 uninteressiert であるが、しかし非常に関心を惹く sehr interessant、ということがありうる。すなわち、それはいかなる関心にも基づかないが、しかしそれは関心を惹き起こす。凡ての純粋な道徳的判断がそのようなものである。しかし趣味判断は、それ自体では決していかなる関心をも基礎づけない」[2](205)。――道徳的行為そのものが「非常に関心を惹く」ということは、『実践理性批判』の動機論の尊敬感情の分析を思い起こせばよく分かる。純粋実践理性ないし道徳法則は、「自愛 Eigenliebe にはただ損害を与え」、「理性的自愛 vernünftige Selbstliebe」へと制限するだけであるが、「自負 Eigendünkel をば全く打ち倒してしまい」、かくて「最大の尊敬の対象」となる(73)。純粋な尊敬の感情においては、定言命法である道徳法則が純粋実践理性の動機になっている。それが、道徳的善が「最高の関心を自らに伴う」ということの意味である。

さて、「それ自体において善なるもの」が惹き起こす関心は、世俗的関心の対象へは向かわない。その点で道徳的判断は、無関心的である趣味判断と一致する。趣味判断の無関心性は、なかんずく感性的な欲望の対象に関する無関心性である。

## 四　美的標準理念

趣味判断が関心を伴わないという点から、カントは趣味判断の普遍性すなわち美的普遍性 die ästhetische Allgemeinheit を導く(§6)。その普遍性の解明についてはここでは措くが、それがカントの「超越論的解明」をバーク(Edmund Burke, 1729–97)らの「生理学的解明」から本質的に分かつ点である(277)。趣味判断の無関心性は、更に、純粋な趣味判断は刺激や感動(崇高はこれと結び付いているが)から独立でなくてはならない、という論においても活かされている。「凡ての関心は趣味判断を滅ぼし、趣味判断からその公平さを奪う。……趣味は、もしそれが適意のために刺激と感動の混入を必要とするならば、それどころかそれらをそれの同意の尺度にするならば、常にまだ粗野である。……それへ刺激や感動がいかなる影響をも及ぼさない（たとえそれらが優美なるものにおける適意と結び付けられようとも）趣味判断、それゆえ単に形式の合目的性を規定根拠に持つ趣味判断が、純粋な趣味判断である」（223）。それゆえ、「凡ての単純色〔のみ〕が、それらが純粋であるかぎり、優美と見なされる」のであり、「絵画術、彫刻術において、さらに凡ての造形芸術において、美的芸術であるかぎりでの建築術、造園術において、素描 die **Zeichnung** が本質的なものである」のであり、「形態の遊び（空間における、芝居・舞踏）」においては素描が、「感覚の単なる遊び（時間における）」においては作曲 die **Komposition** が「純粋な趣味判断の本来的対象を成す」と言われるのである（224ff.）。

我々はここで「美的標準理念 die ästhetische Normalidee」について思い起こそう。「優美なるものの標準理念からは優美なるものの理想は区別される」（235）。カントによれば、「それに対して理想が求めらるべき優美は、漠然とした優美ではなくて、客観的合目的性の概念によって確定された優美でなければならない」（232）。そしてカントは、「己の存在の目的を自己自身の内に有するところのものすなわち人間」（233）においてのみ優美の理想を認める。人格の内なる人間性こそが唯一の絶対的目的であり、人間の形態はこれを開示する。それゆえ、「人間の形態では、理想は倫理的なるものの表現を本質とする」（235）。（もっとも、かかる優美の理想は「付庸美」であって「自由美」ではない。そして、「自由美の判定（単なる形式に関しての）において〔のみ〕趣味判断は純粋である」（229）。）「美的標準理念」は「特殊の動物の種に属するものとしての人間の〔人間以外のものでもよい〕判定の標準尺度を表象する（構想力の）個別的直観」（233）であるが、「優美なるものの理想」は「倫理的なるものの表現」（235）を本質とする「理性理念」（233）である。「美的標準理念」は「平均的な大きさ」において構成される。カントが試みている「心理学的説明」によれば、構想力は、「かかる形態の重層的把握から内的感官の器官へ生ずる力学的効果によって」、この平均的形姿を割り出すのである。それが、例えば、「或る国 Land における美しき男性の標準理念」なのである。（以上 233f.）それは「〔一つの種の〕凡ての個別者の美的判定の普遍的標準尺度として役立ちうるであろう、形態の構成における最大の合目的性」であり、「それにはただ全体における類のみが適合し、いかなる個別的な〔もの〕も特別に適合的であることはない、言わば意図的に〔＝或る意図によって〕自然の技巧の基礎に存してきた像」（233）、「自然が同一の種におけるそれの諸生産の原型として根底に置いた、類全体に対する像」（234）なのである。カントは言う。「この標準理念は決してこの類における優美の完全な原型ではなく、ただ、凡ての優美の不可欠の条件を成す形式、したがって単に、類の表現における正しさである。それは、人がポリュクレイトスのドリュフォロスをそう呼んだように、規則である。（正に規則として、ミュロンの牝牛もその類において〔牝牛を描く場合に〕用いられることができた。）それは、正にそれゆえに、また種別的＝性格的なものは何ものをも含むことができない。なぜなら、さなくば、それは類に対する標準理念ではなくなってしまうであろうから。標準理念の表現はまた、優美さによってではなく、単に、それが、その下でのみこの類《るい》の事物が優美でありうる、いかなる条件にも矛盾しないがゆえに、適意を与える。その表現は単に教則に適ったもの schulgerecht であるにすぎない。」そして、この引用文の注で言う。「人は、画家が自分のモデルとして座ってもらいたいと願う完全に規則的な顔は通例何をも語らない〔＝無特徴である〕、ということを見出すであろう。なぜなら、それは性格的なものは何も含んでいない、それゆえ、一個人の種別的なものよりも類の理念を表出しているからである。……また、経験は、かの全く規則的な顔は内面においても通例ただ、平凡な人間を表す、ということを示す。（自然は外面において内面のプロポーションを表出する、と想定されうる。……）……」（以上 235）

カントの美学は、美的標準理念を問題とする場合にも人間の形姿を採り上げ、優美の理想を人間においてのみ認め、崇高の感情をも究極的には「我々〔人間〕の超感性的使命の感情」に還元している。近代ヒューマニズムの精神が美学のうちへも浸透している、と言えよう。さて、人間の形姿を問題にする場合、純粋な趣味判断は無関心的でなくてはならないということと、上に見た美的標準理念との連関が、問題になるであろう。「趣味」すなわち「優美なるものの判定の能力」(203) の対象が快適なものであるとは限らないが、快適なものに対して、したがってまたそれを手に入れるための手段としての「単に間接的に善なるもの」に対して余りにも貪欲であることが趣味判断を阻害することは否定できない。だから、中間表情の能面のごとく、無関心的な容姿・表情でなくては、美的標準理念とはなりえない。人間の無関心的・無感情的表情は教則に適った平均的形姿と一致する、とカントは考えていたのである。ただ、先の引用文にあったごとく、美的標準理念は優美の必要条件ではあっても、十分条件ではない。「倫理的なるものの表出」という「優美の理想」の基礎づけにおいてはそのことが念頭に置かれていた、と思われる。ともかく、無関心性と倫理性との間に深い連関があることは確かである。

しかし、倫理的なるもので優美を基礎づけることはできない。「優美の理想の正しさは、それがいかなる感官的刺激にもそれの客観における適意のうちへ混入することを許さないが、それにもかかわらずそれに大きな関心を抱かせる、ということにおいて証明される。このことはその場合、かかる尺度に従う判定は決して純粋に美学的ではありえず、優美の理想に従う判定は趣味の純粋判断ではない、ということを証明する」(235 f.)。美は、元元、概念によって規定されうるものではない。先の引用文にあったごとく、自由美の判定においてのみ趣味判断は純粋である。「この花は美しい」と判断する場合には、植物の構造の完全性、内的合目的性についてはエポケーされなくてはならない。カントが善と美を峻別する根拠は、後者が概念によって規定されえないという点にある。彼は「凡ての硬直した＝規則的なもの（数学的規則性に近い）はそれ自体趣味にもとるものを持っている。……」

と言う（242）。概念は美の硬直化をもたらすのである。カントは美を超規則的なものとして把握していた、とも言える。けだし、優美なるものにおける適意は《恩寵 Gunst》に関係する。「なぜなら、《恩寵》こそが唯一の自由な適意であるのだから」（210）。無関心的な「自由な適意」は、関心のみならず規則をも超越している。

さて、「経験的には優美なるものは社会においてのみ関心を起こさせる」（296）。社会においては「趣味を持つこと」もまた関心の対象になり、人々は「洗練された人間」になろうとする。ただ、その場合の関心が感官的、世俗的関心に堕する危険は大きい。芸術作品は商品となる。人間学的考察でもある「美的反省的判断の解明に対する総注」では、崇高、あるいはそれに類する熱狂 Enthusiasm、無感動 Affektlosigkeit、壮健さを帯びた激情 Affekt von der wackern Art、憤激の極みにおける絶望 entrüstete Verzweiflung、勇壮な感動 mutige Rührungen、単純さ Einfalt（技巧を欠いた合目的性 kunstlose Zweckmäßigkeit）（「単純さ（技巧を欠いた合目的性）は言わば崇高なるものにおける自然の、だからまた道徳性 Sittlichkeit の様式である」とカントは言う（275））等の感情の、あるいは崇高とは相容れないが崇高と紛らわしい感情の分析に焦点が置かれているが、そこに次のごとく述べられている。「一切の社会からの隔絶も、それが一切の感性的関心を無視する諸理念に基づいているときには、何か崇高なるものと見なされる。……」（275）これは、カントの美学がいかに超世俗性を志向していたかの一つの証左とも見なされうる。

欲求は対象を持つ。しかし、我々にはその対象から自由になることの可能性が趣味において与えられる。それによって道徳の実践もより可能的になる。カントは言っている。「趣味は我々の判定能力の、感官的享受から倫理的感情 Sittengefühl への移行を発見するであろう」（297）。

## 五　善なるものの象徴

「美的反省的判断の解明に対する総注」の冒頭で言う。「快の感情との連関においては対象は快適なものか優美なるものか崇高なるものか善なるもの（端的に）かのいずれかに数えらるべきである（iucundum, pulchrum, sublime, honestum）」(266)。カントはこの四つを量、質、関係、様相の範疇表の四綱目に対応させ、優美なるものと快適なるものとの本質的相違や優美なるもの、崇高なるものと端的に善なるものとの類似、連関について説明している。「道徳感情は美的判断力とその形式的条件に、それが義務に基づく行為の合法則性をその純粋さを損なうことなしに同時に美的なもとして、すなわち崇高あるいは優美なるものとして表象させるのに役立ちうるかぎりにおいて、類似している」(267)。また、「優美なるものは我々に或るものを、したがって自然をすら関心なしで愛する心構えをさせる。崇高なるものはそれを我々の（感性的）関心に逆らってさえ尊重する心構えをさせる」のであって、優美、崇高は「道徳感情との連関において合目的的である」(267)。しかるに、優美の感情における我々の心意の自由性は「遊びにおける自由」であって、「法則に適った仕事における自由」ではない(268)。この点では崇高の感情は著しく倫理的要素を伴う。それゆえ、カントは以下、崇高について述べる。そこでの様様な崇高なる心意状態についての分析は倫理学的にも注目に値する。

ところで、優美の倫理性について考察するとき忘れてならないのは、なかんずく第十七節「優美の理想について」と第五十九節「倫理性 Sittlichkeit の象徴としての優美について」——この節も崇高をば念頭に置いていない——とである。第十七節では言っていた。「それに対して理想が求めらるべき優美は漠然とした優美ではなくて、客観的合目的性の概念によって確定された優美でなければならない。」そしてカントは「己の存在の目的を自己自身のうちに有するところのもの」すなわち人間においてのみ優美の理想を認めている。

第五十九節では、カントは優美なるものと倫理的に善なるものとを比較し、両者の著しい類似点を指摘し、優美なるものをもって倫理的に善なるものの象徴としている。㈠直接的に意に適う。(ただし、倫理性のごとく概念においてではなく、単に反省的直観において。)㈡一切の関心なしで意に適う。(ただし、倫理的に善なるものはいわゆる道徳的関心――これも適意に関する判断に先行するものではなく、それによって初めて生ずるものである――を伴う。)㈢自由性。(ただし、優美なるものの判定においては構想力の悟性の合法則性との一致における、道徳的判断においては(遂行的)選択意志の(立法的)意志との諧和における。)㈣原理の普遍性。(ただし、優美なるものの判定においてはいかなる普遍的概念にも基づかぬ主観的原理の、道徳性においては普遍的概念に基づく客観的原理の。)かくて、「趣味を根付かせること die Gründung des Geschmacks」と「倫理的諸理念の発達、道徳感情の開化」とは対応関係にある。第四十二節「優美なるものに対する知性的関心について」では、少しずれるが、「自然の美〔=自然の優美な形式〕に対して直接的関心(自然の美を判定するために単に趣味を持つというだけでなく)を持つのは、常に、善良な魂の表徴である。また、かかる関心が習慣的になり、更に、自然の観照と進んで結び付くならば、この関心は少なくとも、道徳感情に好都合な心意の気分を告示する。……」(298f.)と述べられているし、また第六十節「趣味の方法論について」では、「趣味を根付かせるための真の予備学は道徳的諸理念の発達と道徳感情の開化とである」(356)と述べられている。

## 六　崇高の倫理性

次に、崇高の感情の倫理性について。優美なるものの判定においては、「交互に生気づけ合う自由における構想力と合法則性を伴った悟性」とが両者の一致 Einhelligkeit によって、崇高なるものの判定においては、有限な構想力と無限な理性とが両者の抗争 Widerstreit によって、心意の諸力の主観的合目的性を生み出す。このことは色々な形で言い表されている。優美なるものは「無規定の悟性概念の描出」と見なされるが、崇高なるものは「無規定の理性概念の描出」と見なされる（244）。「優美なるものは直接的に生の促進の感情を帯びている」が、「崇高なるものの感情は単に間接的にしか生じない快」すなわち「生の諸力の瞬間的阻止の感情とそれに直ちに続くそれだけ一層強い、生の諸力の流出とによって生み出される」快である（244f.）。心意は優美なるものについての美的判断においては「平静な静観のうちにある」が、崇高なるものの表象においては「動揺させられるのを感ずる」（258）、等々。さて、理性は最高の認識能力、最高の欲求能力である。崇高なるものの判定においては、前者との連関においては、構想力の数学的な調和的気分 Stimmung が、後者との連関においては、力学的な調和的気分が生ずる。前者においては「構想力の拡張の限界」を、後者においては「心意に及ぼす構想力の力の限界」（268）を超えて無制約者を求める理性が、より高い心意の調和的気分 Gemütsstimmung を醸し出す。崇高なるものは数学的に崇高なるものと力学的に崇高なるものとに区分される。「優美なるものの分析論」同様「崇高なるものの分析論」も、範疇表に従って展開される。ただし、前者においては質（関心なしの適意）、量（主観的普遍性）、関係（目的なき合目的性）、様相（範例的必然性）の順序で。後者においては量、質、関係、様相の順序で。数学的崇高と力学的崇高との区分は、換言すれば、数学的範疇と力学的範疇との区分に対応する。今、崇高についてのカントの説明を簡単にまとめれば、次のごとくなる。（量）「端的に大なるもの。」かかるものに対して構想力は把捉 Auffassung（apprehensio）をばなしうるが、総括 Zusammenfassung（美的総括 comprehensio aesthetica）をばなしえない。把捉は無限に進みうるが、美的総括には限度すなわち「大きさの評価の美的に最大の根本尺度」（252）がある。ところで、「自然の本来的不変的根本尺度は、自然の絶対的全体である」（255）が、これは理性理念である。かくて心意は、構想力がその美的総括能力の限界に達して、「（自然の根底に、また同時に我々の思惟能力の根底に存するところの）超感性的基体」（ibid.）という理性理念を呼び覚まされる。カントは、ここにおいても、「規定された（実践的）諸理念の、感情への影響が惹き起こすに違いないような心意の気分」（256）を認めている。（質）「不快を媒介してのみ可能な快。」構想力が美的総括能力の限界にぶつかって不快が生ずる。この不快は、しかし「心意の全体的使命にとっては合目的的」（259）である。そこに「我々の超感性的使命の感情」が喚起される。（関係）我々に対してはいかなる「威力 Gewalt」をも持っていない「力 Macht」。それは自然存在者としての我々の物理的無力をば思い知らせるが、それによって人格の内なる人間性は損なわれない。それは「我々が気遣っているもの（財産、健康、生命）を小なるものと見なし、したがって自然の力（我我はこれら財産、健康、生命に関してはもちろん自然の力に服従している）を、我々と我々の人格性にとってはそれにもかかわらずやはり、もし我々の最高の諸原則とそれらの諸原則の主張あるいは放棄が問題となるような場合には我々がその下に屈服しなければならぬような威力とは見なさないように、我々の力（この力は自然ではない）を我々の内に喚起する」（262）。この力は純粋実践理性である。我々の内なるこの力が崇高なのであって、自然そのものが崇高なのではない。カントが「崇高なるものの理論」は「自然の合目的性の美的判定の単なる付録」を成すにすぎない（246）として、崇高に関する判断の演繹をば不要としたゆえんである。（様相）「倫理的諸理念の発達」（265）を具えた人に対する必然性。このことをカントはソシュールの『アルプスの旅』（一七七九―九六年）に即して、アルプスの登山家たちを愚か者とあざけった「善良な、その他の点では分別あるサヴォアの農民」（ibid.）を例に挙げて説明している。

力学的崇高の倫理性はその成り立ちからして疑うべくもないが、数学的崇高も倫理学的エートスのうちで考えられていたことは、右の説明から明らかであろう。数学的崇高、力学的崇高のいずれにおいても、「美的判定は構想力の領域を全く踏み越えているところの、心意の使命の感情（道徳感情）に基づいている」（268）。

## 七　目的の王国の感性論的考察

定言命法の「普遍的法則の法式」はその普遍的法則の範型を自然法則に求めうるし、「目的自体の法式」は意志規定の実質を含んでいるし、また、「自律の法式」は我々の純粋意志の最も直接的に捉えうるものであるが、「目的の王国の法式」はかかる側面を全く具えていない。ただ、カント自身は「自然の王国」をもって「目的の王国」の範型と見なしており、『宗教哲学』においては、『人倫の形而上学の基礎づけ』でいう「目的の王国」を「神の王国」と考え、「見える教会」をもってこの「見えざる教会」(「神の王国」)の象徴と見なしている。ただし、目的論的自然観は、ペートンも指摘しているように、やがて登場する進化論によって打ち砕かれる運命にあった。カントにおいては»Ästhetik«は感性論の意味をも持つ。しかも、優美の感情、崇高の感情は倫理性を伴っている。私があえてここで、優美、崇高という美学的範疇を用いて、目的の王国の理念に対する感情を類比的に分析してみようとするのは、かかる理由による。しかも、目的の王国の理念は、定言命法の諸法式に盛られた凡ての理念を包越する最も究極的な倫理学的理念なのである。

さて、目的の王国とは、言うまでもなく、道徳法則による理性的存在者の体系的結合の世界である。それは、人格相互間の目的・手段の普遍的・汎通的なコンメルキウムに基づく体系的調和の世界である。カントによれば、「自然の優美なるものは限定を本質とする対象の形式にかかわる。それに対して崇高なるものは、無限定性がその対象においてあるいはその対象を機縁として表象されしかもその無限定性の総体性が付け足して思惟されるhinzugedachtかぎり、無形式の対象においても見出されうる」(244)。それゆえ、調和美は優美である。目的の王国が体系的調和の世界であるという側面からは、目的の王国と優美との類比的対応が想定される。また、我々は有機体を自然界における目的の王国の象徴と見なすが、有機体を純粋に観賞するとき、我々は多くの場合、優美の快適さを感ずる。しかも、優美の感情は、「演繹論」等に説かれているように、人間の共通感官 Gemeinsinn（美的共通感官 sensus communis aestheticus）の上に成り立つと考えられる。一般に判断力の格率は「あらゆる他人の立場で考える」（294）ことである。趣味判断の根底にある美的共通感官も――イギリス啓蒙期の道徳哲学のいう――仁愛とか同情とかいうものの根底にある道徳感官に極めて近いものである。もしそれらがその根源において同一であるとすれば、この美的共通感官の上に人倫共同態の体系的調和が実現されうると言っても過言ではない。

しかし、カント倫理学は厳粛な理性主義を貫く。目的の王国における体系的調和は、根本においては、諸叡智人の道徳法則による普遍的・汎通的な結合であって、叡智的である。目的の王国が叡智的世界であるという側面からは、目的の王国と崇高との類比的対応が想定される。かくて、我々は、目的の王国と優美、崇高との類比的対応を考えることができる。

また、目的の王国の実現を感性論的側面から説明すれば、既に考察された優美の倫理性に基づいて人格相互の、利害関係に基づかぬ共同態的結合が成立し、更にこの結合が同節で考察された崇高の倫理性に媒介されて、その上で初めて、自然界の秩序を超えた道徳法則による諸人格の普遍的・汎通的な結合が可能になる。実際、『人倫の形而上学』第二部『徳論の形而上学的基礎論』においては、カントは「道徳的（叡智的）世界」における「諸理性的存在者の（地上における）結合」を愛（引力 Anziehung）と尊敬 Achtung（斥力 Abstoßung）とによって説明しているが、この愛と尊敬とは優美と崇高とに対応させて考えうるものであるし、更に、愛と尊敬とのかかる概念の根源は『優美と崇高の感情に関する考察』第二章に説かれている、「真の徳」の「原則」たる「人間の本性の優美と尊厳の感情」（II 217）という概念に求められうる。カントは言っている。「前者は一般的情愛の根拠であり、後者は一般的尊敬の根拠である」（ibid.）。

目的の王国という倫理学的理想の感性論的解明はもちろん不可能であるが、ここでは類比的に論を進めている。それにしても、優美、崇高の二範疇だけではまだ不十分である。質料、形式、総括性という「世界」規定の三モーメントのうちの総括性というモーメントに対応する美学的範疇は何であるか。我々が人類性の理念、さらには包越者の理想を抱くべく、我々を開化するのは何であるか。カントが『判断力批判』の天才論で説いている美的理念こそがそれである。そして、我々は、美的理念をもって美的世界を限りなく拡大・開放していくことができる。そこにおいては、一見異種的に見える優美と崇高も、美的理念のうちに包越される。今や目的の王国は、優美、崇高との対応を超えて、美的理念に対応させられねばならない。

## 八　美的理念

天才は「美的理念の能力」、「美的理念を表現する能力」であるといっても、その美的理念の本質を把捉するためには、天才のもう一つの側面をも顧慮する必要がある。けだし、カントの天才論には天才は「芸術に規則を与える才能」〈V 307〉であるという別の側面があるからである。その規則はもちろん、法式にまとめられて「指定 Vorschrift」として役立つものではありえないが、「作品から抽出され」「模倣の模範」として役立ちうる（V 309）。第四十六節の天才の諸特性の規定には規則の側面が反映し、第四十九節のそれには美的理念の側面が反映している。規則の重視の側面にはロマン主義者に対する批判が込められ、それは天才は他の天才に継承 Nachfolge の模範を示して流派 Schule を形成するという思想に展開している。美的技術に「規則に従って把捉されかつ遵守されうべき何か或る機械的なもの、したがって何か或る教則に適ったもの etwas Schulgerechtes」（310）が不可欠であり、天才に「訓練によって陶冶された才能」（ibid.）が不可欠であるというのもこれによる。しかし、この最後の表現と対比させられている「天才は芸術作品に対して単に豊富な素材を提供しうるだけだ」（ibid.）という表現においても、既に規則の側面は天才の本質から切り離されている。その素材に形態《フォルム》を与える「訓練によって陶冶された才能」とは、「趣味」である。これ以後においては、天才の本質からは規則の側面は斥けられ、美的理念の能力の側面がクローズアップされている。規則の側面は「趣味」という概念でもって示されることとなり、その趣味と天才とが対比させられている。しかし、「趣味は単なる判定能力であって生産的能力ではない」(313) から、「訓練によって陶冶された才能」をば「趣味に適った作品を生産する能力」と言うべきであろうか。カントは芸術作品における「趣味を欠く天才」、「天才を欠く趣味」(ibid.) を説き、「芸術作品における趣味と天才との結合」(§50) について説いている。この第五十節は「芸術の事柄においてはそこに天才が顕れるのと趣味が顕れるのといずれがより肝要であるか」(319) という問題を採り上げている。そこにおいてカントは、天才を主とする芸術を「精神に充ちた芸術 eine geistreiche Kunst」とし、趣味を主とする芸術のみを「美的芸術 eine schöne Kunst」として、趣味は美的技術における必要条件であるが、「理念において豊富であり独創的であることは美のためにさほど必須的ではない」(ibid.) と言っている。第四十六節から第四十九節における、芸術制作上での天才の演ずる役割の強調は、言わば天才論の結びであるこの節に至って急に弱まっている。もちろん趣味は優れた芸術作品の創作のための十分条件ではない。カントは「或る作品での二通りの特性〔趣味、天才〕の抗争においていずれかが犠牲にされるべき場合」(319f.) を念頭に置いてかく言っているのであるが、カントの言わんとしたのは、優れた天才はよく訓練された趣味と相まって初めて真に優れた芸術作品を制作しうるということではなかったであろうか。我々はそこにおける次の表現に注意しておきたい。「趣味は判断力一般と同様、天才の訓練(ないし訓育) であり、天才の翼をかなり切り縮めて天才をしつけられ磨かれたものにする。しかし、同時に、趣味は天才に、合目的的にとどまるためにはどこにまたどこまで己を拡げるべきであるかの指導を与える。また、趣味は充実した思想のうちへ明晰さと秩序とを持ち込むことによって、理念を安定したものたらしめ、永続的、普遍的同意に、他の人々の継承に、常に進展する文化に耐えうるものたらしめる」(319)。

注目すべきは、第四十九節である。――天才を欠く芸術作品は「精神を欠いている」とも言う。天才を主とする芸術は「精神に充ちた芸術」である。この「美的意味における精神」を、カントは「心意における生気づけの原理」と規定し、更にこの原理を「美的諸理念を表現する能力 das Vermögen der Darstellung ästhetischer Ideen」と規定する(313f.)。美的理念は「〔無制約的に〕多くのことを思惟することを惹き起こす構想力の表象」である(314)。カントがこれを「理念」と呼ぶゆえんは、第一に「構想力のそのような表象は或る何か経験の限界を超えて存在するところのものへ〔接近しよう〕と少なくとも努力し、かくして理性概念(知性的理念)の描出に近付くことを求め、このことが理性概念に客観的実在性の外観を与える」からであり、なかんずく、第二に「内的直観としてのそのような表象にはいかなる概念も完全には十全ではありえない」からである(ibid.)。美的理念は「概念的に表示できない構想力の表象 eine inexponible Vorstellung der Einbildungskraft」であり、理性理念は「直観的に証示できない理性の概念 der indemonstrable Begriff der Vernunft」である(342)。美的理念は「理性理念の対応物(対の物)」である(314)。そして、この美的理念は「知性的理念の能力(理性)を活動せしめる」(315)。つまり、「美的属標 ästhetische Attribute」は理性理念に、より広大な展望を与えそれを生気づける。我々がそこに引用されているフリードリッヒ大王(Friedrich der Große, 1712-86)の詩を読むとき、我々は我々の心意が拡大され生気づけられるのを感ずるはずだ、とカントは考えている。言わば天才的自然の産出した自然美の、また芸術美の鑑賞において、また我々自身の芸術創作活動において、我々もまた美的理念を分有しうるのである。また、以上とは逆に、知性的概念が感官の表象の属標として役立ち、感官の表象を超感性的なものの理念によって生気づけるということもありうる。しかしそれは、「超感性的なものの意識に主観的に付着している美的なものがそのために用いられることによってのみである」(316)。

カントが美的理念についてまとめている一節を引用しておこう。「美的理念は或る与えられた概念に添えられた構想力の表象であるが、この表象は構想力の自由な使用において部分表象のはなはだしい多様性と結合しているので、この多様性に対しては或る規定された概念を表示するいかなる表象も見出されえない。それゆえ、構想力のあのような表象は一つの概念に多くの名状し難きものを付け足して思惟させ、この名状し難きものの感情が諸認識能力を生気づけて、単なる文字としての言葉と精神とを結合する」(ibid.)。ちなみに、カントは詩をもって最高の芸術とするし、この引用のすぐ前にも詩の引用がある。

美的理念によって我々の心意が開発され高められるとき、我々の心のうちには、たとえ無意識的にであれ、広く全人類に思いを及ぼすヒューマニズムの精神が培われていくのではなかろうか。より高次の美的理念は我々に美の世界をより広く開示する。それはやがて我々の「世界」――シェーラーが『宇宙における人間の地位』で人間を《世界開放的存在者》と規定する際の意味での「世界」(vgl. *Gesammelte Werke*, Bd. 9, S. 32f.)――をそれだけ拡大・開放するということを帰結することになるのではなかろうか。美的理念は「美的意味における精神」であった。優美と崇高という異質的な美の感情は、美的理念において美としての統一を見いだすが、美的理念はその無制約的展開と心意を生気づける能動性において、ヘーゲル哲学の「精神」の概念に相通ずるものを持っている。

しかも、我々は美的理念と理性理念との連関を明らかにした。理性理念の目指すものが目的の王国であることは《「超越論的弁証論」の倫理学的構図》において明らかであるが、このことからも美的理念と目的の王国との対応は考えられうる。美的理念の開展はやがて人格相互間の倫理的コンメルキウムを可能ならしめる感性的基盤となる。

我々凡人もまた美的理念の開展を目指して美的開化に努むべきである。優美にも崇高にも倫理性は伴う。しかし、優美の道徳も崇高の道徳も、[3] 一方に走り出す危険をはらんでいる。例えば、前者はセンチメンタリズムに、後者はヒロイズムに。優美、崇高はより高次の美的理念において包越され調和、統一にもたらされる。我々は今ここにその美的理念の倫理性を解明した。我々の美的開化は究極的にはこの美的理念の開展を目指すべきなのである。

　しかし、人は言うかもしれない。美的理念それ自体は無秩序で形態《フォルム》を欠いたものではないか、と。確かにそのとおりである。カントが天才を主とする芸術に対して趣味を主とする芸術のみを「美的芸術」と呼んだのもそれによる。先に第五十節からかなり長い引用をしたのも、美的理念に対する趣味の役割を明らかにするためであった。しかし、趣味もまた、天才から内在的に開発されるものである。第四十九節で構想力の悟性との「幸運な関係」に心意能力から見た天才の本質が求められているのもこのことを示す。そして、真の美的理念は、趣味の開発と相まって展開するものである。趣味の開発を欠けば美的理念はいつか混乱に陥ってその展開は行き止まる。我々は趣味と相まった美的理念を念頭に置いて目的の王国との対応を考えているのである。

## 九　天才

　天才論の冒頭の言葉を思い出そう。「天才は芸術に規則を与える才能（自然の賜物）である。この才能は芸術家の生得的生産的能力としてそれ自身自然に属するゆえ、我々はこう表現してもよい。天才は自然がそれを通して芸術に規則を与える心意の生得的素質（ingenium）である」（307）。美的技術としての芸術に規則を与えうるのは、天才の「主観における自然」（ibid.）のみである。これに続いて挙げられている天才の四特性の第三番目として、カントは天才は自然として芸術に規則を与えるということを挙げ、》Genie（天才）《の語源は》genius（守護神）《であろう、と言っている。かくカントが天才の芸術創作における合目的的活動を《自然》に還元するのは、第四十五節の論述とも連関があるし、ロマン主義の思想の影響もある。第四十九節では天才を形成する心意の力の分析がなされている。それは構想力と悟性とであり、しかもそのためには、それらは「与えられた概念に対しては理念が見出されまた理念に対しては表現が見出される幸運な関係のうちに」なくてはならない。この関係をばいかなる学も教えうるものではなく、またいかに修練を積むにしても我々がこれを習得しうることはありえない。天才が我々凡人と「種別的に異なる」ゆえんである。この心意能力の分析に基づいての天才の諸特性の規定の第四番目として、カントは言う。構想力の悟性の法則性に対する自由な合致における殊更に求められたのではない、無意図的、主観的合目的性はこれら二つの能力の或る種の比例 Proportion と調和 Stimmung とを前提するが、かかる比例と調和とを産出しうるのは「主観における自然」だけである。カントは「弁証論」において、この自然を「天才の凡ての能力の超感性的基体」と言い、これを更に「それとの連関において我々の凡ての認識能力を諧和せしめることが、我々の自然の叡智的なものによって与えられた最終目的であるところのもの」と規定する（344）。そのように天才の活動の根源が《自然》に求められるなら、我々は天才をもって自然の技巧の象徴と考えることができる。

しかしカントは、天才の活動を全面的に母なる自然に帰してしまったのではなく、天才自身の意図的側面をも看過していない。それは天才論における美的技術の規則の重視という考え方にも窺える。美しきものを創作しようという意図があればこそ、天才も修練に修練を重ね、作品に美しい形態《フォルム》を付与すべく努める。

天才の創作が彼の意図を媒介にした自然の活動であるなら、天才においては自然の技巧が人間の意図的活動と結び付くのである。ということは、我々は自然（ないし自然の技巧）がもたらした自然の美的合目的性（優美なるもののみならず崇高なるものをも含めて）をも実在的、客観的なものと考えねばならないのではなかろうか。けだし、人間が意図的に産出した美も自然の技巧がもたらした美も、美の本質においては全く同じものなのである。自然の美的合目的性も人間の美的開化のために実在している。「自然の最終目的」、「創造の究極目的」との連関で考えれば、自然の美的合目的性は実在的なのである（vgl. §67）。自然の美的合目的性においても感性界、叡智界の統一が証示されているのである。

## 第二節　目的論的理念

### 一　「自然目的」としての有機体

カントにおける「目的論的理念」といえば、「超越論的弁証論の付録」における「自然の体系的統一 die systematische Einheit der Natur」（多様性 Mannigfaltigkeit・親縁性 Verwandtschaft・統一性 Einheit）の理念や、「美的判断力批判」における「美的理念」も、そのうちに数えらるべきものである。けだし、前者は自然の「超越論的合目的性」の理念であり、後者は「美的合目的性」の理念であるのだから。しかし、ここでは、論究の主題を「目的論的判断力批判」の「自然目的」、「目的論的体系としての自然」の二つの理念に限定し、それらの内的構造と連関とを明らかにしてみることにする。

カントは「有機体 das organisierte Wesen」を「自然目的 Naturzweck」と規定しているが、これは、一体、いかなる意味の概念なのであろうか。周知のごとく、『判断力批判』では、「自然目的」、「自然の最終目的 der letzte Zweck der Natur」、「創造の究極目的 der Endzweck der Schöpfung」という表現が区別され、それぞれ固有の意味で用いられている。すなわち、「自然の最終目的」は「人間の開化 die Kultur des Menschen」（430）を、「創造の究極目的」は「道徳的存在者としての人間」（vgl. 435）を意味する。この他にカントは、「自然の目的 Zweck der Natur」という表現をも用いている。「自然目的」とは、一見、この「自然の目的」と同義の概念であるように思われる。果たしてそうであろうか。

　否である。カントは言う。「或る物をその内的形式のゆえに自然目的として判定することは、この物の存在を自然の目的と見なすこととは、全く別箇の事柄である。後者を主張するためには、我々は、単に或る可能的目的についての概念のみならず、自然の究極目的（scopus）の認識を必要とするのである。……」（378）——「（人間に対する）有益性 Nutzbarkeit」、「（あらゆる他の被造物に対する）実利性 Zuträglichkeit」（367）という、自然の諸事物の「外的合目的性」が、それ自身だけではいかなる「絶対的な目的論的判断」（369）をも根拠づけえない単なる「相対的合目的性」であるのに対し、有機体の「内的合目的性」は、それ自身において完結した合目的性である。「目的論的判断力批判」が有機体の「客観的、実質的合目的性」を主題とするゆえんも、ここに存する。しかし、カントは、だからといって有機体を「自然の目的」と見なすわけにはいかない、と言うのである。けだし、「自然の〔意図的〕目的」たるものは、「自然の究極目的」に対する合目的性をも具有していなくてはならないが、有機体がそれを具有しているか否かを有機体の「内的合目的性」のみに基づいて断定することは、不可能なことだからである。

　有機体がそれであるところの「自然目的」とは、有機体における「自然〔機械論的原理〕」と「目的〔目的論的原理〕」との綜合を意味する概念なのである。そのことは、例えば、次のごとき表現においても明白であろう。すなわち、「人が自然産物として認識するところのものを、それにもかかわらずまた目的〔産物〕として、したがって自然目的として判定するためには……」（370）。かくて、「自然目的」という概念自体が、既に、有機体の判定における機械論的原理と目的論的原理との二律背反すなわち「目的論的判断力の二律背反」を証示しているのである。

そして、この二律背反こそ、正に、それらが「客観自身の可能性の構成的原則」ではなくて「探究に対する統整的原則」（387）すなわち「反省的判断力の必然的格率」（386, vgl. 387）であるにすぎないことの証明へと導くものなのである。さて、その二律背反を命題で表せば、次のごとくなる（387）。

定立「物質的諸物の凡ての産出は単に機械論的諸法則に従ってのみ可能である。」

反定立「物質的諸物の幾つかの産出は単に機械論的諸法則に従っては可能ではない。」

我々には、このいずれをよしとすることもできないのである。なぜなら、我々には、有機体（あるいは自然全体）についてその無限に錯綜している構造の全体を見通すことは不可能だからである。それゆえ、カントは、「自然の技巧」に関する一切の哲学体系を拒否する。すなわち、自然の「無意図的技巧（technica naturalis 自然的技巧）」を説く「自然目的の観念論 der Idealism der Naturzwecke」（エピクロス又はデモクリトスの偶発性の観念論 der Idealism der Kasualität・スピノザの宿命性の観念論 der Idealism der Fatalität）、自然の「意図的技巧（technica intentionalis）」を説く「自然目的の実在論 der Realism der Naturzwecke」（物活論 der Hylozoism・有神論 der Theism）のあらゆる体系が拒否されるのである。(4)

ところで、カントは、有機体を機械論的に説明することは不可能であるという思想を生涯にわたって抱き続けた。それは、『哲学における目的論的原理の使用について』（*Über den Gebrauch teleologischer Prinzipien in der Philosophie,* 1788）及び『判断力批判』においてはかくのごとく「批判的」に把握されているが、『天界の一般自然史と理論』、『神の現存在の証明のための唯一の可能的証明根拠』、『視霊者の夢』等の批判期前の著作、批判期の著作でも『自然科学の形而上学的基礎論』、そして一七九九年以降の遺稿においては「極めて定説的」に把握されているのである。(5)

してみれば、カントが「目的論的判断力批判」に「弁証論」を設けたことの意義は、あらゆる「批判」に「分析論」、「弁証論」、「方法論」を設けるという単なる形式的意義に尽きるものではない。したがって、我々は、「自然目的」という有機体の規定にも、深い注意を払わなくてはならないのである。しからば、「目的論的判断力批判」においては、「自然目的」としての有機体の機能ないし構造はいかなるものとして把捉されているであろうか。

カントは「自然目的」を、まず「暫定的に」、「或る物は、それが己自ら〔すなわち自然物として〕（二重の意味においてではあるが）原因並びに結果である〔すなわち目的結合を具有している〕ときに、自然目的として存在する」と規定している（370）。――「己自ら原因並びに結果である」とは、有機体の自己産出の謂に外ならない。生物――カントの例では「樹木」――は、㈠生殖において、類として、㈡生長において、個体として、㈢部分相互間の交互扶助において、部分として、己自らを産出する（371f.）。生殖や、或る部分の欠損が残りの部分によって再生されるという「自然の自助」（372）は言うに及ばず、生長もまた、機械論的法則に従う他のあらゆる量の増大とは本質的に異なるものであって、養分の分解、合成において、いかなる人間的技術も及びえない、有機体固有の能力を要するものなのである。

しかし、上述の規定は、「やや非本来的で不明確な表現」であるがゆえに、更に「或る明確な概念からの導出」を要するものなのである（372）。

それゆえ、カントは、（広義の）因果結合（die Kausalverbindung, die Kausalverknüpfung）について考察し、次のごとく述べている。――「作用因の因果結合 die Kausalverbindung der wirkenden Ursachen（〔狭義の〕因果結合 nexus effectivus）」は、常に原因から結果へと向かう下降的系列を成す。それに対し、「目的因の因果結合 die Kausalverknüpfung der Endursachen（目的結合 nexus finalis）」は、人がそれを系列と見なすならば、下降的系列とも上昇的系列とも見なされうる。このことは、殊に、「実践的なもの（すなわち技術の）において」

明白である。例えば、貸家家屋は家賃収入の原因であるが、また逆に、家賃収入の表象が貸家家屋の建築の原因となったのである。そして、より適切には、「作用因の因果結合」は「実在的原因の結合 die Verknüpfung der realen Ursachen」、「目的因の因果結合」は「観念的原因の結合 die Verknüpfung der idealen Ursachen」と呼ばれるべきものである。けだし、それによって、この二種類以外には原因性のありえないことが明示されるからである（372f.）。

目的結合についてのかかる説明からして、なぜカントが『判断力批判』の第二版、第三版で前述の「自然目的」の暫定的規定に「二重の意味においてではあるが」という句を挿入したかが、明らかであろう[6]。もっとも、この挿入と、その後に続く「樹木」の自己産出による説明との間に、――カントの論述そのままでは――ずれがあることは否めないけれども。しかし、ともかく、今や、「自然目的」の暫定的規定は、原因性の概念によって裏打ちされたのである。

しかし、目的結合は、右の説明のごとく、観念的原因とその結果との結合だけに限られるであろうか。否である。それは、有機体の、類、個体、部分のそれぞれにおける形相実現についても、単に類比的にのみ言えることなのである。そして、例えば、「目的の王国」における、人格相互間の普遍的・汎通的な目的・手段のコンメルキウムは、これによっては説明されえないものである。しかも、右の例のごとく、技術によって媒介された、目的因とその結果との外的な目的結合は、「自然目的」としての有機体の内的合目的性の説明には当てはまらない。カントもまた、改めて、「自然目的」の規定を、その全体と部分との構造連関において行っている。

カントは言う。「自然目的としての物」に要求されることは、第一には、「諸部分が（それらの存在と形式に関して）それらの、全体に対する関係によってのみ可能である」ということであり、第二には、「それの諸部分が、それらが交互的にそれぞれの形式の原因及び結果であることによって、一つの全体の統一へと結合される」ということである。第一の規定は、「自然目的」が「目的〔産物〕」であって、「その物の内に含まれているべき凡ての物をアプリオリに規定せねばならないところの、或る概念ないし或る理念の下に包含されている」ものであることを示す。しかし、これによるだけでは、それは、全くの技術作品になってしまう。それゆえ、第二の規定が、「自然目的」は「自然産物」であって、「それ自身とその内的可能性とのうちに何としても目的に対する関係を含んでいるべきである、すなわち自然目的としてのみ可能であって、その物以外の理性的存在者についての概念の原因性なしで可能であるべきである」ことを示すのである。それゆえ、第一の規定において、「全体の理念」が「凡ての部分の形式と結合」を「規定する」、と言っても、「原因」としてではなく、「その物を判定する人にとっての、所与の質料の内に含まれている凡ての多様なものの形式と結合の体系的統一の認識根拠」としてである。かくて、明らかである。「自然目的」においては「作用因の結合が同時に目的因による結果として判定されうる」(337)。

## 二　目的の王国の象徴としての有機体

かくて、「自然目的」としての有機体の機能と構造とは、それが「自然」と「目的」との綜合であるということに基づいて明らかにされた。しかし、そこにおいてはまだ、有機体の字義どおり「有機体」としての内的構造の把捉は欠けている。もっとも、それがカント自身に欠けているわけでないことは言うまでもない。すなわち、カントはそれを「有機体における内的合目的性の判定の原理」、「有機体の定義」として、次のごとく言い表しているのである。「自然の有機的産物とは、その内においては凡ての物が目的でありかつ交互的に手段でもあるところのものである。この産物における何一つとして、無駄であったり、没目的的であったり、あるいは無計画な自然のメカニズムに帰せられたりするようなものはない」(376)。——ここにおける目的・手段の汎通的コンメルキウムもまた、目的結合を観念的原因とその結果との結合としてのみ見る考え方だけによっては説明されえないものである。かつ、前述の「自然目的」の規定における全体と部分との連関も、実は、有機体のかかる内的構造によって成立するのである。

さて、右のごとき「有機体の定義」からして、我々は、「自然目的」としての有機体と「目的の王国」との間に或る類似性を認めることができる。けだし、「目的の王国」とは、「各々の理性的存在者は自分自身を、またあらゆる他の理性的存在者を、決して単に手段としてでなく、常に同時に目的自体として取り扱うべきである」という「共通の客観的法則による諸理性的存在者の体系的結合」（IV 433）であって、両者とも、それが目的・手段の汎通的コンメルキウムによる体系的結合を具えている点では、何ら異なりはしないからである。右の点、並びに「自然目的」としての有機体が「自然」と「目的」との綜合であるということを顧慮するなら、我々は有機体を、自然界における、「目的の王国」の理念の「象徴 Symbol」と見なすことができるのではあるまいか。けだし、カントも言っている。人は「現実のうちにおいてよりむしろ理念のうちに見いだされる或る種の結合」を「前述の直接的な自然目的との類比によって」明らかにしうる。「かくて、人は、最近企てられた或る大きな民族の一つの国家への全面的改造〔アメリカ合衆国の成立〕に際して、有機的組織 Organisation という語を、しばしば行政地域等々の、そして全国家体制すらの組織に対して極めて適切に使用してきた。……」（375 Anm.）と。民主主義的理想国家の象徴である有機体は、また、当然、「目的の王国」の象徴でもあるはずである。

有機体においては、それの諸構成部分の汎通的コンメルキウムが一つの有機体の全体を構成している。そこにおいては、諸構成部分は、それらが構成している全体のために存在しており、また、その全体によって支えられて存在している。有機体におけるそのような目的論的機構において存立しているのは、あくまで、一つの有機体である。一つの有機体においては、全体がそれの諸構成部分に優位する。その点においては、有機体と目的の王国とを類比的に論ずることはできない。目的の王国の理念においては、その構成要素である諸人格尊重の精神が根幹に据えられているのだから。しかし、諸構成部分の汎通的な目的論的調和の具現態としては、有機体は目的の王国の理念の一つの範型と見なされうる。事実、カントも、「純粋実践的判断力の範型論について」において「道徳法則の範型 der Typus des Sittengesetzes」（V 69）を自然界の目的論的調和という理念に、したがって自然法則に仰いでいるのである。

ところで、自然界における、「目的の王国」の象徴である有機体は、経験の対象でありつつも、単なる自然物とは異なって、無制約的なものである。それは、経験の対象であるという点において、「あらゆる他の理念とは区別されるような何か或るもの」（405）を持っているが、また、無制約者であるという点において、一般の「象徴」、すなわち理性概念の間接的描出を含む単なる直観とは異なるものである。有機体のこの無制約性を、我々は、前記の「有機体の定義」から、「純粋理性の理想」の章の「汎通的規定の原則」に基づいて明らかにしうるのである。(7)

有機体は、その内的合目的性のゆえに、それ自身において完結した一つの世界（小宇宙）と見なされうるものである。ところで、正教授就任論文において明らかなごとく、世界においては、ありとある実体が普遍的・汎通的なコンメルキウムを営み、そこに世界の統一が成立する。「汎通的規定の原則」によれば、この普遍的・汎通的なコンメルキウムの全体は、諸実在性の総体 Inbegriff ではなく、それらの包越的な根拠 Grund、すなわち世界の構成要素とは次元を異にする超越的理念、無制約者なのである。そして、「自然目的」におけるこの全体が、生命なのである。――かくて、また、生命が実体的なものではなく、機能的なものであるということも明らかである。ここに、カントにおける生命の概念と心霊の概念との相違が見いだされるのである。けだし、カントは、確かに誤謬推理論において合理的心理学の批判を行ってはいるが、しかし、心霊を実体とする思想は、依然、カントのうちに残存しているからである。

ところで、有機体の無制約者としての超越性は、有機体と機械との対比においてより明白になる。有機体の機械論的把捉（いわゆる自動機械説）に対して、カントは以下のごとく反論している（373-375）。——有機体の各部分は、確かに、他の諸部分並びに全体のために存在している「道具 Werkzeug（器官 Organ）」である。しかし、それは、決して「技術の道具 Werkzeug der Kunst」ではなくて、「他の諸部分を（したがってあらゆる部分が他の諸部分を交互的に）産み出す器官 hervorbringendes Organ」なのである。ここに、我々は、有機体の、機械との本質的な相違を見ることができるのである。かかる「形成する力 bildende Kraft」すなわち「この力を持っていない物質に有機体が分与する（それらの物質を有機化する）ような力」、——より正確には——「己を繁殖させ形成する力」は、機械の有する単なる「動かす力 bewegende Kraft」とは本質的に異なるものであって、「動かす能力（メカニズム）によってだけでは durch das Bewegungsvermögen allein (den Mechanism)」説明されえないものなのである。——かくて、人は「有機的諸産物における自然とその能力」を「技術の類比物 ein Analogon der Kunst」と呼ぶことはできない。また、それよりはましであるが、「生命の類比物 ein Analogon des Lebens」と呼ぶこともできない。なぜなら、後者の場合には、「生命ある物質」〈394〉という矛盾概念を持ち出す物活論になるか、「物質と交互関係にある或る異種の原理（或る霊魂）」を持ち出すことになってしまうからである。けだし、この後者の場合には、有機的物質をその霊魂の道具として前提してしまうことになるか、あるいは、その霊魂を有機的物質の制作者と考え、有機的物質を自然（物体的自然）から引き去るかになってしまうからである。「かくて、自然の有機的組織は、我々の知っている何らかの原因性と類比的なものを何一つとして持っていない。」

ところで、「有機的諸産物における自然とその能力」を「生命の類比物」と見なしてはならないという右の論は、決して、有機体における生命の理念を否定しているのではない。カントは、右の論に託して、有機体の全体的構造ないしその生命はあくまで無制約的理念であって、我々の定説的に規定し能わざるものであることを説いているのである。

## 三　自然の合目的性

かくて、「自然目的」の概念は明らかになった。ところで、「純粋理性の理想」の章の自然神学に関する論述に即して言えば、有機体のかかる「客観的、実質的合目的性」は、その他諸々の根拠と一体化して自然神学（自然目的論）を成立せしめるものであって、それ自身それを成立せしめる十分条件であるのではない。しかし、「目的論的判断力批判」では言っている。この「自然目的」の概念は〔それのみで〕、我々をして必然的に「目的の規則に従う一つの体系としての総体的自然の理念」に至らしめ、自然は「世界における凡てのものは何らかのために善であり、世界においては何ものも無駄ではない」という格率に従って判定されることになる、と（378f.）。

さて、アディッケスは、我々が目的論的原理の適用をかくのごとく有機体から自然全体へと拡張しうるのは「同質性の原則 der Grundsatz der Homogeneität」に従ってであると考えているが、[8] 検討の余地がある。カント自身は、小宇宙としての有機体と大宇宙としての自然全体との類比を念頭に置いていたのである。このことは、「直観的悟性」の概念に論及するときに明らかになるであろう。もっとも、カントは、彼の進化論的思想の基礎づけにおいては「同質性の原則」すなわち「自然における連続の法則 lex continui in natura」（182）を極めて巧みに使用しているが。[9]

我々が、この「諸目的の体系としての自然一般の目的論的判定の原理」（377）に従って自然界の秩序について反省するとき、凡てのものが、一見反目的的と思われるものすらが、「諸物の目的論的秩序への、楽しい、時には教訓的でもある眺望」（379）を与えてくれるのである。

ここに至って、「美的判断力批判」においてはそれがいかなる目的のために存在しているのかについては全く不問に付せられた自然の美もまた、「人間の開化」の助成のために存在するものとして、「体系としてのその全体における自然の客観的合目的性」（380）と見なされることになるのである。カントは言う。「我々は、自然が有用なもの以上になお美と魅力とをかくも豊富に〔我々に〕分与してくれたことを、自然が我々のために配慮してくれた恩寵として考察することができる。さればこそ、我々は自然を愛し、またその測り難さのゆえに尊敬の念をもって自然を観察し、かかる観察において我々自身が高貴にされたことを感得しうるのである。それはまさしく、あたかも自然が全く本来的にこのような意図においてその壮麗な舞台を設け飾っておいたかのごとくである」(ibid.)。かくて、自然の美は、「自然の恩寵 Gunst der Natur」と見なされる。これは、「自然の最終目的」が、「創造の究極目的」としての人間をしてその道徳的使命を果たさしむべき「人間の開化」であることを考えると、実に興味深いことである。けだし、美は総じて「倫理性の象徴」（§59）であり、殊に崇高美、なかんずく力学的崇高の、人間の道徳的開化への関与――この逆も言えるが――には極めて著しいものがあるからである。

## 四　直観的悟性

しかし、自然物である有機体、あるいは自然全体が目的論的体系であるということは、いかにして可能であろうか。我々の「模型的知性 intellectus ectypus」には、これに対する解答を与えることはできない。そこで考えられるのが、「原型的知性 intellectus archetypus」としての「直観的悟性 der anschauende Verstand」である。「直観的悟性」とは、文字どおり、（知性的）直観と悟性とが不可分な、全知、全能の神である。しかるに、我我の「模型的知性」においては、「概念に対する悟性」と「その概念に対応するところの客体に対する感性的直観」とが、「二つの全く異質的な要素」として分離している。その前者は、それだけでは、単に対象の可能性にかかわるにすぎず、前者と後者が結合して初めて、対象の現実性の認識が成立するのである。ここに、可能的なものと現実的なものとの区別が由来するのである。かくて、この区別は、「人間的悟性に対して単に主観的に妥当する」(402)にすぎない。カントは言う。「すなわち、我々の悟性が直観的であったなら、それは現実的なもの以外にはいかなる対象をも持つことはないであろう」[10](ibid.)。そして、かかる「直観的悟性」の有する表象のうちへは、「実在はしていない幾つかの客体の可能性、すなわちそれらの客体が存在するときのそれらの偶然性、したがってまたこの偶然性から区別されるべき必然性」(403)は入って来えないであろう。それゆえ、「直観的悟性」においては、「自然のメカニズム」と「自然の技巧」との間に何の区別も見出されえないことになるであろう。けだし、「合目的性」とは、「偶然的なものの法則性 Gesetzlichkeit des Zufälligen」(404)なのだから。

かくて、「目的論的判断力の二律背反」は、「判断力に関する我々の(人間的)悟性の特質」(405)に帰着する問題である。そこでカントは、我々の「論弁的悟性 der diskursive Verstand」における「分析的＝普遍的なもの das Analytisch-Allgemeine」と「直観的悟性」における「綜合的＝普遍的なもの das Synthetisch-Allgemeine」とを対比させて、次のごとく述べている。——すなわち、我々の悟性は「分析的＝普遍的なものから(概念から)特殊的なもの(所与の経験的直観)へと進まねばならない」という特性を持っている。ところが、我々は、直観的な、したがって、「綜合的＝普遍的なもの(一つの全体そのものの直観)から特殊的なものへと進む、すなわち全体から部分へと進む」ところの悟性をも想定することができる。かかる「直観的悟性」においては、「諸部分」と「全体」との諧和はいかなる偶然性をも伴わない。これに対し、我々の悟性の性質に従えば、「自然の実在的全体」は、単に「諸部分の、競合し合う諸運動力の結果 Wirkung der konkurrierenden bewegenden Kräfte der Teile」にすぎないものと見なされる、と(407)。——かくて、明らかであろう。目的論的判定は、我々の悟性の特性によって生ずるものであって、「直観的悟性」にはかかるものは生じないのである。ところで、カントは、「直観的悟性」ならば、「自然のメカニズムのうちにも」有機体の可能性の根拠を見いだしうるであろう、と考えている(406)。してみれば、直観的悟性は有機体における全体と部分との関係を機械論的に把捉しうる、というのであろうか。否である。機械論的原理とて、人間的悟性に特有の認識原理であって、ただ現象界についてのみ妥当するにすぎないのである。カントが言わんとしているのは、「《自然のメカニズムのうちにも》、その超感性的基体において」、ということなのである。けだし、この超感性的基体において、「目的論的判断力の二律背反」の機械論的原理と目的論的原理とは、矛盾なく合一しうるであろうと考えられるのである。

ところで、我々は先に、「目的結合」に二通りあることを見た。一つは、観念的原因とその結果との結合であり、もう一つは、「自然目的」や「目的の王国」において考えられる、その構成要素相互間の目的・手段の汎通的コンメルキウム、さらに、一般的に、諸自然物間の目的・手段の関係である。カントは、「直観的悟性」においては、前者は意味を成さない、と言う。しかし、「直観的悟性」においては、後者もまた意味を成さない、と言うのではない。「綜合的＝普遍的なもの」とは、目的・手段の汎通的コンメルキウムの全体なのである。我々の悟性の性質に従えば「諸部分の、競合し合う諸運動力の結果」にすぎないものと見なされる「自然の実在的全体」も、「直観的悟性」においては、その諸部分の目的・手段の汎通的コンメルキウムの全体と見なされるのである。けだし、「全体から部分へと進む」とは、或る物の汎通的規定はありとある実在性の包越的根拠としての「超越論的理想」との関係において成立するという「汎通的規定の原則」の論旨に外ならないのである。そして、その全体を、カントは、――少なくとも第七十七節においては――或る場合には全体としての有機体と考え、或る場合には全体としての自然と考えているのである。我々が先に、カントが「自然目的」の概念に基づいて「目的論的体系としての自然」の理念を説くに当たって、小宇宙としての《自然目的》と大宇宙としての《自然全体》との類比を念頭に置いていたと言った根拠は、ここに存するのである。かくて、「直観的悟性」すなわち神の目から見れば、実在的全体としての自然は目的論的な「自然の王国」(IV 436)なのである。そして、その「自然の王国」を統一する根本原理は、内在的には、「自然の最終目的」としての「人間の開化」であり、超越的には、「創造の究極目的」としての「叡智人」なのである。

## 五　倫理学的考察

我々が理論的には確証しえない超越神すなわち「直観的悟性」の存在も、純粋実践理性によって要請されるのであるから、自然目的論は成り立ちえないにもかかわらず、「目的論的体系としての自然」の理念は、道徳神学あるいは道徳的目的論において、積極的意義を帯びて生き返ってくるのである。

この「目的論的体系としての自然」の理念は、歴史的に見れば、ニュートンの諸発見がカント及び彼の同時代人にもたらした、宇宙には神の叡智の顕現として秩序と調和とが存在するという思想に外ならない[11]。ところで、かかる思想においては、「自然法則」もまた、「意図的(あるいは目的論的)な法則」と考えられている(ペートン)。ここに、カントが定言命法の法式I(普遍的法則の法式)を法式$\mathrm{I}_a$(自然法則の法式)に言い換えたゆえんが存するのである。同じ根拠に基づいて、カントは、法式$\mathrm{III}_a$(目的の王国の法式)を次のごとくにも言い表している。「あらゆる格率は自らの立法に基づいて自然の王国としての、諸目的の、可能的な王国に調和すべきである」[12](IV 436)。すなわち、「目的の王国」は、「自然の王国」としてのみ、換言すれば、自然の目的論的秩序を踏まえてのみ、可能なのである。けだし、「自然の王国」とは、自然目的論の概念なのだから(IV 436 Anm.)。——右の点に関するカントの論述は必ずしも十分ではないが、ペートンは、「目的の王国の実現」に関する論述の中で、例えば、次のごとく言っている。「目的の王国は、自然自身が、目的論的法則によって支配されている一つの王国であり、我々の道徳的意欲の成就 the success of our moral volitions を促進ないし保証すべく構成されている場合にのみ、現実的になりうる。[13]……」かくて、「自然の王国」(=「目的論的体系としての自然」)の理念と「目的の王国」の理念とがいかに深い連関を有するものであるかが、明らかであろう。そして、その連関からして、我々は、「創造の究極目的」が、単に個々人における人間性(人格性)ではなく、和辻哲郎博士が『人格と人類性』におけるカント解釈でいう「人類性」であること、すなわち「目的の王国」であることを知りうるであろう。

ここで再び「自然目的」の概念に立ち返って言えば、既述のごとく、「自然目的」は、自然物でありながら、しかし単なる自然物にとどまらぬ無制約者であり、その部分相互間の目的・手段の汎通的コンメルキウムによる体系的統一を具現している。それゆえ、それは、「目的の王国」における、人格相互間の目的・手段の汎通的コンメルキウムによる体系的統一が、「自然の王国」において実現可能である――もちろん「要請」としてであるが――こと、すなわち「自然の王国としての、諸目的の、可能的な王国」が実現可能であることを、象徴的に証示しているのである。このことこそ、我々が「自然目的」を自然界における、「目的の王国」の象徴と見なすことの究極の根拠なのである。そして、我々はここに、「自然目的」が有機体における「自然」と「目的」との綜合を意味する概念であるということからする「自然目的」の概念の極めて重要な倫理学的意義を見いだしうるのである。

## 注

(1) 小牧治『社会と倫理――カント倫理思想の社会史的考察――』、三八五ページ。

(2) 以上に関しては、『人倫の形而上学の基礎づけ』(アカデミー版全集第Ⅳ巻の)四一三―四一四ページと四五九―四六〇ページとの注をも参照されたい。そこに、例えば、次のごとくある。「関心」は、「行為における実践的関心」と「行為の対象における受動的関心」とに区別される。「第一の場合には行為が私に関心を抱かせるが、第二の場合には行為の対象が（それが私に快適であるかぎり）私に関心を抱かせる」(413f.)。

(3)「優美の道徳」、「崇高の道徳」という概念については、金子武蔵『近代ヒューマニズムと倫理』、一九五〇年、の「道徳の近代化」の章を参照されたい。

(4)「自然目的」という用語は、カントにおいて、必ずしも一義的に用いられているわけではない。ここでは、「自然における目的」の意である。

(5) Vgl. E. Adickes: *Kant als Naturforscher*, § 322.

(6)「（二重の意味においてではあるが）原因並びに結果である」とは、有機体の、類、個体、部分のそれぞれにおける形相実現を指しているのであって、機械論的意味での交互性（交互作用）の範疇と異なるものであることは言うまでもない。

(7) 第三批判 § 59 参照。

(8) アディッケス、前掲書 § 337 参照。

(9) 第三批判、第八〇節、第四、第五段落参照。

(10) ここにおいて、カントの神の概念は、ライプニッツのそれと決定的に相違する。けだし、ライプニッツの弁神論によれば、神の悟性は、無数の可能的世界のうちから、最善律 lex melioris に従って、最善なるものを選び、それを現実化したのであるから。Vgl. Ernst Cassirer: *Kants Leben und Lehre*, S. 377–378 Anm. なお、田邊元『カントの目的論』、「田邊元全集」（筑摩書房）、第三巻、四六―四七ページ参照。

(11) Vgl. H. J. Paton: *The Categorical Imperative*, XV App. § 5, XVIII § 7.

(12) これは、正確には、法式Ⅲ（自律の法式）と法式$\mathrm{III}^a$（目的の王国の法式）との綜合形というべきものである。Vgl. *Immanuel Kant Groundwork of the Metaphysic of Morals* Translated and analysed by H. J. Paton, p. 37. さらに、この法式が「カントの凡ての法式の中で最も包括的なもの」であるゆえんについては、Paton: *The Categorical Imperative*, XVIII § 1 を参照されたい。

(13) Paton: *The Categorical Imperative*, XVIII § 8.

# 第六章　法哲学及び歴史哲学

## 第一節　法哲学

### 一　目的の王国と法

カントは徹底して認識批判を遂行したが、同時に、一切のアプリオリな原理の体系を確立することをも目指した。彼が「自然の形而上学」、「人倫の形而上学」という言葉で構想したのは、後者である。『人倫の形而上学』（*Die Metaphysik der Sitten*）は『法論の形而上学的基礎論』（*Metaphysische Anfangsgründe der Rechtslehre*）と『徳論の形而上学的基礎論』（*Metaphysische Anfangsgründe der Tugendlehre*）の二部門から構成されている。この書には既に『人倫の形而上学の基礎づけ』、『実践理性批判』が先行している。しかしこれら二書においては、私が見るかぎり、法論への構想は欠如していた。

アプリオリな理性法の体系が『人倫の形而上学』に含まれるのは当然であるが、法義務と徳義務との間には本質的な相違が存する。「外的自由の義務」（VI 406）である前者に対しては「外的立法が可能」であるが（239）、「内的自由の義務」（406）である後者に対しては「外的立法は可能でない」（239）。「行為の義務法則との一致は合法性 Gesetzmäßigkeit（legalitas）である。——行為の格率の法則との一致は行為の道徳性 Sittlichkeit（moralitas）である」（225）。「法は〔外的〕強制の権能と結合している」が（231）、道徳的命法には外的強制の権能は伴っていない（379f.）。――カントは、法と道徳を明確に区別した。

『人倫の形而上学の基礎づけ』においては、倫理的最高善として「目的の王国」が考えられていた。果たして目的の王国は、単に道徳性――あらゆる理性的存在者相互間の汎通的な共同 Gemeinschaft における――によるだけで成立可能であろうか。

「理性的存在者は意志の自由によって可能な目的の王国において、成員としてあるにせよ、あるいは元首としてあるにせよ、常に自分自身を立法的と見なさねばならない」（IV 434）。「目的の王国においては凡てのものが価格を有するか、尊厳を有する。……」（ibid.）カントは人格の尊厳を「目的の王国における立法的成員」（IV 435）という理念によって基礎づけた。価格を有するものについては、カントがそれを「市場価格」を有するものと「愛好価格」を有するものとに分け、前者の例として「労働における熟練・勤勉」を、後者の例として「機知、たくましい想像力、上機嫌」を挙げているところからすると（IV 434f.）、それを物件という一語にまとめることは不可能であるかもしれないが、実質的には目的の王国において価格を有するものの主たるものが物件であることは間違いない。カントは「人格」と「物件」とを対比的概念として用いている（IV 428, VI 223）。目的の王国は単なる形而上学的理想ではない。地上にそれを樹立することこそが人類の究極的な倫理的使命である。したがって、目的の王国についての社会哲学的考察が必要である。

「人倫の形而上学の序論」は、「人格」について言う。

「人格とは、それの諸行為〔について〕引責能力を有するところの主体である。それゆえ、道徳的人格性は道徳法則の下における理性的存在者の自由以外の何ものでもない。（心理学的人格性はしかし、彼の現存在の相異なった状態における彼自身の自同性を意識する能力であるにすぎない。）そこから更に、人格は彼が（一人でか、あるいは少なくとも他の人々と一緒にかで）自分自身に与える諸法則以外の諸法則には服従しないということが帰結する」（VI 223）。

続けて、「物件」について言う。

「物件とは、いかなる引責能力をも有しないところの物である。それ自身は自由を欠く、自由な意思 freie Willkür のあらゆる客体は、したがって物件（res corporalis）と呼ばれる」（ibid.）。

カントは自由をもって人格の人格たるゆえんと考えている。それは、徳論の場合には「道徳法則の下における」自由であり、法論の場合には「他の人々と一緒に自分自身に与える諸法則」の下における自由である。

カントは、自由が「唯一の生得的権利」である、と言っている（237f.）。「自由（他人の強要的意思からの独立性）は、それが他のあらゆる人々の自由と普遍的法則に従って共に存立可能であるかぎり、この唯一の、根源的な、あらゆる人間に彼の人間性によって帰属している権利である」（237）。ここで言われている自由は、もちろん外的自由、法理的自由である。そして、カントの法概念は、かかる意味での意思の自由の理念と本質的に連関している。――「法はそれゆえ、それの下で或る人の意思が他人の意思と自由の普遍的法則に従って共に調和させられうるところの諸条件の総体である」（230）。「『汝の意思の自由な使用が凡ての人の自由と普遍的法則に従って共に存立しうるように外的に行為せよ』という法の普遍的法則」（231）。「人は法の概念を普遍的相互的強制と凡ての人の自由との結合の可能性のうちに直接に定立することができる」（232）。

目的の王国は「理想」（vgl. IV 433, 462）としての倫理的共同体（共同態）であって、法的共同体（共同態）とは次元を異にする。前者は我々が道徳法則・定言命法に基づいて実現すべきものであり、他方、後者は法に従って――カントによれば、「国家」は「国家法」に従って、「国際連盟」は「国際法」に従って、また「相互に作用的関係に入りうる地上の一切の民族の、〔世界公民権に基づく〕……平和的、汎通的な共同態」（352）は「世界公民法」に従って――秩序づけられるべきものである。――また、市民社会・「家共同体 das Hauswesen」（VI 276 usw.）も「私法」によって秩序づけられるべきものである。だから、そのかぎりにおいて、それらも法的共同態と見なされうる。――しかし、目的の王国に物件が含まれているかぎり、市民社会・「家共同体」、並びに「国家」、「国際連盟」（今日の言葉で言えば「国際連合」）、さらには「地上の凡ての民族の〔世界公民的〕共同態」（352）における法的な共同体（共同態）秩序の実現は、目的の王国における倫理的世界秩序を成立可能ならしめるための不可欠の条件なのである。

## 二　自然状態と公民的状態

カントによれば、「自然法」は「自然的法」と「公民的法」とに区分され、前者は「私法 Privatrecht」と名付けられ、後者は「公法 öffentliches Recht」と名付けられる（242）。『法論の形而上学的基礎論』の第一部は「私法」論を、第二部は「公法」論を展開している。カントは、「自然状態においては……（公的諸法律によって我のもの・汝のものを保証する）公民的社会だけは存在しえない。したがって、自然状態における法は私法と呼ばれる」（242）と言っている。つまり、私法は――自然状態においては――「外的な我のもの・汝のもの」の取得 Erwerbung を可能ならしめる「実践理性の許容法則（lex permissiva）」なのである。それに対して公法は、「或る法的状態を作り出すために普遍的告示を必要とする諸法律の総体」（311）であり、法的実効力を伴っている。

さて、「外的な我のもの・汝のもの」の取得は自然状態においても可能であるが、その取得はあくまで暫定的なものでしかない。『法論の形而上学的基礎論』第十五節の標題は、「公民的体制においてのみ或るものは決定的に peremtorisch 取得されうる。これに反して自然状態においては、取得はされうるが、暫定的に provisorisch しか取得されえない」であった。自然状態における取得を保証しうるものといったら、結局は各人の物理的力しかない。しかし、いかに強力な者といえども、更に強力な敵の出現を恐れずにはおれない。自然状態は、少なくとも潜勢的には闘争状態である。各人の取得を決定的なものとして保証しうるのは、公民的体制における「あらゆる他人を拘束する、したがって集合的・普遍的な（共同の）そして権力を持っている意志」（256）のみである。「〔公民的体制の〕状態は共同の意志の法則の上にのみ設立されうるものであり、それゆえこの法則の可能性に一致するものであるが、かかる状態を期待し準備してなされる占有 Besitz は暫定的占有である。それに対して、現実のかかる状態において見いだされる占有は決定的占有であるであろう」（256f.）。しかし、自然状態における占有が暫定的占有であるにすぎないといっても、それはそれなりに「法的占有」と見なされうるものである。カントは言う。「自然状態において外的な或るものを彼のものとして持つ仕方は、公的立法における万人の意志との結合によってその占有を法的占有とする〔ことができる〕という法的推定をそれ自体が含んでいる物理的占有であり、〔上述の〕期待において比較的に法的占有と見なされる」（257）。

カントにおいても、ホッブズ的自然状態観は随所に見受けられる。一例を紹介しておこう。「さて、我々の内なる道徳的＝実践的理性はその抵抗し難き拒否の言い渡しをして言う。戦争はあるべきでない。自然状態における我と汝との間に起こる戦争も、内的には法律的状態にあるけれども、外的には（相互の関係においては）無法律状態にある諸国家としての我々の間に起こる戦争も。……」（354）しかし、カントは自然状態を必ずしも戦争状態とは見なしていない。彼によれば、自然状態は常に戦争への危険をはらみながらも、公民的状態へ至る前段階としての社会進化上の役割を担っている。

「なるほど、各人の自然状態は、自然状態だからといって、各人の〔物理的〕力の単なる大小に従ってのみ相互に対抗し合う不正の（iniustus）状態であることを要しなかった。しかし、それはやはり無法状態（status iustitia vacuus）だったのであり、そこでは権利が争われた（ius controversum）場合に、法的効力のある判決を下す、権限のある裁判官は存在しなかった。今やそのような無法状態から脱却して法的状態へ入り込むよう、各人には他の人々を無理やり駆り立てることが許されている。……」(312) 自然状態は必ずしも「不正の状態」であるわけではない。だから、自然状態においても、外的な我のもの・汝のものの取得は暫定的な形においては成立しうる。しかし、そこでは、「その取得は、いかなる公的（配分的）正義によっても規定されておらず、この法を執行するいかなる権力によっても保証されていないがゆえに、まだそれに対する公的法律の裁可を受けていない」(ibid.)。だから、それは、あくまでも暫定的なものでしかない。しかし、公民的状態の設立は、その暫定的取得を基礎にして初めて可能であるのである。

「もし人が、公民的状態に入り込む以前には全くいかなる取得をも、暫定的にすらも、法的であると認めようと欲しないとしたら、公民的状態そのものが不可能であることになるであろう。なぜなら、形式について言えば、自然状態における我のもの・汝のものに関する諸法則は、公民的状態が単に純粋理性概念に従って考えられるかぎり、公民的状態における我のもの・汝のものに関する諸法律が命ずる正にそのことを含んでおり、ただ公民的状態においてはそれらの下で諸法律が（配分的正義に従って）執行されるところの諸条件が提示される〔という相違があるにすぎない〕からである。——それゆえ、もし自然状態においては暫定的にも外的な我のもの・汝のものが存在しないとしたら、外的な我のもの・汝のものに関するいかなる法義務も存在せず、したがって自然状態から脱却せよというかなる命令も存在しないことになるであろう」(312f.)。ここには、私法の内容は、理念的には自然状態においても公民的状態においても同じものであるということが述べられており、また、自然状態における我のもの・汝のものの暫定的所有の上に初めて公民的状態が設立されうることが述べられている。けだし、「公民的体制とは、それによって各人に彼のものが保証されるだけであって、厳密に言えば、〔新たに〕形成されたり規定されたりするのではないところの法的状態であるにすぎない」(256) のである。

「私法」論の最終節（『法論の形而上学的基礎論』第四十二節）は言う。「自然状態における私法から今や公法の次のごとき要請が生ずる。汝は凡ての他の人々と不可避的な共存の関係にあるのだから、自然状態を脱却して法的状態、すなわち配分的正義の状態へ移行すべきである。——それの根拠は暴力（violentia）と対比的な外的関係における法の概念から分析的に明らかにされる」（307）。自然状態においては人間相互の間に敵対行為が不可避的に起こるであろうことは、「他人に対して主人役を演じようとする（人間が自分は力あるいは奸智の点で他人に勝っていると感ずる場合には、他人の権利の優越性を顧慮しようとしない）人間一般の傾向性」（ibid.）を顧みれば、容易に推測される。そして、「この外的に無法則な自由の状態に存在しとどまっていようという意図の下では、人間が相互に攻撃し合っても、彼らは互いに全然不法をなすことにならない」（ibid.）。自然状態においては、「当事者たちがそれぞれ自分の権利について定めるところのこと、それがすなわち法である uti partes de iure suo disponunt, ita ius est」（ibid.）。だから、およそカントのいう私法上の権利が帰属する者にとっては、配分的正義に従って我のもの・汝のものが保証される状態が望まれるし、自然状態における私法が理性法としてその正当性を具えているからには、「人間の権利」（VI 240, VIII 289）を保証すべく、自然状態を脱却して公民的体制を設立することは、人間の法理的義務である。（VIII 289 をも参照されたい。）かくて、根源的契約の根源は明らかになった。「法的状態でない状態、すなわちそこにおいては誰も彼のものが暴力行為に対して安全でないような状態に存在しとどまろうと欲するという点において、彼ら〔すなわち自然状態に存在しとどまっていようと意図している人間たち〕は一般に最高度の不法をなしているのである」（VI 307f.）。これは、「私法」論の結びの言葉である。

ここに、「法義務の普遍的区分」（236f.）における第三番目の法式を引用しておく。「（もし汝が社会を避けえないのならば）そこにおいては各人に彼のものが維持されうるような社会へ他人と共に入り込め（各人に彼のものを配与せよ suum cuique tribue)」。「そこにおいては各人に彼のものがあらゆる他人に対して保証されていることのできるような状態へ入り込め」(正義の法則 Lex iustitiae)。

## 三　私権の区分

『法論の形而上学的基礎論』の特に私法論(「法論の第一部　私法」及び「付録　法論の形而上学的基礎論の注釈的覚え書き」(以下「付録」と記す))においては、「外的な我のもの・汝のもの das äußere Mein und Dein」という用語が頻繁に用いられている。(1) 例えば、「法論の第一部　私法」の本文の冒頭には、「普遍的法論の第一部　外的な我のもの・汝のもの一般についての私法」という標題が掲げられている。「外的な我のもの・汝のもの」は「カント私法論の基礎カテゴリーをなす」重要な概念なのである。(2)

私権はその「外的な我のもの・汝のもの」にかかわる。カントは私権を「物権」、「対人権」、「他人格を物件として(使用するのではないが)占有する物権的＝対人権 dinglich-persönliches Recht」(3)(すなわち「物権的様相の対人権 das auf dingliche Art persönliche Recht」)に三分する。したがって、私法は「物権」に関する法、「対人権」に関する法、「物権的＝対人権」(「物権的様相の対人権」)に関する法に三分されることになる。かくて、私権・私法には三分法が適用されることになった。ただし、『法論の形而上学的基礎論』においてカントが強調しているのは、私法の三分法ではなくて、私権の三分法である。カントの私法論は、いわゆる私法論であると同時に、本質的には、むしろ私権論なのである。

「物権」の「実質(客体)」はもちろん「有体的物件(実体)」であるが(259)、「対人権」もまた、間接的には、「物件」にかかわる。「対人権」の「実質(客体)」は「他人の給付(原因性)」であるが(ibid.)、それは「物件」の給付なのである。なぜなら、カントにおいては、「貨幣」は「物件」という概念の下に包摂されるのだから。

――例えば、「貨幣とは何か？」の論（286-289）において、カントは「貨幣」に「物件」という術語を適用している。――「対人権について」の節（§§ 18-21）において、カントが「対人権」に基づく他人の「給付」の実質（客体）を「物件」という言葉で表現しているのは、カントにおいては「貨幣」もまた「物件」であるのだからである。

「他人格を物件として（使用するのではないが）占有する物権的＝対人権」の「実質（客体）」は、「他人格そのもの、すなわちそれを自由に処理する権利を私が獲得するかぎりでの他人格の状態（他人格との交互作用 das Commercium）」である（259）。だから、この「物権的＝対人権」、すなわち「物権的様相の対人権」は、「物件」にではなく、「人格」にかかわるのである。

ローマ法・継受ローマ法においては、私権は》ius reale 物権《と》ius personale 対人権（債権）《とに区分されていた。(4) カントは》ius realiter personale 物権的対人権《という新たな私権の概念を導入したのである。物権は「物件」にかかわり、対人権（債権）は――直接的には――「人格」にかかわる。カントは、言わばそれら両私権概念の結合 Verbindung の形態として、「物権的様相の対人権」を考えたのである。すなわち、カントによれば、権利の諸概念 Rechtsbegriffe の場所論における「物権という共通の場所 Gemeinplatz〔locus communis〕と対人権という共通の場所」との「両者を一つの概念へと結合するその結合の単なる形式からして」、権利の諸概念の「〔アプリオリな〕区分の完全な表の中には」、両者の他に、「対人権的様相の物権という〔共通の〕場所と物権的様相の対人権という〔共通の〕場所」とが、「アプリオリな区分の区分肢として」想定されうるが、「物件の人格に対する権利というものは全く考えられえない」がゆえに、「対人権的様相の物権という概念は〔区分肢としては〕訳なく抜け落ち」て、その区分表においては、「物権的様相の対人権という概念」のみが、「新たに付け加わるべき」区分肢として存立しうるのである（357f.）。そして、それは実質的にもそのアプリオリな区分表の区分肢として成立しうる概念であり、かくて「物権的様相の対人権」という新たな私権概念が彼の私法論に導入された、とカントは言う（357-361. bes. 357f.）。

「物権的様相の対人権について」の節（§§ 22-30）の冒頭にこうある。「この権利は、外的対象を物件として占有し、それを人格として使用する権利である。——この権利に従っての我のもの・汝のものは、家族的な我のもの・汝のものである。……」（276）。すなわち、「物権的様相の対人権」が成立するのは、「家共同体」においてなのである。「家共同体」においては、「或る自然〔法〕的な許容法則に従って」、「夫は妻を取得し、夫婦はこどもを取得し、そして正家族は僕婢を取得する」（277）。「物権的様相の対人権」という概念は、形式的には、物権・対人権という両私権概念の言わば結合形態として想定され定立されたものと見なされるものであったが、実質的には、カントが家族ないし「家共同体」を私法論の考察の対象にすることによって導入されたものであった、と考えられる。

右の引用文中に「夫は妻を取得する」とあるが、「家族的社会の権利の第一項　婚姻権」（§§ 24-27）においては、カントは夫婦相互間にお互いに対する「物権的様相の対人権」を認めている。——そのことについては、特に第二十五節（278）、及び第二十六節の第一段落（ibid.）を参照されたい。——三五八ページの注等においても夫の妻に対する「物権的様相の対人権」がクローズアップされているが、カントは、少なくとも理念的には、「夫婦の平等」（279）を認めているのである。ただし、カントは、「家共同体の共同の利益を生ぜしめることにおける、夫の能力の妻の能力に対する自然的優越」を認め、そのような考えに立って、「夫婦の自然的平等」という理念に矛盾しないかぎり、夫の妻に対する「支配権」・「命令権」の優越を肯定しているのであって（279）、我々は、カントの私法論はその点においても時代的な制約を受けている、と言わざるをえない。

カントは奴隷を、人格とは見なさず、物件と見なしている。「付録」においては、次のごとく述べられている。

「さて、物権的様相の対人権の定義は、要するにこうである。『それは、自分以外の或る人格を彼のものとして有する、人間の権利である。』私は取り立てて或る人格と言う。なぜなら、犯罪によってその人格性を失った（奴隷 Leibeigene になった）或る他の人間を人は確かに彼のものとして所有しうるであろうが、しかしここではこういう物権が問題ではないからである」（358）。ここにおいては、カントの人格概念が時代的な制約を被っていることが顕著に認められる。

カントは、右の引用文中の、私が傍線を施した「彼のもの」という言葉に注を付し、それが「（形容詞を用いての）我の〔もの〕die meinige」[5]ではなくて、「（名詞を用いての）我のもの（*to meum*）」であることに注意を促す（358）。例えば、「我が父」はあくまでも「我が父」であって、それを「我のもの」と言うことはできないが、「我が妻」は「我のもの」であるということを強調している（ibid.）。

カントは言う。「彼のものとは、ここでは或る他人の人格に対する所有権の〔実質（客体）としての〕彼のものを意味するのではなくて（なぜなら、人間は自分自身の所有者ですらありえないのだから、まして或る他の人格の所有者ではありえない）、直接的にこの他人の人格を物件同様に、だがそれの人格性を毀損することなく、私の目的のための手段として使用する用益権（ius utendi fruendi）の〔実質（客体）としての〕彼のもののみを意味する」（359）。「物権的様相の対人権」の客体は、人格であって、物件ではない。だから、それは、厳密な意味における所有権の客体ではない。しかし、「家族的な我のもの・汝のもの」もまた、「外的な我のもの・汝のもの」という概念・範疇の下に包摂される概念・範疇であり、したがって、「外的な我のもの・汝のもの」は、「物件」という概念よりもより広範な概念なのである。もちろん、「家族的な我のもの・汝のもの」も、それが「物権的様相の対人権」の客体であるかぎりにおいては、物件同様のものと見なされはするが、それを「単に手段としてのみ使用する」（IV 429）ことは許されない。

目的の王国には「人格」と「物件」が含まれている。その「物件」を「外的な我のもの・汝のもの」一般という概念に置き換えることも可能ではあるが、その際にも、「家族的な我のもの・汝のもの」は、様相的にのみ「物件」と見なされるのであって、実体そのものとしてはあくまでも「人格」なのである。

## 四　根源的契約

「国民自身がそれを通して自らを国家へと組成するところの作用、しかし本来は、それに従ってのみ国家の正当性が考えられうるところの、作用の理念のみが、根源的契約であり、この根源的契約に従って民族における凡ての人々（万人と個々人 omnes et singuli）は彼らの外的自由を、それを公共体の、すなわち国家と見なされた民族の（統合体の universi）成員として直ちに再び受け取るために、放棄する。そして人は、国家、国家における人間は彼の生得的な外的自由の一部分を或る目的のために犠牲にしたと言うことはできないのであって、彼は野蛮な、無法則の自由を、彼の自由一般を法律的従属において、すなわち法的状態において、減少せしめられることなく再び見いだすために、完全に放棄したのである。なぜなら、この従属は彼自身の立法的意志に起因するのであるから」（315f.）。

根源的契約の根底には「普遍的結合した国民意志」（314）という理念が存している。カントはそれにのみ立法の権能を認めている。カントは言う。「……さて、誰かが何か或る事を他人に対して定める場合には、彼がそのことによって他人に不正をなすということが常に可能であるが、しかし彼が自分自身に関して決定することにおいては、決して不正をなすということは可能でない。（なぜなら、欲する者には不法はなされない volenti non fit iniuria のだから。）それゆえ、万人の一致し結合した意志のみが、各人は万人に関し、万人は各人に関し正に同一のことを決定するかぎり、したがって普遍的に結合した国民意志のみが立法的でありうる」（313f.）。

周知のように、カントは「国家の立法的元首」に対する国民の抵抗権を否定している（VI 320, VIII 299）。カントが抵抗権を否定するゆえんは、抵抗が法的社会秩序の存立を危機にさらすであろうという点にある。「……抵抗が或る格率に従ってなされ、その格率が普遍的なものにされるとすると、その格率は一切の公民的体制を破壊し、その内でのみ人間が権利一般を所有していることができる状態を根絶することになってしまうであろうから」（VIII 299）。公民的状態の壊滅は「完全な無法律の状態（自然状態 status naturalis）」（VIII 301）を招致する。また、国民に抵抗権を認めることは、国民が「最高の立法」（主権者）を裁くことを許すことであり、全き自己矛盾である、ともカントは言う（VIII 320）。『法論の形而上学的基礎論』の最終段落（「付録」の最終段落）においても、「この絶対的権力に対抗して更に（かの最高権力を制限するような）抵抗を許すことは、自己矛盾というものである。……」と、同様の論が繰り返され、そして「〔抵抗禁止の〕この原理は既にアプリオリに国家体制一般の理念のうちに、すなわち実践理性の概念のうちに存している」と言われている（372）。

我々が特に注目すべきは、カントが根源的契約は歴史的事実ではなくて理念であると見なしている点である。「根源的契約は理性の単なる理念である。しかし、それは疑いえない（実践的）実在性を有する」（VIII 297）。先の引用文において、根源的契約の締結――もちろんそれは単に理念的なものにすぎないが――に際して人々が彼らの「野蛮な、無法則の自由を……完全に放棄した」――それは抵抗権を放棄したということでもある――と言われていることと並んで、根源的契約を理念と解することは、抵抗権の否定の論拠をそれだけ強めることになる。カントは言う。「最高権力の起源は、それの下に立っている国民にとって、実践的意図においては詮索すべからざるものである。……起源的に、普遍的に立法的な意志の下への服従の実際の契約（市民の服従契約 pactum subiectionis civilis〔＝統治契約〕）が事実として先行したかどうか、あるいは権力が先行して、法律はただその後に生じたにすぎないのかどうか、あるいはまた、この順序で互いに継起すべきであったのかどうか、それらは今や既に公民的法律の下に立っている国民にとっては、全く無益な、しかも国家を危険にさらす詭弁である。……『一切の公権は神に由来せり』という命題は、公民的体制の歴史的根拠を述べているのではなくて、現に存立している立法的権力には、その起源が何であれ、従うべしという、実践的理性原理としての理念を述べているのである」(318f.)。そして、次のように述べるとき、根源的契約の理念は、カントにおいては——少なくとも国家体制の起源についての構成的原理としては——破綻を来していると見るべきではなかろうか。「この機構の歴史的証拠を探索することは無益である。すなわち、人は公民的社会の始まりの時点にまで遡及することはできない。(なぜなら、未開人たちは彼らが法律の下に服従したことの何らの証書をも作成していないからであり、そして彼らがその服従を暴力によって始めたであろうことは、また既に、粗野な人間たちの本性からも推定されうることだからである。)……」(339)

だから、根源的契約は、カントにおいては、国家管理の統整的原理なのである。

「《ママ》(社会契約は規則であって、国家体制の起源ではない。)
社会契約は国家設立の原理ではなくて国家管理の原理であり、立法、行政、公的正義の理想を含んでいる」
(XIX 503, No. 7734)。——なお、同様の主旨の記述は、アカデミー版全集第XIX巻五〇四ページ、No. 7740、五六四ページ、No. 7956 等においてもなされている。

## 五　可想的＝総体的占有

さかのぼれば、『法論の形而上学的基礎論』の私法論の冒頭の物権論における「総体的占有 Gesammtbesitz」という概念のうちにも、根源的契約の理念は前提されている。

「或る物件における権利 (ius reale, ius in re) とは、当該物件のいかなる占有者にも対抗しうる権利である。」

これは物権の「名目的定義」である。(以上 260)「或る物件における権利とは、私が他の凡ての人々と共にそれの（根源的な、あるいは設定された）総体的占有に与っているところの物件の私的使用の権利である。」これが物件の「実在的定義」である。(以上 260f.)「この総体的占有は、それの下でのみ私が他のいかなる占有者をも当該物件の私的使用から締め出すこと（その物件のいかなる占有者にも対抗しうる権利 ius contra quemlibet huius rei possessorem）が可能であるところの唯一の条件である。なぜなら、かかる総体的占有を前提することなしには、当該物件を占有していない私がどうして、それを占有しまた使用している他人によって侵害されうるのか、全く考えられえないからである。……総体的占有における万人の結合した意思によってのみ〔私は他人を或る物件の使用をやめるよう拘束することができる〕。……」(261) ここにいわれている「総体的占有における万人の結合した意思」とは、根源的契約を意味する言葉でもある。だから、「総体的占有」は「可想的総体的占有」に外ならない。かくて、物権についての実在的定義においては、既に公民的状態が前提されているのである。カントは言う。「しかし、もし地上に人間が全く一人しかいないとしたら、彼は本来的にはいかなる外物をも彼のものとして所有ないし取得することができないであろうということは、明らかである。なぜなら、人格としての彼と物件としての他の凡ての外物との間には拘束性 Verbindlichkeit の関係は全く存しないのだから。それゆえ、本来的に、字義どおりに解すれば、物件におけるいかなる（直接的）権利も存せず、他の凡ての人々と共に（公民的状態において）共同の占有に与っている或る人格との対抗において、誰か或る人に帰属するところの権利のみが、そのように名付けられるのである」(261)。カントは「物件の可想的占有」を「一人格の諸人格に対する関係」として基礎づけようとしている(268)。そして、物権を「かの道徳的人格に対するものとしての物権」と規定して、次のように述べている(274)。「その道徳的人格とは、万人のアプリオリに結合した意思という理念以外の何ものでもなく、この理念によってのみ私は物件のいかなる占有者にも対抗しうる権利を取得することができる。このような点において物件における一切の権利は成立するのである。」ここにもまた、「万人のアプリオリに結合した意思という理念」という表現が用いられている。それと同様の表現は『法論の形而上学的基礎論』の「私法」の部においては殊に第十四―第十七節で用いられている。例えば、アカデミー版全集第Ⅵ巻二六八ページの、上に指摘した箇所にも「アプリオリに、結合したものと考えられた意志の普遍的立法」という表現が用いられている。――カントの私法論に根源的契約が前提されていることは明確である。「私法」は、公民的状態における「私法」でもあるのである。

## 六　配分的正義

「正義とは、各人に彼の権利を配与する、不変不断の意思の謂である。法の掟は次のとおりである。すなわち、誠実に生きること、他人を害しないこと、各人に彼のものを配与すること。法学とは、神事・人事の会得であり、正・不正の認識である。」――これは、「ローマ法大全」の『学説彙纂』に収められているウルピアヌス（Domitius Ulpianus, c. 170–228）の言葉である（第一巻、第一章、第十法文）。ウルピアヌスが「法の掟」に含めている「各人に彼のものを配与すること」は、キケロ（Marcus Tullius Cicero, 106–43 B.C.）においては正義そのものの法式であり、カントにおいては彼のいう「配分的正義」の法式である。ウルピアヌスは、キケロらの先行思想を踏まえて、上記のごとき「正義」ないし「法の掟」の法式を説いたのである。

古代ギリシアの諸ポリスにおいては、その「各人の彼のもの」の確定並びに「それを各人に配与する」ことはポリスによってなされた。近代市民社会においては、国家の構成員としてのアトム的個人が本性的に国家に先在する。カントもまた（各人の）「彼のもの」という言葉を用いている。しかし、実質的には、カントにおいては「彼のもの」という用語――キケロやウルピアヌスやトマス・アクィナス（Thomas Aquinas, 1225–74）が「正義」・

「法の掟」の法式において用いているこの用語——は「外的な我のもの・汝のもの」という用語に置き換えられている。そこにははっきりと近代市民社会の実態が反映している。[6]国家・社会がアトム的個人の集合体であるかぎり、アトム的個人の「彼のもの」は、実質的には、「我のもの・汝のもの」——もちろん「外的な」——なのである。なかんずく、カントのいう「自然状態」（近代市民社会）においてはそうである。我々は、カントの「外的な我のもの・汝のもの」という範疇において、古代ギリシア哲学に淵源を発する伝統的正義論と、国家をアトム的個人の集合体と見なす近代社会契約論という、二つの思想的系譜の交錯を看取することができる。

カントは、「法論の区分」の「A　法義務の普遍的区分」（236f.）において、ウルピアヌスの「法の掟」の諸法式を基本にして、「法義務の普遍的区分」を行っている。先に引用したウルピアヌスの「法の掟」の諸法式、すなわち「誠実に生きること」、「他人を害しないこと」、「各人に彼のものを配与すること」は、カントのその「法義務の普遍的区分」における1)、2)、3)に活用されている。その3)において、カントは言う。「〔『各人に彼のものを配与せよ suum cuique tribue』という〕法式は、もし『各人に彼のものを与えよ Gieb Jedem das Seine』というふうに翻訳されるとすれば、無意味なことを語ることになるであろう。なぜなら、人は何人にも彼が既に有しているところの或るものを与えることはできないのだから」（237）。そして、そこに「正義の法則 lex iustitiae」が法式化されている（ibid.）。その「正義の法則」の法式における「そこにおいては各人に彼のものが維持されうるような社会」、「そこにおいては各人に彼のものがあらゆる他人に対して保証されていることのできるような状態」とは、「公的＝立法的権力の下にある法的状態」、すなわち「公民的状態」（255）のことなのである。（それに関しては特に「第八節　外的な或るものを彼のものとして有することは、公的＝立法的権力の下にある法的状態においてのみ、すなわち公民的状態においてのみ可能である」（255f.）、「第十五節　公民的体制においてのみ或るものは決定的に取得されうる。これに反して自然状態においては取得はされうるが、暫定的にしか取得されえない」(264ff.)、を参照されたい。)

その「正義の法則」は、「第十六節　土地の根源的取得という概念の解明」における用語で言えば、「配分的正義の法則 lex iustitiae distributivae」である(267)。第十六節において、カントは言う。「土地に関して各人の我のもの・汝のものを配分する法則は、外的自由の公理に従えば、根源的にそしてアプリオリに結合した意志(この結合のためにいかなる法的行為をも前提しない意志)からだけ、したがって公民的状態においてのみ生ずることができるのであり(lex iustitiae distributivae)、ただその根源的にそしてアプリオリに結合した意志だけが、何が〔自己に対して〕正しい recht か、何が〔他人に対して〕正しい rechtlich か、そして何が合法的 Rechtens であるか、を決定するのである。」――また、第四十一節においては、「配分的正義 die austheilende 〔od. distributive〕 Gerechtigkeit (iustitia distributiva)」と「正義の法則 lex iustitiae」とが対応させられている(306)。要するに、「正義の法則 lex iustitiae」とは、「〔自己に対する〕正しさの法則 lex iusti」、「〔他人に対する〕正しさの法則 lex iuridica」に対する概念であって(236f., 267, 305f.)、カントの正義概念に従って言えば、それは厳密には「配分的正義の法則」なのである。(7)――カントによれば、公民的状態においてのみ、「配分的正義」――アリストテレスのいう「倫理的徳」としての配分的正義ではなくて、社会正義としてのそれ――が実現されうるのであり、また、裁判所はその「配分的正義」そのものを司る国家機関なのである。(それについては、第十六、第三十六、第三十九、第四十一、第四十四、第四十五、第四十九節を参照されたい。)

カントにおいては、「私法」は、いわゆる私法(すなわち、公民的状態における私法)を意味する概念であると同時に、「自然状態における法」(242)を意味する概念である。ただし、カントは、私法の内容が、理念的には自然状態においても公民的状態においても同じものであるということを強調しているのであるから、(8)「自然状態における法」という意味での「私法」は、《自然状態における私法》に外ならない。ともかく、自然状態においても、アプリオリな理性法としての私法は存在している。だから、「自然状態においても、確かに現実的ではあるが、しかし単に暫定的であるにすぎない外的な我のもの・汝のものが成立しうる」のである（第九節標題）。だが、自然状態においては、「（法律に従って各人の彼のものを裁定する権能としての）裁判権」(313) は存在していない。私が傍点を施した箇所は、「あらゆる人の」の意味であり、総体性の範疇に対応している。したがって、カントによれば、「配分的正義」は、《共同体の全構成員》という総体性の範疇に即した正義の理念なのである。そして、「配分的正義の下に立つ社会である公民的状態（status civilis）」(306) においてのみ、「決定的」・「必然的」である「外的な我のもの・汝のもの」が成立しうるのである。カントは言う。「公的正義は、（意思の実質としての）諸対象の、諸法則に従っての占有〔の様相〕が、可能性であるか、現実性であるか、必然性であるかに関連して、保護的正義（iustitia tutatrix）、相互取得的正義（交換的正義 iustitia commutativa）及び配分的正義（iustitia distributiva）に区分されうる」(306)。

　カントが奴隷に人格性を認めていないのは、奴隷がいかなる「外的な我のもの・汝のもの」の所有権の主体でもないからである。「人倫の形而上学の序論」において、カントは人格が引責能力の主体・自由の主体であることを強調している。しかし、『法論の形而上学的基礎論』の考察を通して明らかになることは、カントの人格概念には、人格は「外的な我のもの・汝のもの」の所有権者であるということが結び付いている、ということである。

　したがって、例えばストア学派が説いた「自然に従って生きる」という「賢者」の生き方は、「外的な我のもの・汝のもの」の所有権の主体である、カントのいう人格には適合しない。また、天理即人道という儒教的道徳観も、そのような人格概念の上では成立しえない。

　人格（人間）が「外的な我のもの・汝のもの」の所有権の主体であるところに、倫理の他に法が要請されるのである。もちろん、人格イコール国家公民であるのではないのであるから、目的の王国イコール理想国家であるのではない。人格は超市民社会的存在者であり、超国家的存在者である。しかし、人格が「外的な我のもの・汝のもの」の所有権の主体であるかぎり、目的の王国はコモン＝ウェルス的な性格を帯びることになる。

カントは、或る箇所では、「なるほど、各人の自然状態は、自然状態だからといって、各人の〔物理的〕力の単なる大小に従ってのみ相互に対抗し合う不正の（iniustus）状態であることを要しなかった」と述べているが(312)、別の箇所では、「自然状態そのものが不正義の状態である」と述べている(350)。少なくとも、自然状態においては、カントのいう「配分的正義」が成立しえないことは確かである。したがって、目的の王国の実現は、公民的状態（公民的体制）の存立を踏まえなくてはならないはずである。法と倫理（道徳）とは本質を異にするが、目的の王国においては、法と倫理（道徳）との真の綜合が実現しなくてはならないのである。

## 七　公法論

では、カントは、公民的状態・公民的体制の基幹を成す国家法についてはどのように考えていたであろうか。併せて、カントの国際法論、世界公民法（世界公民権）論についても考察しておこう。

(一)　**国家法**　公民的状態とは、「そこにおいては各人に、彼のものとして承認されるべきものが法律的に規定され、十分な力（それは各人の力ではなくて、外的な力である）によって配与されるところの状態」である(312)。国家は各人に彼のものの取得、所有を保証するに足る権力を具えていなくてはならない。[9]カントは、少なくとも理念的には、三権分立制の国家を考えている。「あらゆる国家はそれ自身の内に三つの権力を含んでいる。すなわち、普遍的に結合した意志を三重の人格において含んでいる（政治的三位一体 trias politica)。すなわち、立法者という人格における支配権（主権）、（法律に従う）執政者という人格における執行権、裁判官という人格における（法律に従って各人の彼のものを裁定する権能としての）裁判権（立法権、行政権及び司法権 potestas legislatoria, rectoria et iudiciaria〔がその三つの権力である〕）。……」（313）そして、「国家における〔それら〕三つの権力」は、「まず第一に三つの道徳的人格として互いに並列的であり（並列的諸権力 potestates coordinatae）」、第二にそれぞれの権能の固有性のゆえに「また互いに従属的でもあり（従属的〔諸権力〕subordinatae）」、そして「第三に両者の結合によって各臣民に彼の権利を授ける」（316）。カントは言う。「これらの諸権力については、それらの尊厳さにおいて見て、次のごとく言われるであろう。外的な我のもの・汝のものにかかわるところのものに関する立法者の（legislatoris）意志は批難すべからざる（irreprehensibel）ものであり、最高命令権者の（最高行政者の summi rectoris）執行能力は抵抗すべからざる（irresistibel）ものであり、最高裁判官の（supremi iudicis）判決は変更すべからざる（上訴すべからざる inappellabel）ものである、と」（ibid.）。

もっとも、カントは、私法論において、土地の所有をその土地に内属する一切の物件の所有権の基礎に据えていた。『法論の形而上学的基礎論』第十二節の標題は、「物件の最初の取得は土地の取得以外のものではありえない」であった。そして、土地と「土地の上の一切の動産の現存在」との関係は、実体と内属との関係と見なされていた（261）。カントの所有権論には、小牧治先生のいわれる「グーツヘルシャフト的封建社会」[10]における所有権の観念が色濃く反映している。

さて、法的体制が保証すべきものは、「人間の最大の自由」であって、「最大の幸福」ではない。反抗・抵抗の権能の有無を論ずるに際しても、我々が念頭に置かなくてはならないのは、「公共体の設立・管理から臣民にとって期待可能な幸福」ではなくて、「公共体によって各人に保証されるべき権利」なのである（VIII 297f.）。「国家法においては、憲法の原理を成すのは、公民の幸福 Glü[c]k ではなくて（なぜなら、幸福をば公民自身が配慮するであろうから）公民の権利である。……」（XIX 560, No. 7938）カントは「それら〔三つの異なった権力

（立法権、執行権、司法権）」の結合のうちに国家の福祉 Heil des Staats は存立する（国家の福祉が最高の法である salus reipublicae suprema lex est）」と述べ、それに続けて、しかし「国家の福祉」は「国家公民の安寧や彼らの幸福」を意味するのではなくて、「体制と法的諸原理との最大限の一致の状態」を意味する、と言っている（VI 318）。そこにおいて次のごとく述べられている。「なぜなら、幸福は恐らく（ルソーも主張しているごとく）自然状態において、あるいはまた専制的政府の下においてもはるかに心地よい、はるかに望ましい形でもたらされうるからである」（ibid.）。

カントは公民的状態を自然状態に優先させた。国家の顚覆によって生ずる社会的秩序の混乱は、いわゆる自然状態という概念に包摂されうるものではないかもしれないが、カントは、それをもまた自然状態と考えた。

さて、「国家における最高命令権者」（328）は「刑罰権」を掌握している[11]。カントは「裁判による刑罰 richterliche Strafe（poena forensis）」を「自然的刑罰 natürliche Strafe（poena naturalis）」から峻別する（331）。前者は、「決して単に、犯罪者自身のためにあるいは公民的社会のために或る他の善を促進するための手段としてのみ科せられうるのではなくて、常に、彼が罪を犯したがゆえにのみ、彼に対して科せられねばならないのである」（ibid.）。カントは「可罰性の論拠が道徳的である（罪が犯されたがゆえに quia peccatum est）刑罰的正義 Strafgerechtigkeit」を「可罰性の論拠が単に実用的であり（罪が犯されぬように ne peccetur）かつ犯罪を防止するために最も強力な効果を上げるところのものについての経験に基づく刑罰政策 Strafklugheit」から峻別している[12]（363 Anm.）。「もしも正義が滅びるならば、人間が地上に生きるということは、もはや何の価値をも持たない」とカントは言う（332）。彼は「同害報復の法理 ius talionis を、形式上相変わらず、刑罰権の原理としての、唯一のアプリオリに規定的な……理念と見なす[13]」（363）。「ただ同害報復の法理 Wiedervergeltungsrecht（ius talionis）のみが、ただし（汝の私的判断におけるそれではなく）裁判法廷におけるそれであることをよく理解しなければならないが、刑罰の質と量とを確定的に示しうる」(332)。ただし、カントは、「緊急権(ius necessitatis)」の行使による他人の生命の侵害については、それを「処罰不能(impunibile)」と考え(235f.)、また、「母親の嬰児殺害(infanticidium maternale)」、「戦友殺害(commilitonicidium)」、すなわち決闘」については、それらが「〔人間に〕義務として課せられた真実の名誉の犯罪」であるかぎり、同害報復の法理に固執していない(335ff.)。

カントは「同害報復の法理」に基づいて死刑制度を是認した。もちろん、カントの時代にも死刑廃止論者はいた。例えばイタリアのベッカリーア(Cesare Bonesana Beccaria, 1738–94)がそうであった。彼が「一切の死刑は不適法であるということ」を主張した論拠を、カントは次のごとく要約している。すなわち、「死刑が根源的公民的契約のうちに含まれていることはありえない。なぜなら、その場合には、国民における各人は、もしや自分が(国民における)他人を殺害したならば自分の生命を失うということに同意しなければならなかったであろうが、しかしこの同意は、誰も自分の生命を自由に処理することはできないがゆえに、不可能なことだから」ということにあった(334f.)。(ベッカリーア『犯罪と刑罰』(一七六四年)第十六節「死刑について」参照。)カントはかかるベッカリーアの主張を「見せ掛けの人道主義精神の同情的感傷性(compassibilitas)」、「詭弁、法の曲解」であると批判する(ibid.)。カントは言う。「或る人が刑罰を被るのは、彼が刑罰を欲したからではなくて、彼が処罰さるべき行為を欲したからなのである」(335)。カントもまた「社会契約のうちには、自分自身を処罰させるという、したがって自分自身と自分の生命を自由に処理するという約定は決して含まれていない」(335)と述べている。しかし彼は、《叡智人 homo noumenon》の理念を持ち出すことによって、刑罰に関する国家公民の共同立法の正当性を説く。「刑法を定める共同立法者としての私が、臣民としてその法律に従って罰せられる人格と同一の人格でありうることは不可能である。なぜなら、かかる者として、すなわち犯罪者として私が立法において投票権を持ちうることは不可能である(立法者は神聖である)のだから。それゆえ、もし私が犯罪者としての私に対して刑法を作成するとすれば、犯罪を犯しうる者としての、したがって他人格（現象人 homo phaenomenon）としての私を公民的結合体における他の凡ての人々と共に刑法に服従させるのは、私の内においては純粋な法的＝立法的理性（homo noumenon）である。換言すれば、国民（国民における各個人）ではなく、法廷（公的正義）が、したがって犯罪者以外の或る他者が死刑を科するのである」（335）。

それから、統治方式としては、カントは共和制を理想とする。カントは言う。「しかし、かの根源的契約の精神（anima pacti originarii）は、統治方式をかの理念に適合せしめ、そのようにしてそれを、たとえそれが一挙にはなされえないにしても、漸次的、継続的に、それが唯一の適法的な体制、すなわち純粋共和制とその作用の点で一致するように、そしてただ国民の臣従を生じさせるためにだけ役立った、かの古い経験的（条令的）諸形式が、根源的（合理的）形式のうちに解消するように変更せしめるという、憲法制定権力の拘束性を含んでいる。……これが唯一の永続的な国家体制であり、そこでは法律は自主的であって、いかなる特殊の人格にも依存していない。それは一切の公法の最終目的であり、ただそこにおいてだけ各人に彼のものが決定的に配与されうるところの状態である。……」（340f.）そして、カントは、その純粋共和制を間接民主制の国家形式として考えている。「しかし一切の真実の共和制は、国民の名において、凡ての国家公民が結合して、彼らの代表者たち（代議士たち）を通じて彼らの諸権利について配慮するための、国民の代議制であり、それ以外の何ものでもありえない」（341）。

カントが純粋共和制を統治方式の「根源的（合理的）形式」と呼んでいるのは、純粋共和制こそが根源的契約のうちに含まれている統治方式の理念であるという彼の考えに関連している。「国民の一切の法的立法がそれを基礎としていなければならない、根源的契約の理念から生ずる唯一の体制」は、「共和制体制」なのである（VIII 350）。（なお、「共和制体制」及び「代議制」については、第Ⅷ巻三四九―三五二ページを参照されたい。）さて、共和制体制の下では、国家公民は彼らの代表者たちを通じて立法に参加している。カントは国家公民を「国家において常に立法的成員と見なされねばならない」がゆえに、「単に手段としてではなく、また同時に目的自体とも見なされねばならない」と考えている（345）。だから、国家公民は「戦争遂行一般に対してのみならず、あらゆる特殊な宣戦布告に対しても、国家公民の代表者たちを通じて自分の自由な同意を与えねばならず、この制限的条件の下でのみ」国家は国民を戦場に送る権利を有することができるのである（345f.）。カントは、「我々はそれゆえ、恐らくこの権利を国民に対する主権者の義務から（その逆ではなく）導出しなければならないであろう」と言っている（346）。（また、戦時税の徴収についての第Ⅷ巻二九七―二九八ページ注の説明をも参照されたい。）――しかし、我我は、カントのこのような考えを、国家の戦争行為を肯定する――あるいはそれを肯定するために用いられかねない――理論とばかり見なすわけにはいかない。各国家において共和制体制が確立されることが、国家間の戦争を防止するための、したがって永久平和を樹立するための不可欠の前提であるという考えが、カントにはあるのである（VIII 351）。

(二)　**国際法**　国際法に基づく国際連盟 Völkerbund の設立以前においては、国家は「他国家に対して自然的自由の状態に、したがってまた不断の戦争状態にある道徳的人格と見なされ」、したがって、国際法についての考察は、「戦争への権利」、「戦争中の権利」、「この戦争状態から脱却するよう互いに強要し合う権利、したがって持続的平和を樹立する体制、すなわち戦争後の権利」を主要課題とする（343）。国家論における自然状態と公民的状態との相違は、諸国家、諸民族の自然状態と法律的状態との相違にもそのまま当てはまる。「諸民族の自然状態」においては「諸民族の一切の権利と戦争によって取得あるいは保持されうる、諸国家の一切の外的な我のもの・汝のものとは、単に暫定的であり、（それによって一民族が国家になるところの結合と類比的に）ただ諸国家の普遍的結合においてのみ決定的に有効なものとなりえ、真実の平和状態が〔もたらされ〕うるのである」

(350)。

『人倫の形而上学』においては永久平和は「政治的最高善」と記されている(355)。「永久平和を招来するために……最も適当と思われる憲制 Konstitution」は「恐らくは、一切の国家を例外なく含む共和主義体制 Republikanism」である(354)。『理論においては正しいであろうが、しかし実践には役立たない、という俗言について』(*Über den Gemeinspruch: Das mag in der Theorie richtig sein, taugt aber nicht für die Praxis*, 1793)においては、「普遍的国際国家」を「(実践的に in praxi)可能な」もの、「存在しうる」ものと想定すべきことが述べられていたが(VIII 313)、『法論の形而上学的基礎論』によれば、「真実の平和状態」をもたらすべき「国際国家」は、しかしその版図が拡大されすぎると、「それの統治が、したがってまた各成員の保護も、ついには不可能にならざるをえず」、再び戦争状態が招来されるゆえ、「永久平和(全国際法の最終目標)はもちろん実現不可能な理念なのである」(350)。『法論の形而上学的基礎論』の本論の「結び」の最終段落は次のような叙述で始まっている。「人は、この普遍的で永続的な平和の樹立は、単なる理性の限界内の法論の単に一部分をではなく、全究極目的を成す、と言うことができる。なぜなら、ただ平和状態だけが、互いに隣接する多数の人間たちにおいて我のもの・汝のものが諸法則〔諸法律〕の下に保証され、したがって彼らが一つの体制の内で共に存在している状態だからである」(355)。

㈢ **世界公民法**　「相互に作用的関係に入りうる地上の一切の民族の、たとえまだ友好的ではないにせよ、平和的、汎通的な共同態 Gemeinschaft というこの理性理念は、博愛的(倫理的)なものなどではなくて、一個の法的原理である」(352)。国際法論の展開においては、戦争状態を脱却して平和状態を樹立するという志向がなされていたが、世界公民法論の展開においては、世界公民としての人間の、国家という枠を超えた「物理的可能的交互作用」(ibid.)という理念が念頭に置かれている。世界公民が有する法理的権利、それが世界公民権である。

カントは言う。「凡ての民族は根源的に土地の或る共同のうちに、しかし土地の占有の法的共同（communio）、こうしてまた土地の使用あるいは所有権の法的共同のうちにではなく、物理的可能的交互作用（commercium）のうちに、すなわち一民族と他の凡ての民族とが相互に交通を申し出るという汎通的関係のうちにあるのであって、その交通を試みる権利を有する。……この権利は、それが一切の民族の可能的交通の一定の普遍的諸法則を目指すところの、一切の民族の可能的結合に関係づけられているかぎり、世界公民権（ius cosmopoliticum）と名付けられうる」(352)。

我々が《交互作用》の意味で用いている》commercium《というラテン語の原義は「商業」である。『法論の形而上学的基礎論』においては必ずしも明確に述べられているわけではないが、我々は、世界公民権のうちの主要なものの一つとして、例えば通商権を挙げることができる。カントにおいてもそういう考えは見受けられる。また、文化の伝播・交流も、世界公民権に基づく諸民族の「交通」を基盤としてなされるのである。

# 第二節　歴史哲学

## 一　歴史哲学

『人倫の形而上学の基礎づけ』の刊行と相前後して、カントは三篇の歴史哲学的な論文を発表した。すなわち、『世界公民的見地における一般歴史考』（*Idee zu einer allgemeinen Geschichte in weltbürgerlicher Absicht*, 1784）、『「啓蒙とは何か?」という問いの回答』（*Beantwortung der Frage: Was ist Aufklärung?*, 1784）、『人間歴史の憶測的起源』（*Mutmaßlicher Anfang der Menschengeschichte*, 1786）である。

『世界公民的見地における一般歴史考』では、「自然が人間に解決を強いる、人類にとっての最大の問題」と「自然の最高の意図」とは区別されている、と見てよい（VIII 22）。前者は「普遍的に法を行使する公民的社会 bürgerliche Gesellschaft の達成」であり、後者は「人類の凡ての素質の展開」である。前者が達成されて初めて、後者も「人類において達成されうる」。だから、「自然の意図」に照らして言えば、これらの達成に寄与することが善であり、その反対が悪である、ということになる。「文化化 Kultivierung」、「文明社会化 Zivilisierung」、「道徳化 Moralisierung」という歴史の発展段階（26）との連関で言えば、真に理想的な公民的社会においてのみ、「文化 Kultur」に「道徳性 Moralität」が結合し、「文明社会化 Zivilisierung」を超えた真の文化に到達することができるということになる。さて、「人間（地上における唯一の理性的被造物としての）においては、彼の理性の使用を目指しているかの諸自然的素質は、個人においてではなく、類においてのみ完全に展開する」とカントは考える（18）。自然は「人類の凡ての素質の展開を成就する」ために「社会における〔各人の〕素質の敵対 Antagonism」、「人間の非社交的社交性」という手段を使用した。非社交的社交性とは、「社会化する傾向性」と「別々になる（孤立化する）という大きな性癖」との、人間の両面性を指す。（以上 20f.）「そこにおいては外的諸法律の下における自由が能うかぎり最大の程度において、抵抗し難き権力と結合して見出される社会、すなわち完全に正しい公民的制度」も、「人類を飾る凡ての文化、芸術」と同様、この「非社交性の結実」なのである。「公民的連合がそうであるごとき囲いの内ではまさしく同一の諸傾向性〔非社交性〕が後に最善の作用をする。」それは森の樹木が空気と太陽を競い合えばこそ「見事な成長」を遂げるのと同様である。（以上 22）しかし、諸国家間にもまた「不可避的な敵対」が成立するから、「完全な公民的制度の設立という課題は、合法的な外的国家関係の〔設立という〕課題に依存する」。かくて、カントは国際連盟 Völkerbund（Foedus Amphictyonum）の設立を構想する。サン・ピエール（Bernardin de Saint-Pierre, 1737–1814）やルソー（Jean-Jacques Rousseau,

1712-78）が嘲笑されたのは、恐らく彼らがそれの実現を余りにも近い将来に信じていたからであろう。かくて、カントは戦争にも「自然の意図」を認める。「したがって、凡ての戦争は、諸国家の新しい諸関係を成立させ、凡ての国家の破壊、少なくとも分割によって新しい国家を形成する試み（人間の意図における試みではないが、自然の意図における試みである）に外ならず」、この繰り返しが国際連盟の設立へと導くのである。（以上 24f.）人間の歴史がそのような「人類における完全な公民的連合」（29）の実現に向かって歩みつつあることの兆しは既に見られる、と言う。軍備費は余りにも国家財政を圧迫する。「そこで諸国家は、それら自身の危険に迫られて、法的な威望をば持たなくても、仲裁者になろうと申し出、そのようにして将来の大きな国家 Staatskörper のために遠く今のうちから凡てを用意している。これに関して前代は、示すべきいかなる実例をも持っていない。……」「その内で人類の凡ての根源的素質が展開される懐としての、普遍的、世界公民的状態〔の設立〕」こそが「自然が最高の意図とするところのもの」であり（以上 28）、そういう「自然の計画」を勘案した「哲学的歴史の試み」は「可能なもの、さらに、この自然の意図にとってさえ役に立つものと見なされねばならない」（29f.）。国家が「他の諸国家に対して力と影響を失わ」ないためには「国内の文化」の発達、「凡ての産業、なかんずく貿易」の振興が必須である。そのためには「〔国民が〕彼の福祉を、ただ他の国民の自由と両立しえさえすれば、彼自身に気に入った凡てのやり方で求める」「公民的自由」、また「宗教の普遍的自由」を許すことが必要である。啓蒙は「人類の支配者の利己的な〔権力〕拡大の意図」とも、「彼らがただ彼ら自身の利益を心得ているならば」、合致しうる。（以上 27f.）

『「啓蒙とは何か?」という問いの回答』は、当代は「啓蒙された時代」ではないが、「啓蒙の時代」、「フリードリッヒの世紀」である、と言う（VIII 40）。「世界に無比の君主のみが言う。『汝らが欲するだけ、そしてそれが何に関してであれ、論議せよ。しかし、服従せよ。』」フリードリッヒ大王は「理性の公的使用」を無条件に許したが、「理性の私的使用」をば禁止した。後者は「時により非常に狭く制限されていてもよい」とカントも考える。啓蒙のために要求されるのは、前者の自由以外の何ものでもない。（以上 36f.）

カントは国民の抵抗権を否定した。「制限された（国家）体制」においてさえも、国民の積極的抵抗は許されないとした。「国民が（議会における）その代表者たちを通じて執行権力及びその代表者たち（大臣）に合法的に抵抗しうるような仕組みの国家体制 Staatsverfassung――それはその場合、制限された体制と呼ばれる――においてさえも、（政府に或る一定の能動的行動を強制する、したがってそれ自身執行権力の作用を行う、国民の恣意的結合という）積極的抵抗は許されておらず、政府が国家行政に必要であると称する諸要求において必ずしも政府の意に従わないという、（議会における）国民の消極的抵抗すなわち拒絶のみが許されているにすぎない」（VI 322）。「国民の消極的抵抗」が許されるような国家体制が考えられうるとした点を除けば、カントの抵抗権否定論は、ロック（John Locke, 1632-1704）やルソーの政治思想と比較して、ホッブズへの逆行の感がする。また、例えば、国民を「能動的国家公民」と「受動的国家公民」とに区別し、前者にのみ「投票の能力」（投票権）を認めている（VI 314f.）等々の点においても、彼の法思想、政治思想が保守的性格を帯びていることは否定し難い。

しかしカントは、「国家公民」に「ペンの自由」（表現の自由）が許されなくてはならないとする点で、彼の考えがホッブズのそれとは異なるものであることを強調している（VIII 304）。「自由の精神を欠いた服従――国家体制のメカニズムへの、強制法則に従っての――は凡ての秘密結社を生ぜしめる原因である」（VIII 305）。『「啓蒙とは何か？」という問いの回答』は、「私は啓蒙の眼目を……主として宗教上の事柄に置いた」[14]（VIII 41）と言う。宗教上の事柄における未成年状態こそが「最も有害で最も不名誉なもの」である（ibid.）。「聖職者団は……間断なき後見・監督をその成員の各人の上へ、そして彼らを介して民衆の上へ及ぼし、その上この後見・監督を永久化するために、相互に或る不変の信条を宣誓・誓約する正当な権利を持っている」はずがない。「人類の、それより先の一切の啓蒙を永久に妨げるために結ばれたような契約は、全く無効である。」（以上 38f.）

『世界公民的見地における一般歴史考』は或る意味で人間の名誉欲、支配欲、所有欲を肯定し（21）、自然が人間に与えたのは「理性とそれに基づく意志の自由」であり、「自然は人間の満足 Wohlbefinden よりも、〔凡ては自己の理性によって自ら獲得したものであるという〕人間の理性的自己尊重を目指したようである」（20）と述べている。『人間歴史の憶測的起源』でも、人間のみが本来「自然の目的」であるということの自覚こそが「人間を動物との仲間状態 Gesellschaft を全く超えて高める理性が歩んだ最後の一歩であった」（114）ということが強調されており、また、同論文では、戦争に関しても是認的態度が取られている。「文化」、「公共体 das gemeine Wesen の諸階級 Stände が彼らの福祉の相互的促進のために緊密に結合していること」、「植民」、さらに、「非常に制限された諸法律の下でではあるが、或る程度の〔社会的〕自由」すらも、「かの常に恐れられている戦争そのものが諸国家の元首たちに人間性に対するこの尊敬を強制的に認めさせなかったときには、果たしてよく現存しており、果たしてよく見出され〔う〕るであろうか？　漢土を見るだけでよい。……それゆえ、その上に人類が今も立っている文化の段階では、戦争は文化をなお進歩させるための不可欠の手段である。文化が完成された（それがいつであるかは神にしか判らない）後でのみ、永続的平和は我々に対して幸せをもたらすものとなり、また完成された文化によってのみ永続的平和は可能であるであろう」（121）。そして、同論文の末尾で言う。「哲学によって試みられた最古の人間歴史の決着は、全体としての摂理と人事の歩みをもって満足することである。……それゆえ、この進歩のために各人は、彼の分において彼の力の及ぶかぎり寄与すべく、自然そのものによって召命されている」（123）。「自然は人間に関するそれの目的を〔個人にではなく〕類に向ける」のである（115f.）。

問題は、カントが戦争や植民をも摂理として是認していることである。カントの真意を明らかにするためには、

『永久平和のために』を考察することが必要である。

## 二　永久平和論

『永久平和のために』（*Zum ewigen Frieden,* 1795）は本質的に、『世界公民的見地における一般歴史考』の考え方を受け継いでいる、と言える。まず、この書物の梗概を記しておこう。

まず、「諸国家間の永久平和のための予備条項」として、以下の六条項が掲げられている（VIII 343ff.）。一、「将来の戦争のための素材の、密かな留保をもってなされた平和条約の締結は、決して平和条約の締結と見なされるべきでない。」二、「それ自身で〔独立して〕存立しているいかなる国家も（小さいか大きいかは、ここでは問題でない）他の国家に相続、交換、売買あるいは贈与によって手に入れられうべきでない。」三、「常備軍（**miles perpetuus**）は時とともに全廃になるべきである。」四、「国家の対外的争いに関してはいかなる国債も発行されるべきでない。」五、「いかなる国家も他国の体制や統治に暴力的に干渉すべきでない。」六、「いかなる国家も他国との戦争において、将来の平和における相互の信頼を不可能にするに違いないような敵対行為を敢行すべきでない。そのような敵対行為としては、暗殺者（**percussores**）、毒殺者（**venefici**）の使用、降伏条約の破棄、敵国における謀反（**perduellio**）の扇動等々が挙げられる。」（以上第一章）

次に、「諸国家間の永久平和のための確定条項」として、以下の三条項が掲げられている（348ff.）。一、「各国家における公民的体制は共和政体であるべきである。」二、「国際法は自由な諸国家の連盟 **Föderalism** を基礎にしているべきである。」三、「世界公民法は普遍的厚遇 **die allgemeine Hospitalität** の諸条件に制限されているべきである。」

そして、一、「永久平和の保証について」、二、「永久平和のための秘密条項」という二つの「補足」が加えられている（360ff.）。後者の「唯一の条項」は、「公的平和の可能性の諸条件に関する哲学者たちの諸格率は戦争のための軍備が整った諸国家によって忠告として参考にされるべきである」。（以上第二章）

さらに、「付録」として、一、「永久平和に関しての道徳と政治の不一致に関して」、二、「公法の超越論的概念に基づいての政治と道徳の一致について」の二節が添えられている。前者では「道徳的政治家、すなわち政策の諸原理を道徳と両立しうるものと解する政治家」（372）と「道徳を政治家の利益になるように改造する政治的道徳家」（ibid.）とが対比されている。「法原理として無制約的必然性を具えている」のは、「実践理性の実質的原理」ではなくて、「『汝の格率が普遍的法則になるべきである（目的は何であれ）ことを汝が意志しうるように行為せよ』という、（単に外的関係における自由の上に据えられた）形式的原理」である。カントは次のように言う。「たとえ目的（例えば永久平和）が義務であろうとも、義務自体は外的行為の諸格率の形式的原理から導出されていなくてはならない。」実践理性の実質的原理は「政治的道徳家の原理」であり、実践理性の形式的原理は「道徳的政治家の原理」である。「国家法、国際法、世界公民法の問題」は、政治的道徳家にとっては「単なる技術的課題（problema technicum）」、「国家の利巧問題」であるが、道徳的政治家にとっては「倫理的課題（problema morale）」、「国家の智慧問題」である。（以上 377）——「まず第一に、純粋実践理性の王国とその正義と〔の実現〕に努めよ。そうすれば汝らには汝らの目的（永久平和という恩寵）はおのずから与えられるであろう」（378）。これが道徳的政治の最高原則である。この立場に立てば、すなわち「客観的には（理論においては）道徳と政治との間には全く争いは存しない」のである（379）。また、「付録二」では、「公開性 Publizität の形式」を基礎にして、「公法の超越論的法式」が法式化されている。「その格率が公開性と一致しない、他人の権利に関係する凡ての行為は、不正である。」カントは更に、「別の、公法の超越論的で肯定的な原理」を提示する。「（その目的を逸しないためには）公開性を必要とする凡ての格率は権利及び政治と合一的に調和する。」この法式を遵守するならば、政治は「倫理学としての」道徳（「人間愛」、被制約的義務）のみならず、「法律学としての」道徳（「人間の権利に対する尊敬」、無制約的義務）とも一致せざるをえなくなる。（以上 385f.）

さて、前記の諸条項に、必要な範囲内で注釈を加えておこう。予備条項二に関してカントは、「根源的契約の理念」に基づいて、国家を「道徳的人格」と見なし、国家が物件として扱われえぬものであることを説いている（344）。また、予備条項一、五、六は「強制法 leges strictae」であり、予備条項二、三、四は「任意法 leges latae」である。それゆえ、（「獲得の仕方 Erwerbungsart」に関してではなく）「占有の状態 Besitzstand」、すなわち「誤想獲得」に関しては、任意法、すなわち「純粋理性の許容法則（leges permissivae）」が妥当する。（以上 347f.）

カントは自然状態 Naturstand（status naturalis）を戦争状態と捉える[15]（348f.）。そして、確定条項一に関して言う。「第一に社会の構成員の（人間としての）自由の諸原理に、第二に凡ての構成員の、唯一の共同の立法への（臣民としての）従属の諸原則に、第三に凡ての構成員の（国民としての）平等の法則に従って樹立された体制——その上に一民族の凡ての法的立法が確立されていなければならないところの根源的契約の理念から生ずる唯一の体制——は、共和制体制である」（349f.）。（なお、この箇所の注における「法的（したがって外的）な自由」、「国家における外的（法的）な平等」の定義をも参照されたい。）カントによれば、「支配 Beherrschung の形態（forma imperii）」には「独裁政治、貴族政治、民主政治、〔換言すれば〕君主権、貴族権、民権」の三つのみがあり、また、「統治 Regierung の形態（forma regiminis）」は共和政体か専制政体かのいずれかである。カントは「代議制でない凡ての統治形態は、本来、無形態 Unform である」と言い、「国家権力の人員（支配者の数）が少なければ少ないほど、それに対して国家権力の代表〔者〕が多ければ多いほど、それだけ国家体制は共和主義の可能性に適合し、漸次的改革によって最後には共和主義に高まることを希望しうる」と言う。フリードリッヒ二世は、「自分は国家の最上の公僕であるにすぎない」と言った。民主政治においては否であるが、民主政治以外の二つの支配の形態においては、「代議制度の精神に適った統治形態を採用することが可能である」。(以上 352) 次に、確定条項二に関しては、国際連盟 Völkerbund (国際国家 Völkerstaat ではない。世界国家の法的統治は到底不可能である〈VIII 367〉)、平和連盟 Friedensbund (foedus pacificum) の理念を持ち出している。(16) 「連盟 Föderalität のこの理念の実現可能性 (客観的実在性) は……証示される。幸運にもたまたま、一つの強力で啓蒙された民族が共和国 (それはその本性上、永久平和に傾いているに違いない) に組織されうるということが起こると、これは他の諸国家に対する連盟的結合の中心点の役割を務める。……」(VIII 356) 確定条項三に関しては、カントは、「根源的には誰も地球の一つの場所に居る〔ことに関して〕他人よりもより多くの権利を持つわけではない」として、凡ての人間に地表のあらゆる土地への「訪問権」(「客として迎えられる権利 Gastrecht」ではない) があることを説いている (358)。

「補足一」は言う。「永久平和を保証する Gewähr (Garantie) leisten のは、偉大な女流芸術家＝自然 (natura daedala rerum) に外ならない。……」(360) 「自然の、将来に備えての用意は、以下の諸点に存する。自然は㈠人間のために地球の凡ての土地において、そこで生活しうるよう配慮した。㈡自然は人間を戦争によって至る所へ、最も住むに適しない諸地方へすら追い立てて、そこに住まわせた。㈢戦争によって人間を多かれ少なかれ法律的関係へ入るよう強要した」(363)。そして、「自然の強制」による永久平和の保証の証の兆しを国家法、国際法、世界公民法のそれぞれについて述べている (365ff.)。特に注目に値するのは、国際法に関して、「自然は、〔一つには「世界王国」の台頭を防ぐべく、〕諸民族の混合を防ぎ、諸民族を分離するために、二つの手段を使用する。すなわち言語と宗教の相違を」(367) と述べている箇所と、世界公民法に関して、「相互の私利」を図る「商業的精神」を挙げ、「商業的精神は戦争とは両立しえず、早晩あらゆる民族を捉えることになる。……このような仕方で、自然は人間の諸傾向性のメカニズムそのものを通して永久平和を保証する。もちろん確実さをもってではあるが、その確実さは永久平和の将来を（理論的に）予言するには十分でないが、実践的意図においては十分であり、この（単に架空のではない）目的を目指して努力することを義務にする」（368）と述べている箇所とである。カントが国際国家ではなく、国際連盟の理念を構想し、それを実現可能なものと考えたゆえんは、それらの箇所並びに上述の事柄から明らかである。

カントは国家間の関係を「道徳的人格」としての国家間の関係として捉え、自然のメカニズムを利用することによって永久平和という政治的最高善を実現しうると考えた。しかし、イデオロギーの対立といった問題を考えると、カントは楽観的すぎるように思われる。国家を道徳的人格として把握するのは正当であるが、国家は国際政治という《場》の内に置かれている。現代の国際政治の諸問題を考えるとき、それらの根本的解決のためには、単に国家対国家の関係に注目するのみならず、更に、国際政治という《場》を正しく把握することが必要であるように思われる。

## 三　「倫理的公共体」の理念

ここに「倫理的共同体（共同態）の理念」という標題ではなく、「倫理的公共体の理念」という標題を掲げたのは、以下の考察がカントの『宗教哲学』をテキストにしていることによる。同書においては、「倫理的共同態（共同体）die ethische Gemeinschaft」（VI 134 Anm.）、「道徳的共同体（共同態）eine moralische Gemeinschaft」――正確には「世界公民的道徳的共同体（共同態）」（199f.）――という用語は、それぞれ一箇所で用いられているだけである。

著作の刊行年次で言えば、『宗教哲学』（一七九三年）が『永久平和のために』（一七九五年）に先立っている。しかし、周知のように、カントは歴史の発展段階を「文化化」、「文明社会化（＝公民化）」、「道徳化」というふうに系列化している。だから、全人類を包含する「倫理的公共体 ein ethisches gemeines Wesen」（94ff.）、換言すれば「世界公民的道徳的共同体（共同態）」（199f.）の設立は、『世界公民的見地における一般歴史考』でいう「世界公民的状態」の実現を踏まえてのみ可能である。『宗教哲学』は言う。「……倫理的公共体は政治的公共体が根底に存しなければ、人間によって実現されることは全くありえないであろう」（94）。カントの歴史哲学に即して言えば、人類の「文化化」、「公民化＝世界公民化」に続いて人類の「道徳化」が成就されなくてはならない。カントが主題的に、歴史哲学的に人類の「道徳化」について論じているのは、『宗教哲学』――特にその第三篇――においてである。『宗教哲学』第三篇の標題は、「悪の原理に対する善の原理の勝利と地上における神の王国の建設」である。ここにいわれている「神の王国 ein Reich Gottes」こそが、「単なる理性の限界内の宗教」すなわち「純粋理性宗教」においてカントが志向している《倫理的共同体》なのである。カントはその「神の王国」を「倫理的公共体」――あるいは「倫理的国家」、「徳の（善の原理の）王国」（94f.）――と呼んでいる。「最高善」という理念に照らして言えば、それは《実質的》に、「共同体的善としての最高善」、「最高の人倫的善 das höchste sittliche Gut」（97）と規定される。

『人倫の形而上学の基礎づけ』においては、目的の王国には元首としての神が理念的に想定されていた。同書においては「意志の自律」が「道徳性の最上原理」として位置づけられている。しかし、同書に即して考えても、神を道徳法則の立法者とする考えが否定されるわけではない。我々理性的存在者も、目的の王国の構成員としてそれぞれが道徳法則の立法の主体である。しかし、その王国の元首としての神と対比すれば、神にとっては「当為」の命令は成立しえないが、人間にとっては道徳法則はアプリオリな「当為」の命令、すなわち定言命法となる。

『宗教哲学』においても、「第一版序言」の冒頭において、「道徳は、それが、自由な、しかし正にそれゆえに、また自分自身を彼の理性によって無制約的諸法則に結び付ける存在者としての人間の概念に基づいているかぎり、彼の義務を認識するために、人間を超えた他の存在者の理念を必要としないし、彼の義務を履行するために、法則そのもの以外の動機を必要としない」(3)と、同書が彼の批判的倫理学の立場を厳守していることを強調している。

さて、人間の意志には必ず志向の対象・目的が存するはずである。人間の「意志規定」は、《行為》を通して、必ず「結果」を帰結する。(以下4)その「結果の表象」は選択意志に「目的」への志向を喚起する。そのように、人間の「意志規定」は必然的に「目的表象」、「目的関係」を――その「根拠」としてではなく、予料されるその「帰結」、「結果」の表象として――伴うのである。その「目的表象」、「目的関係」を綜合的に統一するアプリオリな原理が欠如している場合には、「選択意志は……いかに作用 wirken しなくてはならないかは〔道徳法則〕によって指図されうるが、どこを目指して作用しなくてはならないかは指図されえず、自分自身を満足させることはできない」。では、選択意志が志向すべき究極の「目的」は何であるのか。――それは、「世界における最高善」(以下5)なのである。そして、「その最高善の可能性のためには、我々は高次の、道徳的で神聖な全能の存在者を想定しなくてはならない」。だから、「この〔最高善の〕理念は道徳から生ずるのであって、道徳の基礎ではない」。そのようにして、「道徳は不可避的に宗教に至る」(6. 8 Anm.)。

しかし、『宗教哲学』の本論においては、道徳法則を「神的命令 göttliche Gebote」と見なす考えが一貫して主張されている。そのこと自体は、既述のように、批判的倫理学の所説に矛盾するわけではない。

ただ、『宗教哲学』は、『人倫の形而上学の基礎づけ』や『実践理性批判』のように、人間を「理性的存在者」としての側面において捉えるのではなく、「人間的本性のうちなる悪への性癖」(VI 28ff.)に即しても捉えているのである。そこにおいては、ただ、「根本悪」ということだけが人間の道徳的腐敗の源泉として考えられているのではない。「人間が諸々の人間の間に〔彼らと関係ないし結合して〕存在している場合には」、いわゆる「人間性に対する素質」〈27〉によって人間は他人の眼差しを気遣い、人間の心には「嫉妬、支配欲、利欲及びそれらと結び付いた、敵意を含んだ諸傾向性」が湧出して来る（93f.）。「人間が相互に道徳的素質において腐敗し合い、相互に悪くし合うためには、諸々の人間がそこに存在している、彼らが彼を取り囲んでいる、そして彼らが人間であるということだけで十分である」（94）。だから、カントは、『宗教哲学』において、「徳の諸法則に従う徳の諸法則のための〔普遍的〕社会 Gesellschaft の設立と拡大」は全人類に理性によって課せられた「課題」、「義務」である、と述べている（ibid.）。歴史哲学的に言えば、そういう「倫理的社会」（ibid.）の設立・拡大こそが、人類の「道徳化」ということなのである。それは、H・ベルクソン流に言えば、《真に開かれた倫理的社会》ということになる。カントは言う。「徳義務は全人類にかかわるのであるから、倫理的公共体という概念は常に凡ての人間の全体という理想に関係づけられており、その点において、それは政治的公共体から区別される」（96）。「倫理的公共体」においては「人間の人間に対する義務ではなく、人類の人類そのものに対する義務という固有の義務」（97）が要請される。カントは言う。「すなわち、諸理性的存在者のあらゆる類〔例えば、人類というような〕は客観的に、理性の理念において、一つの共同体（共同態）的目的へと、すなわち、共同体（共同態）的善としての最高善の促進へと規定されて〔＝使命づけられて〕いる。しかし、最高の人倫的善は個々の人格が彼自身の道徳的完全性へ向かって努力するだけでは実現されず、諸人格の、正に同一の目的へ向から、〔つまり〕善き心情の人間たちの一つの体系へ向かう一つの全体への合一 Vereinigung を要求するのであり、その合一において、そしてその合一によってのみ最高の人倫的善は成立しうるのである」（97f.）。「徳の諸法則に従う普遍的共和国」（98）、換言すれば「自由意志による普遍的で持続的な心胸の合一」（102）において成立するのは「世界福祉」としての最高善であって、その理念は最高の道徳的存在者（神）の存在を要請する。それは「倫理的公共体の最上の立法者」であると同時に「心胸の察知者」であり、それゆえ「道徳的な世界支配者」である（99）。「この最高の道徳的存在者の普遍的処置によってそれ自身では不十分な各人の力が一つの共同の作用に合一化される」（98）ならば、それは人類を「道徳化」する大きな力となるのである。――このような倫理観においては、「意志の自律」に基づく各人の道徳性を主題とする《心情倫理》の次元ははるかに超えられている。そして、カントは、真の《倫理的共同体（共同態）》の理念はキリスト教に即してのみ成立すると考えている。彼は言う。「倫理的公共体はただ神的命令の下にある民 Volk として、すなわち徳の諸法則に従う神の民として考えることが可能である」（99）。

神は、「法的公民的国家」に類比させて言えば、「神聖な立法者」、「慈悲深い統治者」、「公正な裁判官」として表象される（139f.）。これは、父・子・聖霊という、神の三つの位格に対応する、神の表象化であるが、その三位一体的表象の宗教哲学的意義については、カント自身の叙述――bes. S. 139ff.――を参照されたい。

さて、「倫理的公共体」の理念は人間の純粋実践理性のうちに「客観的実在性」を有している。――例えば、九四―九五ページ参照。――「倫理的公共体」を『宗教哲学』は、現実の教会すなわち「見える教会 die sichtbare Kirche」に対して、「見えざる教会 die unsichtbare Kirche」とも呼んでいる。――例えば、一〇一ページ。――「見える教会」を「純粋理性宗教」に基づいて形相化すれば、「見えざる教会」という理念が定立される。「見える教会」は「見えざる教会」の「見える表象（図式）」（131）、「感性的形式」（151）に外ならない。もちろん、それは「見えざる教会」を単に具象化したものではない。「見える教会」は「制規的宗教」に随伴する様々な制約を被っている。しかし、人間には「見えざる教会」は「見える教会」を基盤にしなければそれを実現する道を開くことは絶対に不可能である、というのがカントの考えである。「教会信仰の普遍的理性信仰への、そしてそのようにして地上における（神的な）倫理的国家への漸次的移行の原理が普遍的に、またどこかで公的に根付いた」とすれば、「神の王国が我々のところに到来した」と言うことができる、とカントは述べている。

カントによれば、古代ユダヤ教とキリスト教との間には決定的な断絶があるという。古代ユダヤ教の教会は「単に世俗的な国家」（125）であるにすぎなかった。我々は「普遍的教会史〔の記述〕」を「キリスト教の起源から始める」ことしかできない（127）。そして、《啓蒙》はキリスト教に、㈠「啓示と呼ばれる凡てのことについての発言を正当に控えること」という原則、㈡「真の宗教は……至福になること Seligkeitwerden に値するためには、我々は何をなさねばならないかということのうちに定立されるべきである」という道徳的宗教の原則、の二原則の確立をもたらした（132ff.）。これら二原則を公的に根付かせることは、「元首の義務 Regentenpflicht」である（133）。そういう観点から、カントは、「今までに知られている全教会史」においては、彼の時代を「最善の時代」と考えている（131）。このようにして、我々は「地上において善の原理の支配が漸次的に確立していくことの歴史的表象 historische Vorstellung」――『宗教哲学』、第三篇、第二部の標題――を把捉しうるのである。そのようにして、「真の宗教信仰の萌芽」を大事に発展させていくならば、我々は「あの、凡ての人間を永久に合一し続ける教会への不断の接近を期待する」ことができるのである（ibid.）。

以上は、カントの『宗教哲学』についての歴史哲学的考察である。そこにおいて「倫理的公共体」の設立による人類の「道徳化」ということが強調されていることに注目していただきたい。「今までに存在した凡ての公的宗教の中でキリスト教だけが道徳的宗教である」（51f.）というカントの所説を離れても、そのことは十分に理解されうる、と私は思う。「倫理的公共体」の設立――あるいは、その設立への志向――によって、個々人の内面性のモラルを超える力動的な共同態的倫理が確立される。「倫理的公共体」における「心胸の合一」によって、人類・社会の真の「道徳化」が可能となる。この集団力学的な発想のうちに、我々は、人類の「道徳化」を《歴史的・人倫共同態的世界》という《場》に即して捉えようとする力動的な共同態理論の萌芽を、はっきりと窺うことができる。そして、現代の我々には、そうした倫理的共同の確立が要請されているのである。

**注**

(1) また、「彼のもの das Seine」という用語も頻繁に用いられている。その「彼のもの」は、「外的な我のもの・汝のもの」に対応する概念であるから、厳密に言えば、「外的な彼のもの」(284)である。その他、「法的な我のもの das rechtlich[e] Meine [meum iuris]」(245)、「我のもの das Meine (*to meum*)」(358 Anm.)等の用語も用いられている。

ここで、「外的な我のもの・汝のもの」という概念について説明しておこう。カントは、いわゆる《諸権利 subjektive Rechte》の「最高区分」として、諸権利の「生得的権利と取得的権利とへの区分」を説く(237)。「生得的権利」は「生得的な我のもの・汝のもの」(ibid.)にかかわり、「取得的権利」は取得的な「我のもの・汝のもの」にかかわる。カントは、「生得的な我のもの・汝のもの」を「内的な我のもの・汝のもの (meum vel tuum internum)」と呼び(237)、取得的な「我のもの・汝のもの」を「外的な我のもの・汝のもの [meum vel tuum externum]」と呼んでいる。カントは言う。「外的な我のもの・汝のものは常に取得されねばならない」(237)。

諸々の生得的権能の凡ては、カントによれば、「生得的自由の原理」のうちに内含されており、しかもその原理のうちに統一されるべきものである(238)。だから、「生得的な、したがって内的な我のもの・汝のものに関しては」、「自由(他人の強制的意思からの独立性)」という「ただ一つの権利のみが nur Ein Recht 存する」のであるが、「外的な我のもの・汝のもの」に関しては、「諸権利 Rechte [すなわち、「物権」、「対人権」、「物権的＝対人権」(「物権的様相の対人権」)という三種の私権、並びにそれらの様々な具体的形態]が存する」(237f.)。カントは言う。「だから[権利の]この最高区分は、内容上極端に不等な二つの区分肢によって構成されているものとして、序論の中へ組み込まれて、法論[『法論の形而上学的基礎論』の本論]の区分は、ただ外的な我のもの・汝のものにだけ関係づけられうるであろう」(238)。

したがって、『法論の形而上学的基礎論』の本論における「我のもの・汝のもの」は、厳密に言えば、「外的な我のもの・汝のもの」なのである。

(2) 加藤新平・三島淑臣訳『法論の形而上学的基礎論』(中央公論社「世界の名著」32 野田又夫編『カント』所収)、三六三ページ訳注。

(3) この「物権的＝対人権」という用語は二六〇ページにおいて用いられているだけであって、他の箇所では「物権的様相の対人権」という用語が用いられている。

(4) カントが実践哲学において「人格」・「物件」を対比的概念として用いているのは、ローマ法に由来する、私権のこの二分法の影響である。対比的概念としての「人格」・「物件」は、元来、法律用語である。(我が国の民法の用語で言えば、「人」・「物」がそれに相当する。) したがって、カントにおいても、「人格」・「物件」という概念は、倫理学的概念であるとともに、本質的にはむしろ法理学的概念なのである。

(5) 》meinige《は、現代の文法用語で言えば、形容詞ではなくて、所有代名詞である。

(6) もっとも、土地の所有を物件に関する一切の所有権の基礎に据えている等の点について見れば、カントの私法論は、濃厚に前近代的性格を帯びているように見える。しかし、『法論の形而上学的基礎論』において用いられている「外的な我のもの・汝のもの」という範疇に注目するかぎり、カントの私法論は、本質的には勝れて近代的性格のものと見なされうる。したがって、私法論を基盤とするカントの法哲学全体が、本質的には極めて近代的性格を具有することになる。例えば、カントにおいては彼のいう「配分的正義」の実現が国家の本質的機能なのであり、その「配分」の「実質(客体)」(vgl. 259) は「国家公民」各人の「我のもの・汝のもの」なのである。カントは国家権力や君主権を全く機能論的にしか基礎づけようとしていない。「国家法」論におけるカントのこのような合理的思惟様式は、近代市民社会の実態、近代政治革命における近代的政治理念の形成を如実に反映している。

(7) カントにおいては、アリストテレスのいう「調整的正義」も「配分的正義」のうちに包括されている。もちろん、カントのいう「交換的正義 iustitia commutativa」は、アリストテレスのいう「交換的正義」に対応する概念ではあるが、カントにおいては、「交換的正義」は、人間の自然状態的・市民社会的関係において実現される交換的正義である。公民的状態において実現される調整的正義・交換的正義は、カントにおいては、「配分的正義」のうちに数えられる。したがって、刑罰的正義、司法的正義は、「配分的正義」のうちに数えられる。刑罰も犯罪者にとって「外的な彼のもの」なのであり、それをも含めて、「各人に〔外的な〕彼のものを配与すること」は、それが公民的体制の下でなされるかぎり、カントにおいては「配分的正義」の理念に統括されているのである。ただし、カントは「外的な我のもの・汝のもの」という用語を私権の対象についてのみ使用しているように思われる。

(8) カントは言う。「人は第一及び第二の状態〔「自然状態」、及び自然状態において存在している「適法的諸社会(例えば、夫婦の社会、父権的社会、家族的社会一般、さらにその他の任意な社会)」〕を私法の状態と名付け、後者の第三の状態を公法の状態と名付けることができる。後者〔公法の状態、したがって公民的状態〕は、前者〔私法の状態、したがって自然状態〕において考えられうる以上の、あるいは以外の、人間の諸義務をば自分自身のうちに含んでいない。私法の実質は両者においてまさしく同一のものなのである。……」(306)

(9) カントは、理念的には、三権分立に基づくコモン＝ウェルス的国家を理想としている。しかし、「公民的結合の本性から生ずる法的諸効果についての総注」(318-337)において君主の諸権力、諸権利について述べる際には、三権分立の理念にはそぐわない論を展開している。ただ、その場合にも、コモン＝ウェルスとしての公民的体制が念頭に置かれている。

(10) 小牧治『社会と倫理——カント倫理思想の社会史的考察——』参照。

(11) なお、「国家における最高命令権者」(328)の「恩赦権(ius aggratiandi)」については、カントは、それは「臣民相互間の犯罪に関しては」行使されてはならないものであり、「主権者〔最高命令権者〕自身に対してなされた侵害(叛逆罪 **crimen laesae maiestatis**)の場合にのみ」行使されうるものである、と説いている(337)。もし「臣民相互間の犯罪に関して」恩赦権が行使されるとすれば、それは公民的体制の法秩序を乱すことであるから、「臣民たちに対する最大の不法」をなすことになる(ibid.)。

(12) これに関連して、第二批判における刑罰の基礎づけの箇所(V 37f.)について説明しておく。カントは言う。「およそ刑罰そのものには、第一に正義が存しなくてはならない。正義が刑罰の概念の本質を構成するのである。」カントは、犯罪を、刑罰による「自分自身の幸福」の毀損として「自愛の原理」によって基礎づけることの不合理性を指摘し、犯罪は行為に対して科せられる刑罰にではなく、行為そのものに根拠を持つことを説き、「更にその上、凡ての刑罰と褒賞とをただ、理性的存在者たちをそれによって彼らの究極意図(幸福)へと活動させるためにのみ役立つべき、より高き力〔為政者〕の手中にある道具と見なすこと」を批判する。なお、この段落に、「さて、凡ての犯罪は、行為者に関する物理的帰結に目を注がなくても、それ自体、刑罰を受けるはずである。すなわち幸福を(少なくともその一部分を)喪失する場合には」、とあるが、そこにいう「行為者に関する物理的帰結」とは、「物理的悪」である法的刑罰のことを指し、「幸福を(少なくともその一部分を)喪失する」とあるのは、良心の呵責による心理的苦痛のごときものが生ずることを指しているのであろう。

（13）『法論の形而上学的基礎論』では、「自分の祖国を殺すことを企てる者」は死刑に処せられねばならない、というように、「同害報復の法理」は、国家という「道徳的人格」に対する犯罪ないしその企てについても適用されている（VI 320, VIII 299 usw.）。

（14）『万物の終わり』（*Das Ende aller Dinge*, 1794）という論文では、「これまで人間の下にあった〔中での〕最大の啓蒙の時代」に対するキリスト教の「道徳的な、愛すべき性格」の役割についても述べている（VIII 339）。イエスは「命令者の資格において」ではなく、「人類の友の資格において」語ったのであり、キリスト教は尊敬に基づく「真の愛」によって義務の遵守を促進する。「自由な考え方 die liberale Denkungsart」こそがキリスト教の教説を真に有効ならしめるのである。（以上 337f.）しかるに、「キリスト教がその柔和な精神の代わりに命令的権威をもって武装させられるならば」（339）、「人間の手によって行われる万物の終わり」（336）、「道徳的見地から見た、万物の（転倒した）終わり」（339）が始まるであろう、とカントは言っている。

（15）国家法（ius civitatis）、国際法（ius gentium）、世界公民法（ius cosmopoliticum）の区分を持ち出す、三四九ページの注をも参照されたい。ただ、『法論の形而上学的基礎論』には、「自然状態に対立するのは、社会状態ではなくて、公民的状態である。なぜなら、自然状態においては、社会は十分に存しうるが、公民的状態だけが存しえないからである。……」とある（VI 242）。

（16）カントは「付録二」で、「政治と道徳の調和は連盟的 föderativ な結合……においてのみ可能である」と言っている（VIII 385）。国際政治という場面で考えれば、確かにそうである。

〔追記〕本章の執筆に際しては、私が法哲学・歴史哲学の領域に関する文献の読解に習熟していないこともあって、『人倫の形而上学』については、理想社版「カント全集」第十一巻、吉澤傳三郎、尾田幸雄訳『人倫の形而上学』（一九六九年）、中央公論社「世界の名著」32　野田又夫編『カント』（一九七二年）所収の『人倫の形而上学』（加藤新平、三島淑臣訳『法論の形而上学的基礎論』、森口美都男、佐藤全弘訳『徳論の形而上学的基礎論』）を参考にし、歴史哲学及びその関連領域については、篠田英雄訳、カント『啓蒙とは何か　他三篇』（岩波文庫、一九五〇年）、同氏訳、カント『啓蒙とは何か　他四篇』（岩波文庫、一九七四年）、高坂正顕訳、カント『永遠平和の為に』（岩波文庫、一九四九年）、理想社版「カント全集」第九巻、飯島宗享、宇都宮芳明訳『宗教論』（一九七四年）を参考にした。

# 結び　場の倫理学

物理学においては、十九世紀後半、ファラデー（Michael Faraday）やマックスウェル（James Clerk Maxwell）によって《電磁場》の概念が確立され、二十世紀になると、アインシュタイン（Albert Einstein）の一般相対性理論によって《重力場》の概念が導入された。《古典物理学》は《場の物理学》によって取って代わられた。(1)《場の物理学》においては、物質は場の一つの様態、すなわちエネルギーが凝縮した場として理解される。それは諸の実体（物体）が存在していて、それらの力学的交互作用によって成り立っている世界、という《古典物理学》の力学的世界像を排除した。

カント倫理学は、《古典物理学》の図式に対応している。『人倫の形而上学』において、カントは言う。「道徳的（叡智的）世界においては、物理的世界から類推して、理性的存在者の（地上での）結合は引力と斥力とによって実現される。相互愛の原理によって彼らは不断に相互に接近するよう指示され、彼らが当然、相互に払うべき尊敬によって、相互に距離を保つよう指示される。(2)」（以下 VI 449f.）その場合の「相互愛」や「尊敬」は、「感情（審美的 ästhetisch）」ではなくて、法則的なものである。「愛は……好為 Wohltun を結果する好意 Wohlwollen の格率として（実践的なものとして）考えられねばならない。……他人に対して示されるべき尊敬についても、他人の人格の内なる人間性の尊厳によって我々の自己評価を制限するという格率、したがって実践的意味での尊敬（observantia aliis praestanda）のみが理解され［ねばならない］。……隣人愛の義務は、他人に対して彼らの目的を（それらが非倫理的でないかぎり）私の目的にするという義務である。私の隣人を尊敬するという義務は、いかなる他の人間をも単に私の目的のための手段として貶めて評価しない（他人に、私の目的に使役されるために自らの品位を落とすことを要求しない）という格率のうちに含まれている。」

カントが考えているこのような倫理的共同態は、果たして成立可能であろうか。『徳論の形而上学的基礎論』においてカントは、「（義務の毀損へとは決して誘惑されえない）有限で神聖な存在者」には「道徳哲学」があるだけであるが、人間には「徳論」が必要である、前者にとっては道徳性は「〔純粋〕実践理性の〔本性的〕自律」であるが、後者にとっては道徳性は「〔純粋〕実践理性の自己支配」、すなわち「徳」である、と言っている（383）。しかし、「〔純粋〕実践理性」によって支配されるべき、「〔道徳〕法則に反抗的な傾向性」（ibid.）についてのカントの分析は、例えば精神分析理論から見れば、不十分である。エスの力、あるいは無意識の内へ抑圧されているもの（超自我の不安、エスの不安）の力の大きさを解明した点においては、S・フロイトの業績は高く評価されなくてはならない。意志の自由の問題を、神学的な予定説・決定論との連関においてよりも、因果律との連関において——すなわち「純粋理性の二律背反」という形で——問題にした点で、カントは、例えば大陸合理論の哲学たちよりもより近代的であったが、我々の意志を束縛するものとして無意識的なものが存することには気付いていなかった。心のそういう深層を併せ考えるなら、道徳法則・定言命法による人間の自己支配ということは、カントが考えたよりもずっと困難なことと見なされざるをえない。そして、《愛》や《尊敬》は、本質的に、《感情》であるのではなかろうか。それらをまで法則的義務にしてしまうことは、人間の自然本性を度外視した不条理なことである、と私は思う。

我々は《場の物理学》に倣って《場の倫理学》を考えねばならないのではなかろうか。

人間存在の基底としての《場》の構造は、極めて重層的である。だから、《場》という概念を明確にするために、ここでは精神分析理論に即して、パーソナリティの形成に関与する《場》の一局面について述べておこう。精神分析学的に言えば、パーソナリティの形成には乳幼児期の親子関係が決定的に関与する。現代の児童精神分析の確立者であるクライン（Melanie Klein）もA・フロイト（Anna Freud）も——前者は児童精神分析の場でも分析者に対する「転移神経症」を形成させることは可能であると考え、それに対して後者はそれを形成させることは不可能であると考え、したがって、児童精神分析の技法論に関しては立場を異にするが——、乳児期における母子関係の重要さを強調している。あるいはホーナイ（Karen Horney）の「基底不安 basic anxiety」、エリクソン（Erik Homburger Erikson）の「基本的信頼 basic trust」等々の概念も、乳幼児期における、特に母子関係の重要さを指し示すものである。我々は精神分析における分析医と患者との治療関係を、そこにおいて転移や抵抗が生起する《場》として捉えることができる。患者が自由連想を続け、分析医が「医師の思慮分別 ärztliche Diskretion」（S・フロイト）、すなわち価値中立的立場に徹して治療に携わるとき、その精神分析という《共人間的な場》において、被分析患者の《自我》は《超自我》や《エス》に対して独立性を獲得し強化されるのである。今、精神分析について述べたことを、人間学的に敷衍して言えば、人間は《場》の内で生育・成長する存在者であるということになる。現に我々も、《人間関係》、《社会的状況》といった諸局面を呈する《場》の内に存在している。《場》は人間にとって存在の基盤である。

　精神分析理論に関して言えば、例えばボス（Medard Boss）は、ハイデッガー（Martin Heidegger, 1889–1976）の『存在と時間』（一九二七年）はもちろん、後期の哲学をも踏まえて、S・フロイトの精神分析理論についての現存在分析論《ダーザインスアナリューティック》的基礎づけを主題的に行っている。[3] 彼はハイデッガーのいう「存在 Sein」を凡ての「現存在 Dasein」（＝人間存在）にとっての共同の存在論的基盤と解し、私流に言えば、精神分析の《場》を分析医と患者との「共同存在 Mitsein」の《場》として捉えている。それが精神分析を人間学的に理解する上で優れた業績であることは言うまでもないが、私は、精神分析の《場》は基本的には対象関係論的に捉えられるべきものであると思っている。

倫理学にとって重要な《場》の局面は、人間科学的＝社会科学的に解明されるべき諸局面、すなわち《力動的な社会共同態》という局面である。《場の倫理学》においては、個々人の内面性のモラルは《場の倫理》に包越されることになる。《場の倫理学》は《力動的な社会共同態の倫理学》という様相を呈するであろう。

## 注

（1）以上に関しては、次の古典的名著を参照されたい。Albert Einstein & Leopold Infeld: *The Evolution of Physics*, 1938. 石原純訳『物理学はいかに創られたか――初期の観念から相対性理論及び量子論への思想の発展――』（全二巻、岩波新書）

（2）なお、以上に関連して、『徳論の形而上学的基礎論』の「原理論の結び」の「友情において愛と尊敬とが最も緊密に合一することについて」（VI 469ff.）における「道徳的友情」についての分析を参照されたい。

（3）M. Boss: *Psychoanalyse und Daseinsanalytik*, 1957. 笠原嘉・三好郁男訳『精神分析と現存在分析論』。特に第五、第六章を参照。

（付記）

《現存在分析論》に関して付言すれば、ハイデッガーは彼の著書『カントと形而上学の問題』において、カントが提示した「世界概念における哲学」の問い（本書、八〇ページ以下、参照）についての基礎的存在論的（現存在分析論的）な解釈を行なっている。拙著『カント批判――場の倫理学への道』第三章「認識批判と形而上学」の第三節「カントと「形而上学」」を参照されたい。同節の第三段落（同書、76ページ）において私は、引用箇所の出所のページを示す〈（以下、195f.）〉を挟んで、ハイデッガー『カントと形而上学の問題』に即して、「人間とは何であるか?」という《人間学》の問いに収斂する「世界概念における哲学」の問いにおいては基礎的存在論的に「人間的理性」の「有限性」が問われていることを叙述した。ハイデッガーの基礎的存在論（現存在分析論）は、精神分析理論の現存在分析論的基礎づけを含めて、《人間学的精神病理学》に著しい影響を及ぼしている。本書の結び「場の倫理学」を補完することをも兼ねて、私は『カント批判――場の倫理学への道』第十一章「精神分析学的考察」において、「精神分析学的人格論」（同章第一節標題）

及び「精神分析と人間学」（同章第二節標題）について考察した。

なお、「場の物理学」に関して本書の結び「場の倫理学」を補完することを念頭に置いて、私は後年の拙著『カント研究の締めくくり』に、「現代物理学に学んで」という標題の章（同書第6章）を設けた。ちなみに、同章の構成は、左記のとおりである。

第1節「場の物理学」・第2節「中間子論」・第3節「素粒子物理学の標準理論」・第4節「統一場理論と宇宙論」

〔追記〕『カント研究』、『カント批判』をまとめ終えた時点では、私はそれをもって自分のカント研究を終了したつもりでいたが、『カント批判』第四章「誤謬推理論における「超越論的主体」の理念」に基づいての、カントの自我論・人格性概念についての研究は継続してきた。本書付論「カントの自我論」においては、超越論的自我の個我性（個別性・個体性）が主題的に考察されている。誤謬推理論における、超越論的自我（超越論的主観）の個我性についての認識は、カントの実践哲学において、人格・人格性の概念の基低に据えられることになる。

# 補論　カントの自我論

　定年退職後の私のカント研究の起点になったのは、『カントとともに』をまとめたことである。同書の第一篇「カント研究のまとめ」には、自著に未収録であった旧稿を収録したが、第二篇「『純粋理性の諸誤謬推理について』の章についての注解」、第三篇「『純粋理性批判』についての自然科学史的注解」は、大学在職中に書きためた、かなりの分量の草稿を基にして書き下ろした『純粋理性批判』に関する注解である。振り返ってみると、七十代にまとめたカント研究書は全て同書の第二篇、第三篇を敷衍し、補完・拡充するものになっている。私は自分のカント研究の出発点である誤謬推理論研究に立ち返って、古希を迎えて以降、七十代半ばまでに、『西洋近代哲学とその形成』、『カントの批判哲学と自我論』、『カント研究の締めくくり』の三冊の研究書をまとめた。『近代西洋哲学とその形成』と『カントの批判哲学と自我論』は相補関係にある作品である。『カントの批判哲学と自我論』で論述したこととの要点は、『西洋近代哲学とその形成』の「カントの自我論」の章にまとめられているはずである。『カントとともに』第二篇をまとめる際、私は「『我在り』」という個別的表象」というカントの用語法に目を留めて、金子武蔵著『カントの純粋理性批判』（以文社、一九七四年）所収の論考「現代倫理学の課題」において金子先生が人格の個別性の把握の倫理学的意義を強調しておられることを思い起こし、それを機縁として、旧著『カント批判――場の倫理学への道』第四章「誤謬推理論における「超越論的主体」の理念」で試みた超越論的主体（超越論的自我）の個別性に関する考察を補完する論考の執筆を思い立った。そして、『西洋近代哲学とその形成』第五章及び『カントの批判哲学と自我論』において、超越論的自我の個別性・個体性を主題的に考察するに至った。

以下に旧著『西洋近代哲学とその形成』第五章「カントの自我論」を抄録して、本書第三章「超越論的弁証論における誤謬推理論研究を補完したいと思う。『西洋近代哲学とその形成』第五章は第一節「自我の個別性について」、第二節「自我の個体性について」、第三節「西洋近代哲学の形成とカントの自我論」の三節で構成されているが、本書にはその第一節と第二節を収録する。

## 第一節　自我の個別性について

『純粋理性批判』の「超越論的弁証論」の、第一版の「純粋理性の諸誤謬推理について」（以下、「誤謬推理論」と記す）の章の終末部に記されている「「我在り」という個別的表象（die einzelne Vorstellung, Ich bin）」（A 405）という言葉に注目して、誤謬推理論について考察してみたい。ちなみに、ペンギン・クラシックス版の英訳書、マーカス・ワイゲルト訳『純粋理性批判』[1]（以下、「ワイゲルト訳『純粋理性批判』」と記す）では、“die einzelne Vorstellung, Ich bin”には“the singular representation, I am”という訳語が当てられている。「「我在り」という個別的表象」という、『純粋理性批判』の中でここでしか用いられていない言い回しは、自我の個別性を念頭に置いてなされたものである。ここに記されている「我在り」は、超越論的統覚「我考う」の言い換えであると考えて差し支えない。『純粋理性批判』第二版では、カントは、同書、第一版に従って考えれば「我考う」という言葉を用いるべき幾つかの箇所[2]においても、「我在り」という言葉を用いている。そして、『純粋理性批判』第一版に即して見る限り、カントの超越論的哲学においては、「我考う」、「我在り」は、共に叡知的自我意識として把握されている。「我考う」は《思惟》における叡知的自我の自己意識であり、「我在り」は《存在》における叡知的自我の自己意識である。（『純粋理性批判』第二版においては、「「我考う」は、既述のように、経験的命題であり、そして、「我存在す」という命題をそれ自身の内に含んでいる」（B 422 Anm.）という記述に認められるように、カントの思惟は、「我考う」、「我在り」を叡知的自我意識として把握する立場を超越する方向性を示している。しかし、その場合にも、「〔……〕なぜなら、私が「我考う」という命題を経験的命題と呼んだ際、私はそれによって、この命題における「我」が経験的表象であるということを言おうとしたのではないということが、看過されてはならないのだから。それどころか、この「我」という表象は、思惟一般に属するがゆえに、純粋に知性的である」（B 423 Anm.）という記述が指摘しているように、「我考う」、「我在り」（「我存在す」）を叡知的自我の自己意識として把握する立場は、基本的には維持されているのである。[3]）

『純粋理性批判』第二版でカントが、本来なら「我考う」という言葉が用いられるべき箇所の幾つかで「我在り」という言葉を用いているのは、カントがデカルトの自我命題「我考う。[4] ゆえに我在り」を念頭に置いて自我についての考究を行なっていることによる。カントは、デカルトの「我考う。ゆえに我在り」という自我命題における「我考う」と「我在り」とを等意命題＝同一命題として把握しているのである。「我考う。ゆえに我在り」は、形式上は「ゆえに」という接続語を挿んだ推論命題であるが、実質的には、カントが考えるように、同意異語の反復命題である、と解釈することもできる（vgl. A 355）。ただし、デカルトは、この命題を彼の方法論的懐疑の極限において定式化し得た、と述べている。この命題は同意異語の反復命題ではあっても、「我在り」が文字どおり存在命題であるのとは異なって、「我考う」を直接的に存在命題と解することはできない。『純粋理性批判』第二版の誤謬推理論の「「我考う」は、既述のように、経験的命題であり、そして、「我存在す」という命題をそれ自身の内に含んでいる」という記述で始まる重要な脚注（B 422 f. Anm.）においては、カントは「我考う」を「存在命題」として把握しているが、「我考う」を直接的に「我存在す」と規定する、この脚注における論の運びには幾らか無理があるように、私には思われる。「我考う」それ自体は、《超越論的自我の統覚作用》を表す命題であって、必ずしも《自我の存在》についての意識・自覚を直接的に表す命題ではない。デカルトの方法論的懐疑においては、「我考う」という自我の働き（the function of the **I**: I think）は、「我懐疑す」という自我の働き（the function of the **I**: I doubt）として機能して、「我在り。我存在す」という《自我の存在》についての明証的な意識・自覚を成立させたはずである。デカルトの「第二省察」をその論述のとおりに理解するならば、デカルトの「我在り。我存在す」という命題は、実存的・実存哲学的命題である。方法論的懐疑は、デカルトを限界状況の内に置いた。「我在り。我存在す」は、その方法論的懐疑の極限において導出された、正に「個別的表象」である。カントが「『我在り」という個別的表象」という言葉を使用したのは、そのようなことを念頭に置いてのことであったはずである。

ドイツ語の Einzelperson を英語に置き換えれば individual person である。ワイゲルト訳『純粋理性批判』では、“einzeln”には“singular”という訳語が当てられている。singularity と individuality とは、同義語である。デカルトの自我論においても、自我の個別性が明確に認識されていることは、確かである。そのことは、とりわけ「第六省察」において彼が心身関係の問題に真摯に取り組んでいることからも明らかである。デカルトにおいては、自我それ自身は精神として把握されている。精神は物体（身体を含む）とは実在的に区別される別個の実体であるが、デカルトにおいても、それは形而上学の次元でのことである。デカルトにおいても、実際には、各人は、身体を備えた各自的・個別的な自己として把握されている。しかし、デカルトは、「我在り。我存在す」が「個別的表象」であることに関心を向けないで、「我在り。我存在す」という形而上学の原理命題に基づいて、自我を、「思惟するもの」として実体論的に把握することを専一に志向する。自我の個別性の認識という点においては、デカルトよりもカントの方に注目すべきものがあるように、私には思われる。もっとも、カントは「「我在り」という個別的表象」という言葉を、自我の個別性を強調するために意識的に使用したわけではない。しかし、『純粋理性批判』第一版の誤謬推理論の終末部で、カントが付随的にこの言葉を使用した点に、我々は却ってカントにおける、自我の個別性の認識の高まりを観取することができるのではないであろうか。

さて、「我在り」が明確に自我の個別性を表す命題であるのに比し、「我考う」は、「我在り」と等意の自己意識命題としては自我の個別性を表す命題であるが、認識論的に考えれば、「我考う」は、超越論的統覚として全ての自我・認識主観に共通する「意識一般」（『プロレゴーメナ』）である。『純粋理性批判』においては、「我考う」の《意識一般》としての機能は、超越論的統覚の認識論的機能に組み入れられて詳細に論述されている。超越論的統覚の認識論的機能を頂点とする、人間の認識能力の超越論的機能を的確に表現した記述を引用しよう。カントは、次のように述べている。「全ての綜合判断の最上原理は、それゆえ、次のように定式化される。すなわち、あらゆる対象は、可能的経験における直観の多様なものの綜合的統一の必然的諸条件に従う。（改行）／このようにして、ア・プリオリな綜合判断は、我々が、ア・プリオリな直観の形式的諸条件、構想力の綜合、超越論的統覚における構想力の綜合の必然的統一を可能的な経験的認識一般に関係づける場合には、そして、我々が、経験一般の可能性の諸条件は同時に経験の諸対象の可能性の諸条件であり、それゆえア・プリオリな綜合判断における客観的妥当性を有する、と言う〔ことができる〕場合には、可能であるのである」（A 158/B 197）。

ここに記されている、「経験一般の可能性の諸条件は同時に経験の諸対象の可能性の諸条件である」というテーゼによって、カントは、超越論的観念論の認識論的論拠を明示している。右のテーゼに関しては、ワイゲルト訳『純粋理性批判』の訳者による「序論」で、平明な英文で次のような誠に正鵠を得た解説がなされている。「そしてそれ〔＝「〔純粋悟性の〕全ての原理の体系」の章〕は、経験一般の可能性の諸条件は（我々の感性と悟性の構造の内に含まれているものとして）、同時に経験の諸対象の可能性の諸条件である（なぜなら、諸対象は、直観における多様なものを我々がア・プリオリな綜合的認識として有している綜合の諸規則に従って統一する過程において生み出されるのであるから）という、そして、これらの諸条件はそれゆえ「ア・プリオリな綜合判断における客観的妥当性を有する」という、カントの有名な主張を含んでいる。カントはそれら〔＝経験一般の可能性の諸条件〕を、範疇の上記のセット〔すなわち、各セット三範疇の四セット〕に適合させて、各セット三原理の四セットで表示している」（p. xlix）。

煎じ詰めて言えば、超越論的哲学の認識論によれば、「経験の諸対象」（すなわち《感性界》における我々の《認識の諸対象》）は、それらを支配している諸法則をも含めて、認識主観の超越論的な認識論的機能の根源において機能している根源的‐超越論的統覚によって、その超越論的機能に基づいて生み出されたものである。ただし、右の引用文中でワイゲルトが指摘しているように、カントは、「〔経験の〕諸対象は、直観における多様なものを我々がア・プリオリな綜合的認識として有する綜合の諸規則に従って統一する過程において生み出される」と考えている。《感性界》における我々の《認識の諸対象》は、認識論的主観性の根源を突き詰めて言えば、超越論的統覚によって生み出されたものであるが、それら諸対象の対象性の根源を突き詰めて言えば、認識主観から独立のものが対象性の側に存することによって存立しているのである。

カントは、例えば『純粋理性批判』第二版の超越論的演繹論において、次のように述べている。「感性への関連における全ての直観の可能性の最上原則は、超越論的感性論に従えば、直観の全ての多様なものは空間及び時間の形式的諸条件に従う、ということであった。悟性への関連における全ての直観の可能性の最上原則は、直観の全ての多様なものは統覚の根源的‐綜合的統一の諸条件に従う、ということである。直観の全ての多様な表象は、それらが我々に与えられる場合には、第一の原則に従い、それらが一つの意識において結合され得なくてはならない場合には、第二の原則に従う。というのは、直観の全ての多様な表象が一つの意識において結合され得ることなしには、その直観の全ての多様な表象によっては何も思惟され得ないし、何も認識され得ないからである。なぜなら、所与の諸表象〔＝直観の全ての多様な表象〕は、「我考う」という統覚の作用（den Actus der Apperzeption, Ich denke）を共有していないし、また、それゆえ、一つの自己意識において総括されてはいないからである」（B 136 f.）。ここに引用したのは、「超越論的原理論」の§17.「統覚の綜合的統一の原則は、全ての悟性使用の最上原理である」（B 136‐139）の冒頭の段落の全文である。ここでは、カントは、「直観の全ての多様なもの（alles Mannigfaltige der Anschauung）」、「直観の全ての多様な表象（alle mannigfaltige Vorstellungen der Anschauung）」との本質的関わりにおいて「『我考う』という統覚の作用」に言及している。「統覚の根源的‐綜合的統一」は、「『我考う』という統覚の作用」によって成立している。そして、カントは「悟性への関連における全ての直観の可能性の最上原則」を、「直観の全ての多様なものは統覚の根源的‐綜合的統一の諸条件に従う」、と定式化している。カントにおいては、「統覚の根源的‐綜合的統一」が「直観の全ての多様なもの」、「直観の全ての多様な表象」と双対関係にあることが、明確に把握されているのである。周知のように、『純粋理性批判』第一版の「経験の可能性のア・プリオリな諸根拠について」の節（A 95‐114）では、「直観における覚知の綜合について」（A 98）、「構想における再生産の綜合について」（A 100）、「概念における再認識の綜合について」（A 103）という標題の小節において、同版に独特な超越論的演繹論が展開されている。ここでは、そこに「綜合（die Synthesis）」という概念が用いられていることに注目しよう。カントは、人間の、直観の機能（感性）にも、構想の機能（構想力）にも、概念の機能（悟性）にも、「綜合」の働きを認めているのである。もちろん、カントは、人間の、理念の機能（理性）にも、「綜合」の働きを認めている。そのことは、例えば、純粋理性概念＝

超越論的理念が「主観における定言的綜合の無制約者」、「系列の諸項の仮言的綜合の無制約者」、「体系における諸部分の選言的綜合の無制約者」と規定されている（A 323/B 379）ことにおいて明らかであり、更に、それらが、「思惟する主観の絶対的（無制約的）統一」、「現象の諸条件の系列の絶対的統一」、「思惟一般の全ての対象の条件の絶対的統一」として（A 334/B 391)、すなわち「綜合」という概念を「絶対的統一」という概念に置き換えて、再定義されていることにおいて明らかである。人間の、直観の機能（感性）、構想の機能（構想力）、概念の機能（悟性）の「綜合」の働きについて言えば、それらの「綜合」の働きは、（認識的意味での）対象性の側に存する、認識主観から独立なものによって感性が触発されることなくしては機能しないのである。もちろん、それらの「綜合」の働きを認識論的主観性の側において根源的に統括するのは、「根源的 - 綜合的統一」の機能を備えた「「我考う」という統覚の作用」である。カントの超越論的哲学においては、（認識論的意味での）対象性の側に、認識主観から独立なものが存在するということが、前提とされている。認識主観から独立に存在するその物にカントは多くの場合、「物自体そのもの」（Ding an sich selbst/Dinge an sich selbst）という言葉を当てているが、「或るもの一般」(etwas überhaupt/ein Etwas überhaupt）という言葉を当てている場合も見受けられる。「諸原則の分析論」の、「全ての対象一般をフェノーメナ（現象体）とヌーメナ（可想体）に区別することの根拠について」の章においては、後者の用語法が用いられている。

「統覚の根源的 - 綜合的統一」による自己意識の統一なくしては、人格の人格性（personalitas/Persönlichkeit）は成立し得ない。認識主観としての自我が実践的主体としての人格であるのは、自我が自己意識の統一を備えているからである。その意味で、「統覚の根源的 - 綜合的統一」は人格における人格性を成立させる超越論的根拠でもある。ただし、自我の個別性は、〈超越論的哲学〉的には、「統覚の根源的 - 綜合的統一」に基づく。自我は、それぞれの自我が「統覚の根源的 - 綜合的統一」を具有することによって、個別的・各自的自我であるのである。

そして、そのことによって、自我・人格の主体性が根拠づけられることは、言うまでもない。ただし、『純粋理性批判』第一版に限って見れば、カントは、認識論的意味においても、自我存在論的意味においても、自我の個別性・各自性についてほとんど関心を示していないように見受けられる。

認識主観としての我々人間の認識能力の根源に「統覚の根源的‐綜合的統一」が機能していることを究明して、超越論的哲学の地平を拓いたことは、哲学史におけるカントの画期的偉業である。カントによれば、超越論的哲学の究極的志向目標は、「自然の形而上学」を構築することである。カントは、『純粋理性批判』を《自然の形而上学の予備学》と考えている（vgl. A 841/B 869, B XLIII, B 25）。自然科学についての原理論的基礎づけは、「諸原則の分析論」――それの第二章「純粋悟性の全ての原則の体系」、第三節「純粋悟性の全ての綜合的原則の体系的表示」は、「直観の公理」、「知覚の予料」、「経験の類推」、「経験的思惟一般の公準」についての論述によって構成されている――における主要課題である。当然のことながら、自然科学が研究対象とする自然的世界は、相互主観的世界であるはずである。したがって、カントの超越論的哲学が認識主観の認識機能の根源にそれの働きを認めた超越論的統覚は、その相互主観的世界としての自然的世界を成立させる、全ての認識主観に共通する《意識一般》として機能しなくてはならないはずである。

超越論的統覚に《意識一般》の機能を帰属させることは、「「我在り」という個別的表象」という言い回しに見られるような、自我に個別性を認める考え方と論理上では矛盾するけれども、私が『純粋理性批判』を繙いた限りでは、カントはそこに矛盾が生じるとは考えていないように見受けられる。超越論的統覚「我考う」は認識論的機能としては相互主観的作用として、したがって《意識一般》として機能するが、その超越論的統覚「我考う」の「我」（the I of transcendental apperception: I think）は夫々の認識主観の個別的自我である、とカントが考えていたことは、確かである。

ただし、誤謬推理論においては、カントは、「我考う」という自我命題について、それが蓋然的命題としてしか成立し得ないことを明確に把握している。そのことは、誤謬推理論の導入部に現れる「(蓋然的に解された)「我考う」という命題」(A 348/B 406) という言い回しにおいて端的に窺うことができる。(ちなみに、右の引用語句の、原語とワイゲルト訳『純粋理性批判』での訳語を記しておく。"der Satz: Ich denke, (problematisch genommen,)" / "the proposition, **I think,** (taken problematically)"。) カントがそのような言い回しを用いているのは、一つには、カントが、「我考う」には自我自身の存在についての知覚が含まれているがゆえに、「我考う」を確然的命題 (an apodictic proposition) と断定することは不可能である、と考えていることによる。ちなみに、誤謬推理論の導入部には、「この内的知覚は、「我考う」という単なる統覚以外の何ものでもない (diese innere Wahrnehmung ist nichts weiter, als die bloße Apperzeption: Ich denke)」(A 343/B 401) と記されている。確かに、カントは、「我考う」と「我在り」とは、相互に置き換えることのできる同一命題であると考えている。しかし、「「我考う。ゆえに我在り」という、世にいうデカルトの推理は、**das cogito (sum cogitans)** は現実性〔＝自我の存在〕を直接的に述べているゆえ、実際は同意異語の反復である」(A 355) と述べる際、カントは、或る意味においては「我考う」に自我自身の存在についての知覚が含まれているということを全く度外視していたはずである。更に言えば、「我考う」は、それ自体としては、自我自身の存在についての知覚を含んではいないはずである。ただし、カントは、自分が「我考う」という命題を蓋然的命題と考えるのは、それが「デカルトの「我考う。ゆえに我在り」」という命題のように「〔自我自身の〕現存についての知覚 (eine Wahrnehmung von einem Dasein)」を含んでいるからではないということを、主張している (A 347/B 405)。しかし、デカルトによって定式化された「我考う。ゆえに我在り」という命題に即して考えれば明らかであるように、「我在り」という自我命題にはもちろんのこと、「我考う」という自我命題にも、それが自我自身の存在についての知覚を含む存在命題であるという意味合いが随伴している。ただし、カントが、「我考う」が蓋然的命題であると断定する論拠は、我々は各自の自己意識においてしか「我考う」を直接的・明証的に把握できないということである。そのことに関するカントの論述を引用しよう。

カントは、次のように述べている。「さて、私は、思惟する存在者について、外的経験を通してでなくて、自己意識を通してのみ、それなりの表象を持ち得るのである。それゆえ、このような諸対象は、私のこの意識〔＝「自己意識」〕の他の諸物の上への置き移し（die Übertragung dieses meines Bewußtseins auf andere Dinge）以外の何ものでもなく、それによってのみ他の諸物は思惟する存在者として表象されるのである。しかしこの際には、「我考う」という命題は、蓋然的に解されるにすぎないが、〔それは〕この命題が〔自我自身の〕現存についての知覚を含んでいるであろう点においてではなくて（デカルトの「我考う。ゆえに我在り」〔は、自我自身の現存についての知覚を含んでいる〕）、この命題の単なる可能性から見て、いかなる諸固有性がこのこれほど単純な命題からこの命題の主語（そのようなものが果たして存在するにせよ、存在しないにせよ）に生じるであろうかを見るためにである」（A 347/B 405）。

我々は誰しも、そして全ての他我もまた、「「我考う」という統覚の作用」に基づく、各自の自己意識を有しているはずである。しかし、他我の自己意識を直接的に把握することは、その他我自身以外の者には不可能である。少なくとも右に引用したような論述箇所においては、カントは、「「我考う」という統覚の作用」を《意識一般》と考えることを自己抑止している。カントは、超越論的自我が本来、個別的・各自的であることを、明確に洞察している。したがって、カントは、我々は「我考う」という自己自身の統覚における自己意識を他我に置き移すことによってしか、他我を「思惟する存在者」として表象することができない、と考えるのである。その際、カントは、他我の自己意識を論証することが果たして可能であるかどうかという、《他我論》の根本問題に思いを巡らせている。他我の自己意識を論証することは困難であるとカントが考えるのは、彼が超越論的自我の個別性・

各自性を明確に洞察しているからでもある。

ここで、「しかしこの際には、「我考う」という命題は、蓋然的に解されるにすぎないが、〔それは〕この命題が〔自我自身の〕現存についての知覚を含んでいるであろう点においてではなくて（デカルトの「我考う。ゆえに我在り」〔は、自我自身の現存についての知覚を含んでいる〕）、」という前引のカントの記述に戻って、「「我考う」という命題」についてのカントの考えを、更に考察してみたい。我々は、誤謬推理論の導入部における、次のような記述に注目しなくてはならない。

「……それゆえ、我々は、「我考う」という唯一の命題の上に構築されている、いわゆる学問なるものを既に目《ま》の辺りにしているのである。そして、我々はここで、そのいわゆる学問なるものに根拠があるのか根拠がないのかについて、極めて適切に、そして超越論的哲学の本性に適合して、研究することができる。私は、私自身〔について〕の知覚を表現するこの命題において、内的経験を有するのであるが、それゆえ、その上に〔=「我考う」という命題の上に〕構築される合理的心理学は、決して純粋ではなくて、部分的には経験的原理を基礎としているのではないか、ということに拘ってはいけない。なぜなら、この内的知覚は、「我考う」という単なる統覚以外の何ものでもないのであるから。「我考う」というこの単なる統覚は、全ての超越論的概念さえをも可能にするのであり、それらの超越論的概念において、「実体、原因、等々を「我考う」」と述べられるのである。また、なぜなら、内的経験一般とそれの可能性、あるいは知覚一般と他の知覚へのそれの関係は、それらの何か或る特別な区別と規定が経験的に与えられていない限り、経験的認識と見なされることはできず、経験的なもの一般の認識と見なされなくてはならないのであり、〔したがって、〕全く超越論的である、あらゆる経験の可能性についての研究に委ねられるべきものであるのだから。もし自己意識の普遍的表象〔=統覚の表象「我考う」〕に知覚の対象（例えば、ただ快、不快）が少しでも付け加わるなら、合理的心理学は直ちに経験的心理学に変ずるであろう」（A 342 f./B 400 f.）。

右の引用文においては、合理的心理学がその上に構築されている「『我考う』という唯一の命題」、すなわち「『我考う』という単なる統覚」が、「私自身〔について〕の知覚を表現する命題」として把握されている。カントは、その「私自身〔について〕の知覚」を「内的知覚」と呼び、更に「内的経験」とも呼んでいる。引用文の後半において明らかであるように、カントはその「私自身〔について〕の知覚」である限りでの「内的経験」・「内的知覚」を、「内的経験一般」・「知覚一般」に数えている。カントは「内的経験一般」・「知覚一般」という言葉で、感性（Sinnlichkeit）によって媒介されていない「内的経験一般」・「知覚一般」を、したがって、「『我考う』という単なる統覚」において直接的に自己自身に顕現している自己存在の知覚を言い表そうとしている。右の引用文の論旨に従って考えるなら、「『我考う』という命題」は、それ自体、「〔自我自身の〕現存についての知覚」を含んでいることになる。そのように解釈する限り、夫々の自我の自己意識には、自我自身の現存についての知覚が含まれているはずである。純粋統覚「我考う」は、純粋意識の論理形式、それゆえ形式的・普遍的な自我表象の法式（formula）であり、それゆえそれを《意識一般》に敷衍することは、少なくとも論理上では困難であるとは考えられない。その意味では、自我の自己意識「我考う」を他我に置き移すことによって、他我を「思惟する存在者」として表象することが可能になるとするカントの所説には、何ら問題性は伴わないであろう。したがって、カントの所説とは異なって、「我考う」は蓋然的命題と解されるべきではない、と考えることができるようにも思われる。しかし、我々は、他我の自己意識における、その他我自身の「現存についての知覚」を知覚することはできない。そのことは、カントによって明確に洞察されていたはずである。そして、カントは、超越論的意識である「『我考う』という単なる統覚」が「私自身〔について〕の知覚」、それゆえ「私自身〔の現存について〕の知覚」と結合していることを、明確に洞察している。したがって、カントは、潜在的には（potentially）、その上に合理的心理学が構築されている「「我考う」という唯一の命題」における「我」は決して《我一般》ではなくて、夫々の「我自身〔について〕の知覚」と結合している、個別的・各自的な「我」であることを把握しているはずである。したがって、『純粋理性批判』第一版の誤謬推理論の終末部に記されている「「我在り」という個別的表象」とは、「「我考う」という個別的表象」の謂に他ならず、第一版の誤謬推理論における論の展開に即して考えれば、むしろ「我在り」という自我命題の公式に換えて「我考う」という自我命題の公式を用いて、「「我考う」という個別的表象」という言い回しにした方が適切であったとも考えられる。しかし、カントは、「我考う」という自我命題が純粋意識の論理形式、それゆえ形式的・普遍的な自我表象の公式であることを考慮して、自我表象の個別性を端的に言い表す言い回しとして、「「我在り」という個別的表象」という言葉を用いているのであろう。

ここで、「我考う」を「経験的命題」・「存在命題」と規定している、『純粋理性批判』第二版の誤謬推理論の中の重要な脚注（B 422 - 423 Anm.）について、コメントしておく。その脚注において、カントは、自己意識「我考う」における自我自身の存在（Existenz）についての知覚を「或る未規定の知覚（eine unbestimmte Wahrnehmung）」・「或る実在的なもの（etwas Reales）」の知覚と規定している。[5] そこで「或る未規定の知覚」・「或る実在的なもの」の知覚と規定されているものは、誤謬推理論の導入部での論述において「内的経験一般」・「知覚一般」といわれているもののことである。カントは「観念論論駁」（B 274 - 279）において、デカルトの『省察』の「第二省察」で定式化された「我在り。我存在す」という自我命題*を「経験的」命題と解して、「デカルトの蓋然的観念論」、すなわち「一つの経験的主張（assertio）」だけを、すなわち「我在り」だけを〔方法論的懐疑=誇張懐疑によって〕懐疑されなかったと言明する、デカルトの蓋然的観念論」（B 274）を論駁することを企図して、論を展開している。「観念論論駁」においてデカルトの自我命題「我在り」を「経験的主張」と規定したカントは、「我考う」をキーワードとする、第二版の誤謬推理論の右記の脚注においては、当然のことながら自我命題「我考う」を「経験的命題」

と規定するのである。自我命題「我考う」においては、自我自身の存在が、「或る未規定の知覚」・「或る実在的なもの」の知覚として知覚されている。その「或る未規定の知覚」・「或る実在的なもの」の知覚は、「内的経験一般」・「知覚一般」であって、経験的認識に先行するものである。したがって、第二版の誤謬推理論に見られる、「我考う」を「経験的命題」と見なす考えは、第一版の誤謬推理論における「我考う」についての把握の仕方と一致しているとは考え難いようにも思われる。しかし、第一版の誤謬推理論の「超越論的心理学の第四の誤謬推理の批判」には、「それゆえデカルトもまた、当然のことながら、最も狭い意味における一切の知覚を「我（思惟する存在者として）在り」という命題に制限した」（A 367 f.）という記述が認められる。（＊を付した箇所に関して、「第二省察」で提示されている「我在り。我存在す」という自我命題は、方法論的懐疑によって導出された自我命題「我考う」を前提として、それを存在命題として定式化した自我命題であることを、付記しておく。）

ここで自我の個別性・各自性の把握について、精神史的に総括しておこう。周知のように、ガリレオも、デカルトも、人間の精神的営為における、「哲学する」ことの重要性を強調した。ガリレオやデカルトの場合には、「哲学する」という言葉で考えられているのは、各自が理性によって合理的な自然哲学の研究に取り組まなくてはならない、ということであった。ガリレオやデカルトたちが自然哲学の研究において「哲学する」ことに主体的に取り組んだことは、西洋近代精神史において人間の主体性の自覚を促した最大の要因に数えられる。ガリレオやデカルトたちが生きた時代は、近代物理学・近代哲学の草創期に当たり、自然哲学と狭義の哲学とは、まだ明確には分化していなかった。ガリレオを始めとする近代物理学を確立した自然哲学者たちによって推進された合理的思考法の普及と、人間の主体性の自覚の深化によって、西洋近代哲学が確立されたのである。その最高峰としてのカントの哲学において、「「我考う」という統覚の作用」を機軸にした超越論的哲学が構築され、その超越論的哲学を体系的に叙述することを企図した『純粋理性批判』において、自我の個別性・各自性についての明確な認識に基づく、精緻を極めた自我論が展開されたのである。

## 第二節　自我の個体性について

本節においては、超越論的統覚「我考う」における各個我の意識の統一、それによって成立する各個我の人格的統一を中心に、自我の個体性（individuality）について考察してみたい。というのも、自我の個体性は、個我の意識の統一、人格的統一を根拠にして成立しているからである。自我の個体性は、自我の各自性（singularity）と表裏一体の関係にある。ドイツ語の Einzelperson は、singular person/individual person の謂であるゆえ、別言すれば Individuum（英語の individual）である。ドイツ語の Individuum の語源はラテン語の individuum であり、このラテン語は、元々は原子（atomus）、個体を意味する言葉であった。したがって、個人・個我を意味するドイツ語の Individuum には、本来的に個我の個体的統一という意味合いが含まれている。

ワイゲルト訳『純粋理性批判』で“die einzelne Vorstellung, Ich bin”（A 405）に“the singular representation, I am”という訳語が当てられていることから推認できるように、またカントの“ein einzelnes Urteil (judicium singulare)”（B 96）という用語法からも推認できるように、ドイツ語の einzeln と singulär とは本質的関わりを有する言葉である。Singular という言葉が『純粋理性批判』に現れるのは、後述するように第二版の誤謬推理論においてである。ここでは、「諸概念の分析論」の「全ての純粋悟性概念の発見の〔ための〕手引きについて」の章における einzeln という言葉の用語法を考察しよう。同章において einzeln という言葉が最初に現れるのは、いわゆる「判断表」においてである。「判断表」には、「1．諸判断の量」「2．〔諸判断の〕質」「3．〔諸判断の〕関係」「4．〔諸判断の〕様相」の四項目が列挙されているが、その「諸判断の量」の項目は、「全称的〔諸判断〕

（Allgemeine）」、「特称的〔諸判断〕（Besondere）」、「単称的〔諸判断〕（Einzelne）」の三つに分類されている（A 70/B 95）。そして、カントは、この「判断表」を根拠にして、「範疇表」を導出する。「範疇表」には、「量の〔諸範疇〕」、「質の〔諸範疇〕」、「関係の〔諸範疇〕」、「様相の〔諸範疇〕」の四項目が列挙されているが、その「量の〔諸範疇〕」の項目は、「単一性（Einheit）」、「数多性（Vielheit）」、「全体性（Allheit）」の三つに分類されている（A 80/B 106）。カントは、「全体性（綜体性（Totalität））は、単一性と見なされた数多性に他ならない」（B 111）という考えに基づいて、量の諸範疇をそのように列挙しているのである。「範疇表」の、量の諸範疇には、ワイゲルト訳『純粋理性批判』では、「範疇表」に列挙されている順番で“Unity”，“Plurality”，“Totality”という訳語が当てられている。「範疇表」の“Einheit/Unity”は、「単一性」を表すのであって、「統一」を表しはしない。「範疇表」で「統一」を含意するのは、むしろ“Allheit/Totality”の範疇である。“totality”は、“plurality”の範疇が適用された“unities”（諸単一体）を統一する（unify）範疇であり、その意味では、“totality”の範疇には「統一」が含意されている。ただし、カントのように単称的判断（einzelne Urteile/singular judgements）に「全体性」の範疇を対応させることは、困難ではないであろうか。単称的判断（singular judgement）に対応する範疇は、「単一性（Einheit/unity）」の範疇であるように、私には思われる。その「単一性」に“singularity”という英語を当てることも可能であるかもしれない。英語のsingularity, unityは、両者とも「単一性」を表す。そして、その「単一性」は、“singularity”の場合には「個別性」という意味合いになるが、“unity”の場合には「統一」という意味合いになる。その場合の「個別性」、「統一」は、両者とも（個別的統一に基づく）「個体性」を含意する。そのことを踏まえて考えれば、各個我における意識の統一（the unity/singularity of consciousness of every individual I/ego）こそが個我の個体性・各自性の根拠であることは明白である。

なお、第二版の誤謬推理論の次のような記述において、カントは“ein Singular”という言葉を用いている。「統覚の自我は、したがってあらゆる思惟における自我は単数（ein Singular）であり、幾つもの主観に解消されることはあり得ないゆえ、その自我は論理的に単純な主観を指示するということは、既に思惟の概念のうちに存するのであって（liegt schon im Begriffe des Denkens）、したがって分析命題である。しかし、そのことは、思惟する自我は単純な実体（eine einfache Substanz）であるということを意味するのではない。思惟する自我は単純な実体であるということは、〔もしそのような命題が成立するとしても〕綜合命題であるであろう」（B 407 f.）。ここでは、「統覚の自我」は必ず「単数」であるが、そこからは「その自我は論理的に単純な主観を指示する」ということしか導かれ得ないことが強調されている。ただし、そこでカントが、「単数」という概念によって、暗黙裏に「統覚の自我」（超越論的自我）の個体性を観念している、と理解することも可能である。我々は以下の論述において、カントが別の局面においては「統覚の自我」を実在的自我として把握していることに注目して、カントが自我の個体性の根拠を他ならぬ「統覚の自我」の、すなわち純粋統覚「我考う」における「我」の単数性（singurality）に求めていることに言及するであろう。

私は、ワイゲルト訳『純粋理性批判』の、訳者による「序論」の中の、以下のような論述を読んで、そこに記されている、「我々の意識の（あるいは我々の主観の）統一（the unity of our consciousness (or of our subject)）」、「人格の統一、個々の個人の統一（the unity of the person, of each individual）」、「個々の人格の一貫性と統一（a coherence and unity of an individual person）」という言い回しに関心を抱いた。超越論的演繹論についての解説の中の一段落を、日本語訳して引用する。「諸範疇の統一の機能はそれ自身、我々の意識の統一に基づいている。多様なものにおける統一は、我々の意識が、多様なものをそれ自身の特有な統一の中に受容するがゆえに生み出されるのである。換言すれば、カントは、諸客観の統一、したがって諸客観の存在を、我々の意識の（あるいは我々の主観の）統一によって根拠づけているのであり、それゆえ人格の統一、個々の個人の統一によって根拠づけているのである。様々な範疇によって様々な仕方で与えられる形式的統一は、我々の意識それ自身の特有な形式以外の何ものでもない。我々各自は、主観として、一つの意識として、一つの、そしてたった一つの〔=掛け替えのない〕単一体（one and a single unit）であり、その単一体の最も基本的で最も包括的な表現は、「我考う」である。それどころか、個々の人格の一貫性と統一が存する限りにおいてのみ、認識の一貫性が存し得るのである[6]」。

　右の引用文に即して考えれば明らかであるように、個我の人格的統一は、超越論的統覚「我考う」における各個我の意識の統一によって成立しているのである。そのことは、第一版の誤謬推理論の「超越論的心理学の第三の誤謬推理〔=「人格性（Personalität）の誤謬推理」〕の批判」（A 361-366）における「それにもかかわらず、実体や単純なものの概念と同様に、人格性（Persönlichkeit）の概念もまた、（それが単に超越論的である限り、すなわち、その他の点では我々に知られていないが、しかしそれの諸規定においては〔=それを規定すると〕統覚による汎通的結合であるところの主観の統一である限り（so fern er bloß transzendental ist, d. i. Einheit des Subjekts, das uns übrigens unbekannt ist, in dessen Bestimmungen aber eine durchgängige Verknüpfung durch Apperzeption ist)）存立し得る。そして、その限りこの概念は実践的使用のためにも必要であり、かつ十分である」（A 365）という記述と符合する。カントによれば、超越論的統覚「我考う」が個我の人格的統一の超越論的根拠であり、したがって「統覚による汎通的結合」としての「主観の統一」において人格性が成立している。自我・人格についてのカントのこのような把握によって、デカルトの自我論やライプニッツ-ヴォルフ学派の自我論のパラダイムを超える、人格性概念を基軸とする自我論が成立するのである。

　もちろん、合理的心理学における誤謬推理を根本から批判するカントは、超越論的統覚「我考う」における個我の意識の統一から自我の実体性を結論づけることは不可能であると考えている。そのことを端的に言い表している、第二版の誤謬推理論の記述を引用しよう。カントは、次のように述べている。「諸範疇の基礎になっている、意識の統一は、合理的心理学においては、客観としての主観の直観と解されて、それに実体の範疇が適用される。しかし、その意識の統一は、思惟における統一にすぎないのであって、その意識の統一によってだけではいかなる客観も与えられない。それゆえ、その意識の統一には、常に所与の直観を前提とする、実体の範疇は、適用され得ず、したがって、この主観は全く認識され得ないのである。云々」(B 421 f.)。

デカルトの自我実体論（the substance theory of the ego）、すなわち精神実体論（the substance theory of the mind/*mens*）との連関で言えば、『純粋理性批判』の誤謬推理論での自我の実体性の誤謬推理の批判が自我論史上で果たした役割が注目されるべきであるが、カント自身は誤謬推理論が自我論史上で果たした最も重要な役割を自我の単純性の誤謬推理の批判に認めている。それは、カントが、或る意味では、自我の単純性をもって、「思惟する主観の絶対的（無制約的）統一」、すなわち「心理学的理念」と同一視しているからである。西洋近代哲学史を遡れば、ライプニッツは自我表象の単純性（単一性）をモデルにして、単純実体＝単子の集合が宇宙であるとする、単子論の形而上学を構築した。ただし、カントにおいては、自我の論理的単純性（logical simplicity of the ego）と自我の実在的単純性（real simplicity of the ego）とは本質的に異なるものであることが、明確に認識されている。我々は既に、第二版の誤謬推理論に即して、「統覚の自我、したがってあらゆる思惟における自我」が「単数（ein Singular）」であること基づいて「思惟する自我は単純な実体である」ことを論証することは不可能であるという、自我の単純性の誤謬推理に対するカントの批判を見た。「統覚の自我」の単数性（単純性）は自我の論理的単純性を表すだけであって、自我の実在的単純性を示してはいない。したがって、「統覚の自我」の単数性をもって「思惟する主観の絶対的（無制約的）統一」と考えることは、不可能である。

「統覚の自我」の単数性を根拠にして自我の実在的単純性を論証することは不可能であるけれども、誤謬推理論の導入部の記述に見られるように、カントは「『我考う』という単なる統覚」が「私自身〔について〕の知覚を表現する命題」であることを洞察している（vgl. A 342 f./B 400 f.）。そのことは、第二版の誤謬推理論でカントが「統覚は或る実在的なもの（etwas Reales）である。そして、統覚の単純性は、既に統覚の可能性のうちに存している」（B 419）と記していることと無関係でないはずである。ちなみに、『純粋理性批判』第二版においてここで初めて現れる「或る実在的なもの」という言葉は、第二版の誤謬推理論の極めて重要な、自我命題に関する脚注（B 422 f.）において、「統覚の自我」に適用されている。そこには、次のような記述がなされている。「未規定の知覚とは、ここではただ或る実在的なもの（etwas Reales）を意味する。すなわち、与えられている、正確に言えば思惟一般に与えられている、それゆえ現象としてではなく、また物自体そのもの（Sache an sich selbst）（ヌーメノン）としてでもなくて、本当に存在している或るもの（Etwas）として、そして「我考う」という命題において或るものとして現れる、そのような或る実在的なものを意味する」（B 423 Anm.）。この記述においては、統覚我は明確に「或る実在的なもの」として把握されている。右の脚注が施されている段落の三つ前の段落で、カントは、「統覚は或る実在的なものである」と記している。カントは、或る視点においては、「統覚の自我」に実在性を認めているのである。したがって、カントは、各個我の意識の統一を成立させている「我考う」という超越論的統覚の作用中心としての「統覚の自我」を、或る視点においては、単なる「論理的に単純な主観」ではなくて、《実在的自我》である、と考えているはずである。その場合、「統覚の自我」そのものは超越論的自我として把握されるべきであるが、『純粋理性批判』第二版に即して考える限り、カントは、基本的には、「統覚の自我」の存在を「未規定の知覚」として感得される「或る実在的なもの」として把握しているように、見受けられる。「超越論的心理学の第三の誤謬推理論の批判」の、カントが超越論的統覚「我考う」による「主観の統一」＝個我の意識の統一において「人格性の概念」が保持されることを述べた前引の記述（A 365）に即して言えば、個我の意識の統一によって人格の統一が成立するのである。カントは、その「主観の〔超越論的〕統一」＝人格の統一をもって「人格性」と考えるのである。* 誤謬推理論における、合理的心理学＝超越論的心理学の批判を通して、カントは「人格性の概念」の、実体論的地平からの完全な解放を遂行した。したがって、カントは自我の形而上学を、デカルトの自我実体論の地平から解放し、更にライプニッツ＝ヴォルフ学派の合理的心理学のパラダイムから解放した。しかし、カントは、彼の自我の形而上学を論述する際、デカルト哲学において、方法論的懐疑の遂行を通して自我命題「我考う。ゆえに我在り」が定式化される過程に着目して、そこから多くの示唆を得ている。そして、カントの自我の形而上学は、やがて彼の実践哲学において「道徳的人格性」（VI 223）の概念を基軸とする壮大な道徳哲学を展開するに至る。

右の段落の＊を付した箇所について、コメントしておこう。誤謬推理論の導入部に表示されている「合理的心理学のトーピク」の中で、合理的心理学の《霊魂の人格性》の命題は、「霊魂は、そのうちにそれが存する相異なる時間〔＝時間の、相異なる時点〕に関して、数的に同一である。すなわち、（数多性（Vielheit）ではなくて）単一性（Einheit）である」と定式化されている（A 344/B 402）。この命題においては、《霊魂の人格性》は、「霊魂が、そのうちにそれが存する相異なる時間に関して、数的に同一である」ということによって成立している、と考えられている。そして、「霊魂が、そのうちにそれが存する相異なる時間に関して、数的に同一である」から、《霊魂の人格性》は「数多性」の範疇ではなく、「単一性」の範疇によって規定される、と考えられている。《霊魂の人格性》についての右の命題は、「霊魂は実体である」（ibid.）という、合理的心理学の基本命題を踏まえて定式化されているのであるから、右の命題において、霊魂の数的同一性ないし単一性という概念によって考えられているのは、自我意識における自我の数的同一性ないし単一性ではなくて、あくまでも霊魂の、すなわち実体としての自我の数的同一性ないし単一性である。誤謬推理論に即して言えば、合理的心理学においては自我実体のその数的同一性ないし単一性をもって《霊魂の人格性》と考えるのである。

ただし、誤謬推理論においては、合理的心理学＝超越論的心理学の誤謬推理の批判を通して、自我実体の考えは、排斥されることになる。それに伴って、自我実体の数的同一性ないし単一性――その意味での人格性――の考えも排斥されることになる。カントによる、合理的心理学＝超越論的心理学の誤謬推理の批判を通して、人格性の概念は根本的に変転する。先に見たように、「超越論的心理学の第三の誤謬推理〔＝「人格性の誤謬推理」〕の批判」においては、カントは、超越論的主観の統覚作用による「主観の統一」に人格性の概念の存立根拠を求めている。

ここで、誤謬推理論におけるカントの「単一性（Einheit）」という言葉の用語法について、コメントしておこう。合理的心理学の《霊魂の人格性》の命題においては、「単一性」は、「数多性」の対義語として用いられている。そこにおいては、「単一性」は、数的同一性という意味で用いられている。したがって、その場合には、「単一性」は、統一（統一性）という意味では用いられていない。しかし、例えば「統覚の根源的‐綜合的統一について（Von der ursprünglich-synthetischen Einheit der Apperzeption）」（B 131）という「超越論的原理論」の§16.の標題、「統覚の綜合的統一の原則は全ての悟性使用の最上原則である（Der Grundsatz der synthetischen Einheit der Apperzeption ist das oberste Prinzip alles Verstandesgebrauchs）」（B 136）という「超越論的原理論」の§17.の標題の命題において端的に示されているように、カントは“Einheit”を、統一を意味する言葉として、統覚の超越論的統一、したがって個我の意識の根源的統一に適用している。そして、「超越論的心理学の第三の誤謬推理の批判」においては、“Einheit”は統覚我に適用されて、超越論的主観の統覚作用による「主観の統一」がクローズ‐アップされている。そのようなことを勘案すると、誤謬推理論の導入部の「合理的心理学のトーピク」の、《霊魂の人格性》の命題において“Einheit”という言葉が用いられていることと、「超越論的心理学の第三の誤謬推理の批判」において、《自我の人格性》の概念を提示するために超越論的主観の統覚作用による「主観の統一」がクローズ‐アップされていることとは、決して無関係でないはずである。* 「超越論的心理学の第三の誤謬推理の批判」においても、「人格の同一性」(A 362) が強調されている。《自我の同一性》なくしては、《人格の同一性》は成立し得ない。したがって、《人格の同一性》の根拠は、超越論的統覚「我考う」に求められる。「相異なる時間〔＝時間の、相異なる時点〕における私自身の意識の同一性 (die Identität des Bewußtseins Meiner selbst in verschiedenen Zeiten)」(A 363) なくしては、《人格の同一性》が成立し得ないことは、明白である。したがって、「超越論的心理学の第三の誤謬推理の批判」においては、「主観の〔超越論的〕統一」という概念によって、《自我の統一》とともに《自我の同一性》が考えられている、と理解しなくてはならない。合理的心理学の、人格性についての命題においては、“Einheit”は、直接的には《霊魂＝自我実体の数的同一性》を表す言葉として用いられているのであるが、その場合にも、“Einheit”は、《自我の同一性》を、したがって《人格の同一性》を表す潜勢力を有する言葉として使用されている。

(＊を付した箇所について、補足説明をしておこう。「主観の統一」は「自己意識の統一」と同義である。「超越論的心理学の第三の誤謬推理の批判」において「自己意識の統一」という言葉が記されている段落は、次のような記述で始まっている。「万物は流転しており、世界の内なる何ものも持続的、永続的ではない、という古代の幾つかの学派の命題は、我々が諸々の実体を想定するや否や、存立し得ないことになるけれども、この命題は、自己意識の統一 (die Einheit des Selbstbewußtseins) によって〔＝自己意識の統一ということに基づいて〕論駁されることはない。というのは、我々自身は、我々が霊魂として持続的であるか否かについて、我々の意識に基づいて判断することはできないのであるから。なぜなら、我々は、我々が意識しているもののみを我々の同一の自己の中に数え入れるのであるが、とは言え我々は、我々が意識している全時間においてまさしく同一のものである、と必然的に判断しなければならないのだから」(A 364)。この記述においては、「自己意識の統一」は、「相異なる時間における私自身の意識の同一性」を含意する言葉として用いられている。したがって、「超越論的心理学の第三の誤謬推理の批判」に記されている、「自己意識の統一」、「主観の統一」という用語法における「統一（Einheit）」には、数的同一性を表す「単一性」が含意されている。）

カントは批判哲学の著述の中で、人格の統一をもって人格性とする考えを、必ずしも強調しているわけではない。しかし、和辻哲郎博士が『人格と人類性』（岩波書店、一九三八年）所収の論文「カントにおける「人格」と「人類性」」において強調しておられるように、カントの誤謬推理論によって「超越論的人格性」の概念が確立されたのである。そして、その超越論的人格性の概念を踏まえて、カントの実践哲学において、道徳的人格性の概念が確立された。カントの批判哲学おける人格性の概念の確立において、西洋近代哲学の形成は完成に至ったのである。

超越論的主体の個我性についての認識は、カントにおいては、彼の倫理的共同態の理念「目的の王国」と相即的関係にある。「目的の王国」とは、尊厳を具えた個我としての諸人格の、道徳法則の下での普遍的・汎通的な倫理的共同態である。

四十代半ば以降、私は《場の物理学》の範型に学んで《場の倫理学》を構築することを模索してきたが、当初は素粒子物理学のゲージ理論についての知識を持ち合わせていなかったので、定年退職後、素粒子物理学におけるゲージ理論の発展について自学自習した。その間、《格率倫理学》にして且つ《共同態の倫理学》であるカント倫理学のパラダイムと、《場の量子論》のパラダイムを基底に据える素粒子物理学のゲージ理論のパラダイムとの範型論的相似性に想到して現在に至っている。

**（付記）**

旧著『西洋近代哲学とその形成』を含めて、定年退職後にまとめたカント哲学に関する論考の執筆に際して使用したカントのテクストは、左記のとおりである。

*Kants Werke Akademie Textausgabe*, 9 vols., Berlin: Walter de Gruyter & Co. , 1968.

Immanuel Kant, *Kritik der reinen Vernunft*, herausgegeben von Wilhelm Weischedel, 2 vols., Frankfurt am Main: Suhrkamp Verlag, 1974.

Immanuel Kant, *Kritik der reinen Vernunft*, herausgegeben von Jens Timmermann, Hamburg: Felix Meiner Verlag, 1998.

Immanuel Kant, *Critique of Pure Reason*, translated, edited, and with an Introduction by Marcus Weigelt, based on the translation by Max Müller, London: Penguin Books Ltd, 2007.

**注**

（1）Immanuel Kant, *Critique of Pure Reason*, translated, edited, and with an Introduction by Marcus Weigelt, based on the translation by Max Müller.

（2）例えば、「観念論論駁」（B 274 - 279）を見られたい。

（3）『純粋理性批判』第二版の誤謬推理論の四二二 - 四二三ページの脚注の冒頭の「「我考う」は、既述のように、経験的命題であり、そして、「我存在す」という命題をそれ自身の内に含んでいる」という記述の前半部と、同脚注の末尾の「しかしながら、もし思惟作用に対して素材を与える何か或る経験的表象がないとしたならば、「我考う」という作用は、やはり生じないであろう。そして、経験的なものは、純粋な知性的能力の適用の、又は使用の条件であるにすぎない」という記述とにも、対応関係が認められる。その対応関係に即して言えば、カントは、「もし思惟作用に対して素材を与える何か或る経験的表象がないとしたならば、「我考う」という作用は、やはり生じないであろう」がゆえに、「我考う」を「経験的命題」と見なしているのである。同脚注においては、「「我考う」という命題における「我」が「純粋に知性的な」表象であり、「「我考う」という作用」が統覚我の「純粋に知性的な」作用であることが、断言されている。

（4） 以下、カントのいう“Ich denke”に「我考う」という訳語を当てる関係で、デカルトのいう“ego cogito”にも「我考う」という訳語を当てることとする。

（5） 「或る未規定の知覚」とは、ここでは、「或る実在的なもの」の知覚のことである。「或る未規定の知覚」と「或る実在的なもの」とは、未分一体の関係にあるが、「或る実在的なもの」が自我自身の存在を指すのに対して、「或る未規定の知覚」が、「或る実在的なもの」としての自我自身の存在についての知覚を指すという、意味合い上の区別が認められる。

（6） Immanuel Kant, *Critique of Pure Reason*, translated, edited, and with an Introduction by Marcus Weigelt, based on the translation by Max Müller, p. xliii.

# 〔付録〕カント批判哲学の倫理学的構図

## 一　カント倫理学の基本的構図

カントは、『人倫の形而上学の基礎づけ』（以下、『基礎づけ』と記す）において、目的の王国の理念を提唱している。目的の王国とは、諸理性的存在者すなわち諸人格の、道徳法則の下での普遍的・汎通的な倫理的共同態である。その共同態を一つの「王国」になぞらえて、カントは、目的の王国を一人の「元首」の統治下における、諸人格の倫理的共同体として構想している。目的の王国の構成要素は諸人格であり、目的の王国における諸人格の倫理的共同の規範は道徳法則である。そして、諸人格の倫理的共同の全体的統一という理念に対応して、カントは、目的の王国の元首として、超越神を理念的に想定している。『感性界と叡智界の形式と原理について』における叡知界構造論に対応させて言えば、目的の王国の「質料（実質）」は諸人格であり、「形式」は道徳法則であり、そして一つの世界としての「総体性」に対応して超越神の存在が理念的に想定されている。

私は、諸人格、道徳法則、超越神という三つの元《げん》から成る、目的の王国のその三元的構造を「カント倫理学の基本的構図」と名付ける。カントの批判的倫理学の基底には、この基本的構図が、換言すれば、諸人格の、道徳法則の下での汎通的共同の統一という理念が据えられているのである。私のいう「カント批判哲学の倫理学的構図」とは、カント倫理学におけるそのような基本的構図を意味することはもちろんであるが、更に、批判哲学における次のような諸点をも意味する。(1)例えば『純粋理性批判』の「超越論的弁証論」におけるように、合理的心理学の実体論的心霊概念を退けて超越論的主体の超越性――カントが「超越論的」と規定する意味での――の開明を目指す「純粋理性の誤謬推理について」の章(それは人格論に外ならない)、人間の意志の自由の開明(それは道徳法則の事実性の開明と表裏を成している)を最高の主題とする「純粋理性の二律背反」の章、合理的神学における、存在論的証明、宇宙論的証明、自然神学的証明という、凡ての、神の存在証明を退けて、神を「純粋理性の理想」と規定し、「汎通的規定の原則」に基づいて神の包越者的な性格を開明している「純粋理性の理想」の章、というふうに、それ自体がカント倫理学の基本的構図に対応した構成の論の展開。(2)例えば『判断力批判』の「目的論的判断力批判」における有機的存在者の理念のように、或る意味で、自然界における、目的の王国の理念の範型と見なされ得るようなものの理念とカント倫理学との、直接的ないし間接的な対応関係。(3)その他、カントの批判哲学における倫理思想ないし倫理に関連する思想。

## 二　批判哲学の世界観

我々は『純粋理性批判』の「経験の類推」の論においてニュートン物理学の力学的世界像が哲学的描出において再現されているのを見る。その三番目の原則は、諸実体の「汎通的交互作用」の原則である。カント倫理学の基本的構図は、そこに再現されているニュートン物理学の力学的世界像に対応している。諸実体すなわち諸物体が存在していてそれらの交互作用において力学的世界が成立しているというニュートン物理学の力学的構図は、諸人格が存在していてそれらの交互作用において目的の王国という倫理的共同態を実現すべきであるというカント倫理学の基本的構図にそのまま反映している。また、『実践理性批判』の「純粋実践的判断力の範型について」等の論においては、カントは力学的自然法則こそがその普遍妥当性のゆえに道徳法則の範型たり得るものであることを説いている。――もっとも、そこでは力学的自然法則は目的論的法則として把握されているのであるが。――『天界の一般自然史と理論』において、若きカントは能う限り徹底して唯物論的・機械論的に宇宙の創生・進化を説明しようとした。カントのそのような力学的思惟様式は、批判哲学においても一貫して認められる。

しかし、カントの目的の王国の思想は、単に目的の王国のメカニズム論に尽きるものではない。人格尊重・人間性尊重の精神がカント倫理学を一貫して流れている。目的の王国は、目的自体としての諸人格の共同態（共同体）なのである。「純粋理性の誤謬推理について」の章（以下、「誤謬推理論」と記す）はデカルト的自我論との対決、その超克の試みと見なされ得よう。カントは自我をデカルトのように、また合理的心理学におけるように思惟実体として捉えるのではなくて、超越論的主体として、《超越する transzendieren》というその作用性（力動性《ダイナミズム》）――それをカントは「超越論的 transzendental」と規定する――に注目して捉えている。誤謬推理論がデカルトの自我論の批判的な深化・展開であることは確かであるが、デカルトは自我の相互主体性の問題には思い及んでいなかった。自我の相互主体性の問題は、ライプニッツの単子論における多元論的な存在思想において初めて本格的に意識された。ライプニッツの単子論は、「大宇宙」を構成する無限個の単子――人間の「理性的精神」も単子である――の存在から出発して、単子相互間に「実在的」な交互作用が成り立つことが可能であるか否かを問題とする。ライプニッツはそれが可能であることを否定し、予定調和説を主張したが、カントはニュートン物理学の力学的世界観に立脚して、諸実体（諸物体）間の、そして諸人格間の「実在的」な交互作用を自明のこととして捉え、そのメカニズムを解明しようとした。カント倫理学の基本的構図における構成要素重視――すなわち人格尊重――の思想は、近代ヒューマニズムに立脚していることはもちろんであるが、或る意味では、「大宇宙」を単子という構成要素の集合体と見なすライプニッツの単子論の思惟様式を、さらにはその世界構造論を反映している、とも言えよう。

『純粋理性批判』の「超越論的方法論」において、カントは彼のいう「道徳的世界」がライプニッツのいう「恩寵の王国」に外ならないということを断っている。カントの最高善の思想、とりわけ根源的最高善、共同善の思想は、ライプニッツの予定調和思想を踏まえている。予定調和という考えを本質的には力学的な発想のメカニズム論に置き換えて、カントは彼の世界構造論、共同態（共同体）構造論を展開する。

では、世界構造論、共同態（共同体）構造論において、カントは機械論に与しているのか、目的論に与しているのか。機械論も目的論も実在論を基盤にして展開したものである。近代哲学がその認識論的志向において、初めて本格的な観念論に到達したのである。「純粋理性批判」を経たカントの批判哲学は観念論――超越論的観念論――である。そこにおいては、機械論と目的論とは、必ずしも二律背反に陥るわけではない。『判断力批判』の「目的論的判断力批判」において述べられているように、カントはそれら両者が自然説明における統整的原理として成立可能であると考えている。カント倫理学は、その基本的構図の上に、或る場合には機械論的世界観に基づいて、或る場合には目的論的世界観に基づいて、展開され体系化されてゆく。

超越論的観念論においては、観念の力動性《ダイナミズム》、とりわけ超越論的諸理念の力動性《ダイナミズム》（換言すれば、純粋理性の力動性）が明らかになる。純粋理性は、無制約者を把捉しようとして、言わば無限の超越（超越作用）を志向する。そこに、《超越論的主体》、《超越論的客体》、《超越者》という超越論的諸理念が定立される。そこにおいては、機械論か目的論かという伝統的世界観の対立を超える、超越論的観念論の世界観が成立する。私は「超越論的弁証論」におけるカントの理念論をヤスパースの包越者論のような意味での一つの真理論と解釈する。カントが開明した形而上学的真理の世界、それは、三つの超越論的理念を元《げん》として構成される、三元的構造の《叡智界》である。

## 三 「超越論的弁証論」の倫理学的構図

「超越論的弁証論」がカント倫理学の基本的構図に対応した構図を有するものであることについては、既に述べた。我々は、「純粋理性の誤謬推理について」の章、「純粋理性の二律背反」の章（以下、「二律背反論」と記す）、「純粋理性の理想」の章（以下、「理想論」と記す）のそれぞれに即して、カントにおける人格ないし人格性の概念（誤謬推理論）、意志の自由、等々の概念（二律背反論）、超越神の概念（理想論）を究明しなくてはならない。

私が特に強調したいのは、「超越論的弁証論」が誤謬推理論から二律背反論へ、二律背反論から理想論へと深化してゆく、浅深の位階的構成を成しているということである。誤謬推理論は、「我考う」という純粋統覚の意識を幾ら分析してみても、そこからは自我の実体性、単純性、数的自同性、実在性という、合理的心理学の諸範疇に客観的実在性を与え得るような実質的なもの（直観）は得られない、ということを述べている。そこでは、カントが「意識の単なる形式」とも規定している純粋統覚の次元で論が展開されている。

純粋統覚我の叡智性の開明は、二律背反論においてなされている。そこでは、純粋統覚我が「自由の主体」であり、叡知的自我であることが開明されており、叡智界の理念が展開されている。

理想論においては、カントは「純粋理性の理想」としての神の理念を「あらゆる実在性の総体」として、さらに「〔あらゆる〕実在性の根拠」として定立している。「純粋理性の理想」としての超越神は、『感性界と叡智界の形式と原理について』の思想を踏まえて言えば、叡智界を超越した「超世界的存在者」である、ということになる。

なお、私は、純粋理性の四つの二律背反を心理学的二律背反（質、関係の二律背反）と神学的二律背反（量、様相の二律背反）とに区分することによって、二律背反論を、右に見た、「超越論的弁証論」における浅深の位階的構造との対応関係において、誤謬推理論と理想論とを媒介するものとして位置付ける。

## 四　批判的倫理学

道徳法則は人間には定言命法として意識される。定言命法の法式化がカント倫理学における最も基本的な作業となる。ライプニッツの世界構造論は、『感性界と叡智界の形式と原理について』における前批判期のカントの叡智界構造論を媒介にして、定言命法の諸法式の導出のうちに反映している。しかしカントは、定言命法は「形式的」命法としてしか法式化され得ないと考える。それは、本質的に、準法則科学的な発想である。諸人格の共同における「普遍的調和」を準法則科学的に基礎づけようとしたところに、カント倫理学が「形式的倫理学」（マックス・シェーラー）にとどまらざるを得なかった最も根本的な理由が存するのである。

カント倫理学における最高の、したがって最も枢軸的な理念は、目的の王国の理念と意志の自律の理念とである。前者に即して言えば、カント倫理学は本質的には、共同態（共同体）の倫理学である。後者に即して言えば、それは本質的には、道徳性・内面性の倫理学である。

『実践理性批判』の「純粋実践理性の分析論」は、「純粋実践理性の諸原則について」（以下、「原則論」と記す）、「純粋実践理性の対象の概念について」（以下、「概念論」と記す）、「純粋実践理性の諸動機について」（以下、「動機論」と記す）の三章から成っている。カントが彼のいう「道徳性」をもって「諸行為のあらゆる道徳的価値の本質」であることを強調しているのは、とりわけその動機論においてである。そこでは、尊敬感情という、超感性的起源の感情の構造の分析がなされている。徳義務を対自的義務と対他的義務とに区分して展開し、カント倫理学の基本的構図に則して共同態の倫理学を志向するカント倫理学が結局は道徳性・内面性の倫理学になってしまったのはなぜなのか。それは、一つには、カントが、概念論において善・悪の概念を論ずるに際して、善・悪を道徳法則との対応関係においてしか考えていないことによる。概念論においては、カントは善・悪を《意欲》の述語としてしか考えていないのである。道徳法則は倫理的共同態の理法である。原則論は、そのことを強調している。しかし、カントにおいて観念されている限りでの道徳法則は、人倫共同態における一切の実質的諸要素を捨象したところに定式化（法式化）される「形式的」法則でしかない。実在的共同態とアプリオリな道徳法則との間には、そのように、大きなギャップが存する。カントはそれを看過して、ただ行為主体の《意欲》の局面にのみ焦点を合わせて善・悪の概念論を展開する。カント倫理学が道徳性の倫理学であることは周知の事柄であるが、私は概念論における「自由の範疇表」の前後の難解な叙述の解釈を通して、カント倫理学の道徳性の倫理学としての構造を更に徹底して解明することができると思っている。

それに関連して、当然、カントの良心論がクローズ・アップされることになる。カント倫理学における内面性への徹底化は、殊に彼の良心論において顕著に見られる。

## 五　美と有機的存在者

カント倫理学の基本的構図の基底に存しているのは、ホッブズが「万人の万人に対する戦い」と規定した近代市民社会の実態についてのカントなりのイメージである。一切の法的規制を取り去れば、近代市民社会はホッブズ的意味での自然状態の様相を呈する、という考えがカントにはあった。カントは土地の所有が凡ての所有権の基礎であると考えている。しかしそのケーニッヒスベルクの哲学者も、近代市民社会の実態を観念的には的確に把握していたのである。

そのような近代市民社会の中で生きる人間には、私的な利害関心を超越する純粋観照の態度が殊更に要請されることになる。カントは優美の最も本質的な特徴を、それが関心と結び付いていないことのうちに見ている。我々はそこに《優美の倫理性》を見る。

また、カントは崇高（壮美）の本質を、それが「超感性的使命の感情」であるという点に見ている。崇高は我々の日常的自我の利害関心を打破して、我々に人間存在の崇高さを自覚させる。《崇高の倫理性》については周知のとおりである。

カントは更に、美的理念について述べている。優美と崇高という異質的な美の感情は、美的理念において美としての統一を見いだす。カントによれば、天才は「美的理念を表現する能力」である。天才は「精神に充ちた芸術〔作品〕」を創作する。天才以外の者にはそういう才能は具わっていない。『判断力批判』の天才論においてカントが論及している《美的理念》は——したがって、右の意味での「精神」は——自我を人倫共同態（共同体）へ向けて解放する、と言ってもよいであろう。

さて、有機的存在者においては、それの諸構成部分の汎通的共同が一つの有機的存在者の全体を構成している。そこにおいては、諸構成部分は、それらが構成する全体のために存在しており、また、その全体によって支えられて存在している。有機的存在者におけるそのような目的論的構成（目的論的機構）において存立しているのは、あくまで、一つの有機的存在者である。一つの有機的存在者においては、全体がそれの諸構成部分に優位する。その点においては、有機的存在者と目的の王国とを類比的に論ずることはできない。目的の王国の理念においては、その構成要素である諸人格尊重の精神が根幹に据えられているのであるから。しかし、汎通的な目的論的調和の具現態としては、有機的存在者は目的の王国の理念の一つの範型と見なされ得る。事実、カントも、「純粋実践的判断力の範型」の法式においては、自然界の目的論的調和という理念を援用しているのである。

## 六　法哲学及び歴史哲学

カントは『法論の形而上学的基礎論』（以下、『法論』と記す）において、人格を「我のもの」の所有権の主体として考えている。目的の王国の内には諸物件も含まれている。目的の王国は単なる叡智界であるのではない。それは――カントに即して言えば――近代市民社会の上に実現されるべき共同態（共同体）なのである。人格は単なる超越論的主体であるのではない。それは――カントに即して言えば――近代市民社会における対他的関係の内に生きている、所有権の主体なのである。カント倫理学の基本的構図の根底には、そのような人間観が存している。したがって、目的の王国における倫理的共同態は、『法論』において構想されているような法的共同態（共同体）の上にのみ成立し得るものであろう。『法論』は「配分的正義」の理念――それはアリストテレスのいう「調整的正義」、「交換的正義」の理念をも包括する――を強調する。「配分的正義」を実現し、保障することこそが国家の最高の使命である、とカントは説く。

諸国家間においても、領土、国民、等々、各国家の「我のもの・汝のもの」が考えられる。したがって、『法論』は、粗略な形においてではあるが、国際法論、世界公民法論を展開している。『法論』においてはそのことは強調されていないが、世界公民法という概念は歴史哲学的な概念である。

カントの歴史哲学は、人間の「非社交的社交性」という本性を基本原理として、「世界公民的状態」の設立を目指して進展してゆく歴史のメカニズムを解明している。それは、人間共同態（共同体）のメカニズム論の歴史哲学的な展開である。

## 七　場の倫理学の構想

三批判書と『人倫の形而上学の基礎づけ』、『人倫の形而上学』（特に『法論』）を主要なテキストにして、私は批判哲学の倫理学的構図に焦点を合わせて、カント哲学の一つの局面を明らかにすることを試みてきた。

物理学においては、十九世紀、ファラデーやマックスウェルによって《場》の概念が確立された。やがて古典物理学は場の物理学によって取って代わられた。場の物理学においては、物質は場の一つの様態として理解される。それは、諸実体（諸物体）が存在していて、それらの交互作用によって成り立っている世界、という古典物理学の力学的世界像を排除した。

私は、「世界＝内＝存在」という人間存在の把握に基づいて現存在分析論を展開するハイデッガーの『存在と時間』を一種の場の理論の試みの書と理解している。いわゆる《転回》以後のハイデッガーの存在論も、「存在」という、存在者がそれに基づいて存在する《場》――実存論的・存在論的な――の開明の試みとして、場の理論と解することができよう。同様に、我々はヤスパースの包越者論をも一種の場の理論と解することができるであろう。物理学の場の理論をそのまま倫理学に適用することはできないが、私は、ここに、場の物理学に対応する場の倫理学の理念を提唱する。カント倫理学の基本的構図を究明することを意図する私のカント研究は、そういう意味で、カント倫理学の限界を確定するということを目指してもいる。

ただし、カント倫理学は、現代倫理学においても枢軸的な役割を果たしている。場の倫理学の構築は、そのことを踏まえた上でなされなくてはならない。

**（付記）**

本稿は、昭和五八年一月に完稿して、小倉志祥先生に御閲読いただいた、本書の執筆構想のレジュメである。小倉先生からは貴重な御教示をいただいた。「実存の深さ」・「理性の広さ」――当時の以文社社長井上智行氏に学んだ用語――を道標にして、私は既発表の論文を再構成し体系づけて、本書の原稿をまとめた。

# 初出一覧

以下、各章の基になっている論文の原題、初出誌等を記すが、文章の表記法は全面的に慣用の表記法に統一するよう心掛け可能なかぎり改めた。また、大幅に書き改めたもの、部分的にしか活用しなかったものもあるが、それらをも含めて以下に記しておく。ただし、副題は省略する。

**第一章**
「予定調和説研究」(『愛知教育大学研究報告』第二十二輯)
「続予定調和説研究」(『哲学と教育』(愛知教育大学哲学会)第二十号)

**第二章**
「カントの宇宙生成論」(『愛知教育大学研究報告』第二十七輯)
「カントにおける学問の理念」(『愛知教育大学研究報告』第二十四輯)

**第三章**
「カント誤謬推理論研究」(『倫理学年報』(日本倫理学会)第二十二集)
「『純粋理性の二律背反』の研究」(『理想』(理想社)昭和四十四年二月号)
「『純粋理性の理想』の研究」(『理想』昭和四十二年八月号)

**第四章**
「カント倫理学と現代」(『倫理学年報』第二十四集)

「定言命法の諸法式」(日本倫理学会論集・金子武蔵編『カント』(理想社))
「カントにおける善・悪の概念」(『愛知教育大学研究報告』第二十五輯。**第五章**に後半部を活用。)
「カントにおける善・悪の問題」(『愛知教育大学研究報告』第二十六輯。**第六章**に後半部を活用。)

**第五章**

「美の倫理性」(『倫理学年報』第十九集)
「カントにおける目的論的理念」(『倫理学年報』第十七集)

**第六章**

「カントの法哲学」(『愛知教育大学研究報告』第三十輯)
「カント法哲学の一考察」(『愛知教育大学研究報告』第三十一輯)
「社会科教育の基盤」(『愛知教育大学教科教育センター研究報告』第八号。部分的に使用。**第二章**にも部分的に使用。)

**補論**

「カントの自我論」(自著『西洋近代哲学とその形成』)

**〔付録〕**

「カント研究」(『愛知教育大学研究報告』第三十三輯。自著『倫理の探究』に収録する際、「カント批判哲学の倫理学的構図」に改題。)

**著者紹介**
鈴木文孝（すずき・ふみたか） 1940年，静岡県に生まれる。現在の磐田市立長野小学校，竜洋中学校で学び，静岡県立浜松北高等学校に進学して，教育の道を志す。1963年，東京教育大学文学部卒業。1965年，東京大学大学院人文科学研究科修士課程修了。1970年，東京大学大学院人文科学研究科博士課程を学科課程修了にて満期退学。その間，昭和43年度，昭和44年度日本学術振興会奨励研究員。2004年，愛知教育大学教授教育学部を定年により退職。現在，愛知教育大学名誉教授，文学博士（筑波大学）。

**著書**
『カント研究――批判哲学の倫理学的構図』（以文社，1985年。新装第2版，2020年）
『カント批判――場の倫理学への道』（以文社，1987年）
『倫理の探究』（以文社，1988年）
『カントとともに――カント研究の総仕上げ』（以文社，2009年）
『西洋近代哲学とその形成』（以文社，2013年）
『カントの批判哲学と自我論』（以文社，2015年）
*The Critical Philosophy of Immanuel Kant and His Theory of the Ego*（以文社，2015年）
『カント研究の締めくくり』（以文社，2016年。増補版，2016年）
（自選作品集）『文化の中の哲学をたずねて』（以文社，2018年）
（自選作品集）『カントとその先行者たちの哲学』（以文社，2018年）
（自選作品集）『カントに学ぶ自我の哲学』（以文社，2019年）
そのほか。

**学会論集・記念論文集寄稿論文**
「定言命法の諸法式」（日本倫理学会論集・金子武蔵編『カント』所収。理想社，1969年）
「カント倫理学の基本的構図」（小倉志祥教授還暦記念会編『実存と倫理』所収。以文社，1983年）
「カントとシェーラー――『超越論的方法と心理学的方法』に即して」（石塚経雄博士古稀記念論文集・渡辺安夫編『哲学と教育の根底』所収。理想社，1983年）

**分担執筆著書**
小倉志祥編『西洋哲学史』（以文社，1979年）
大島康正編『倫理学の歩み』（有信堂高文社，1982年）
そのほか。

増訂版　カント研究――批判哲学の倫理学的構図
Studies on the Critical Philosophy of Kant

1985年5月 1日　初版第1刷発行
2020年2月20日　新装第2版第1刷発行
2024年9月20日　増訂版第1刷発行

著　者　鈴木文孝
発行者　前瀬宗祐
発行所　以　文　社

〒101-0051 東京都千代田区神田神保町2-12
TEL 03-6272-6536　FAX 03-6272-6538　http://www.ibunsha.co.jp/
印刷・製本：中央精版印刷

ISBN978-4-7531-0391-1

# 人 名 索 引

## マ行



## ヤ行



## ラ行



## ワ行

# 事 項 索 引

## さ行

（付記）書名は原則として1770年までのカントの著作に限って示してある。

# 参 考 文 献

G. F. W. Hegel: *Glauben und Wissen,* 1802.

H. Cohen: *Kants Begründung der Ethik,* 1877, ²1910.

F. Paulsen: *Immanuel Kant,* 1898, ⁷1924.

A. Schweitzer: *Die Religionsphilosophie Kants von der Kritik der reinen Vernunft bis zur Religion innerhalb der Grenzen der bloßen Vernunft,* 1899.

M. Scheler: *Die transzendentale und die psychologische Methode Eine grundsätzliche Erörterung zur philosophischen Methodik,* 1900, ²1922.

W. Windelband: *Über Willensfreiheit,* 1904.

B. Bauch: *Luther und Kant,* in *Kantstudien* Bd. 9, 1904. Neudruck 1963.

E. Troeltsch: *Das Historische in Kants Religionsphilosophie,* in *Kantstudien* Bd. 9, 1904. Neudruck 1963.

M. Scheler: *Der Formalismus in der Ethik und die materiale Wertethik,* 1913–16.

R. Kroner: *Kants Weltanschauung,* 1914.

E. Cassirer: *Kants Leben und Lehre,* 1918, ²1921.

E. Adickes: *Kant und das Ding an sich,* 1924.

E. Adickes: *Kant als Naturforscher,* 2 Bde., 1924–25.

M. Heidegger: *Kant und das Problem der Metaphysik,* 1929.

H. J. Paton: *Kant's Metaphysic of Experience,* 2 vols., 1936.

L. Goldmann: *Mensch, Gemeinschaft und Welt in der Philosophie Immanuel Kants,* 1945.

H. J. Paton: *The Categorical Imperative,* 1947, ⁷1970.

*Immanuel Kant Groundwork of the Metaphysic of Morals* Translated and analysed by H. J. Paton (Harper Torchbooks), 1964. (本書の原題は *The Moral Law* で，初版は1948年に刊行された。)

参考文献


G. Martin: *Immanuel Kant Ontologie und Wissenschaftstheorie*, 1951.

H. Heimsoeth: *Studien zur Philosophie Immanuel Kants*, I (1956, ²1971), II (1970).

K. Jaspers: *Die großen Philosophen* I, 1957.

L. W. Beck: *A Commentary on Kant's Critique of Practical Reason*, 1960, ³1963.

H. Heimsoeth: *Transzendentale Dialektik Ein Kommentar zu Kants Kritik der reinen Vernunft*, 4 Bde., 1966-71.

G. Prauss: *Kant und das Problem der Dinge an sich*, 1974.

和辻哲郎『人格と人類性』, 1938.

金子武蔵『近代ヒューマニズムと倫理』, 1950.

金子武蔵『カント純粋理性批判』, 1957.（『カントの純粋理性批判』に所収。1974）

小牧　治『社会と倫理――カント倫理思想の社会史的考察――』, 1959.

矢島羊吉『カントの自由の概念』, 1965.

岩崎武雄『カント「純粋理性批判」の研究』, 1965.

小倉貞秀『カント倫理学研究――人格性概念を中心として――』, 1965.

小倉志祥『カントの倫理思想』, 1972.

坂部　恵『理性の不安　カント哲学の生成と構造』, 1976.

加藤新平『法哲学概論』, 1976.

浜田義文『カント倫理学の成立　イギリス道徳哲学及びルソー思想との関係』, 1981.


＊以上の参考文献の中には本書の基になっている諸論文の執筆に際して直接に参考にしたものの他，本書の原稿をまとめる過程で論旨の正当さを吟味するために参考にしたものも含まれている。邦訳のある諸文献については，邦訳をも参考にさせていただいた。

＊デカルト，ライプニッツ，カントの著作の邦訳書としては，特に，岩波文庫版の諸巻，理想社版「カント全集」（高坂正顕，金子武蔵監修，原佑編集）の諸巻，中央公論社「世界の名著」32 野田又夫編『カント』を，参考文献として使用させていただいた。カントの著作の英訳書としては，特に，ハーパー・トーチブックス版の諸巻を，参考文献として使用させていただいた。また，ライプニッツ，カントのラテン語の著作の独訳書としては，フィロゾーフィッシェ・ビブリオテーク版の諸巻を，参考文献として使用させていただいた。

＊『西洋近代哲学とその形成』を含めて，退隠後にまとめたカント哲学に関する論著の執筆に際して使用したカントのテクストについては，本書338頁に掲記した。同所に記載した「アカデミー・テクスト版カント著作集」（*Kants Werke Akademie Textausgabe*）に収録されているカントの著作については，私は購入時以来，著書・論文の執筆に際して，座右のテクストとして恩恵に与ってきた。

# 補　　遺

＊古希を迎えて以降、私は自分なりの哲学的思索の軌跡を辿ろうと思って、余暇を自著の精読に充ててきた。随伴的に、自著の補訂についての覚え書き（notes）が出来上がった。以下に、それらの覚え書きを記載する。

＊本書の結び「場の倫理学」において、私は電磁場・重力場の概念の導入によって《古典物理学》から《場の物理学》へのパラダイムシフトが生起したことを述べ、我々は「場の物理学」のパラダイムに倣って《場の倫理学》を考えねばならないのではなかろうかということを述べたが、結び「場の倫理学」を執筆した時点においては、私はまだ「パラダイム」・「パラダイムシフト」という用語に習熟していなかったので、同所においてはこれらの用語を用いていない。私がそれらの用語に習熟するに至ったのは。旧著『カントとともに』において「コペルニクスの地動説（太陽中心説）」（同書第３篇第１章第４節の標題）について論述する際、トーマス・クーン著、中山茂訳『科学革命の構造』（みすず書房、1971 年）を精読することによってである。私が原書 Thomas S. Kuhn, *The Structure of Scientific Revolutions*, 4th edition, With an Introductory Essay by Ian Hacking, (Chicago and London: The University of Chicago Press, 2012) を購入したのは、そののちであった。後年の著書『カント研究の締めくくり』において、私はトーマス・クーンのパラダイム概念について解説し（同書、第５章「「パラダイム」をめぐって」）、「場の倫理学」のパラダイムについて解説した（同書、第６章「現代物理学に学んで」）。その間、南部陽一郎博士のノーベル賞受賞（2008 年）を機に、南部陽一郎著『素粒子論の発展』（岩波書店）が江沢洋博士編で刊行されて、私は同書によって現代の素粒子物理学におけるパラダイム／パラダイムシフトに関して自分なりに知見を深めることができた。初版『カント研究』の結びで提唱した「場の倫理学」の理念に関連しての、物理学のパラダイについての解説を兼ねて、『カント研究の締めくくり』に、以下のように追補を施したいと思う。

＊『カント研究の締めくくり』（初版・増補版）第５章の章末に次の〈 〉内を追記する。〈〔付記〕パラダイムの概念について、私はトーマス・クーン『科学革命の構造』に学ぶとともに、特に素粒子物理学におけるパラダイムに関して、南部陽一郎著、江沢洋編『素粒子論の発展』（岩波書店。2009 年）所収の、第 18 回ソルヴェイ会議（1982 年）での南部博士の Concluding Remarks：「素粒子物理学、その現状と展望」（中川寿夫・牲

川章訳。同書、292-330 ページ。以下、南部陽一郎著、江沢洋編、同上書から引用する際、同書で使用されている読点の「,」を、本書の表記法に合わせて「、」に改めて引用する）——同論考の「1．素粒子物理学におけるパラダイム」の導入部で南部博士は、クーン『科学革命の構造』に即しての標準的な「パラダイム」の定義を提示しておられる（同上書、293 ページ）——を始め、同書所収の南部博士の論考「三つの段階、三つのモード、そしてその彼方」（編者訳。同書、60-77 ページ）および「素粒子物理学の方向」（編者訳。同書、144-153 ページ）に学んでいる。〉

＊『カント研究の締めくくり』（初版・増補版）61-62 頁の「カント倫理学は、その基本的構図において、ニュートン物理学の力学的世界観の思考法に対応している」という記述について、同書第 6 章の章末に次の〈 〉内を追記する。〈**＊古典物理学とカント倫理学のパラダイム** カントの法則倫理学は、その思惟様式・パラダイムにおいて、古典物理学の図式（範型）に対応している。『人倫の形而上学』において、カントは言う。「道徳的（叡知的）世界においては、物理的世界から類推して、理性的存在者の（地上での）結合は、引力と斥力によって実現される。相互愛の原理によって彼らは不断に相互に接近するよう指示され、彼らが当然相互に払うべき尊敬の原理によって、相互に距離を保つよう指示される」（VI449）。カントはここで「道徳的世界」を「物理的世界」になぞらえ、前者の構造を後者の構造から類推している。「道徳的世界」に働いている愛・尊敬は、「感情（審美的〔なもの〕）」としての愛・尊敬ではなくて、対他的格率としての愛・尊敬である（VI449f.）。引力や斥力にその作用の法則があるように、格率としての愛・尊敬にはその規範法則がある。それは道徳法則に外ならない。〉

＊『カントの批判哲学と自我論』9 ページ 8-13 行目、『カントに学ぶ自我の哲学』11 ページ 8-13 行目の、「〔……〕デカルトは，方法論的懐疑を遂行する営為の極限で発見された，唯一の絶対的に懐疑不可能な明証的事態を，「我在り，我存在す」という公式に定式化した。周知のように，デカルトはこの公式を，「全地球を場所的に移動させるために」アルキメデスによって探求された「確固不動の一点」になぞらえている（所雄章訳『省察』。『増補版 デカルト著作集』（全 4 巻。白水社，2001 年）**2**, 37 ページ。AT VII, 24)」という記述に関して付言すれば、「第二省察」においてデカルトが右の公式を、アルキメデスがそれを支点にすれば梃子《てこ》で「全地球を場所的に移動させる」ことも可能であると考えたところの「確固不動の一点」になぞらえていることの宇宙体系論上の意義に、私は関心を持っている。アルキメデスは、彼とほぼ同時代の先学サモスのアリスタルコスの地動説（太陽中心説）に通暁していた。「第二省察」の執筆に際して、デカルトはそのことをも念頭に置いていたはずである。「第二省察」の当該箇所については、旧著『倫理の探究』第 1 章「デカルトからカントへ」、第 1 節「デ

カルトの形而上学」の「１．方法的懐疑」において考察したことがある。同所において、私はデカルトの自我命題の実存哲学的側面に論及した。本書、316ページの、「デカルトの「第二省察」をその論述のとおりに理解するならば、デカルトの「我在り。我存在す」という命題は、実存的・実存哲学的命題である」という私の所見は、その時にまとまったものである。

＊『カントの批判哲学と自我論』31ページ19行目～32ページ4行目、『カントに学ぶ自我の哲学』33ページ19行目～34ページ4行目の、末尾に(A346f./B404f.)と付記されている段落、『カントの批判哲学と自我論』131ページ25行目～132ページ14行目、『カントに学ぶ自我の哲学』129ページ23行目～130ページ12行目の、末尾に[(A346f./B404f.)]と付記されている段落（いずれも『純粋理性批判』からの引用文）において、カントは、他我／思惟する存在者一般は私自身の自己意識の移し置き／転移 Übertragung）によってのみ表象されることを述べている。カントが《他我》の基礎づけの問題を意識していたことを表す記述である。併せて、本書105ページを参看されたい。

＊『カントの批判哲学と自我論』204ページ6-7行目、『文化の中の哲学をたずねて』242ページ18-19行目の〔ローマ字＋算用数字〕の箇所について、同箇所は南部陽一郎著、江沢洋編『素粒子論の発展』59ページの「文献」欄からの引用文中の記載事項であるので句読記号・活字書体を同書の表記に合わせることとして、桜井純（Jun John Sakurai）博士の論文 “Theory of strong interactions” の著者名の箇所の〈J. J. Sakurai,〉（句読記号：コンマ）を〈J. J. Sakurai :〉（句読記号：コロン）に改め、同論文が収録されている *Annals of Physics* の巻号を表す数字〈11〉（ローマン体）を〈**11**〉（ゴチック体）に改める。（同上箇所の、他の算用数字については、ローマン体のままとする。）

＊ *Annals of Physics,* **11**(1960) の巻頭に収録されている、桜井純博士の上記の論文 “Theory of strong interactions” は、同博士の最も主要な研究業績の一つに算えられる卓越した論文である。そのことに鑑みて、『カントの批判哲学と自我論』220ページ21行目に次の〈〉内を追記する。〈＊南部陽一郎著, 江沢洋編『素粒子論の発展』所収の追想記「桜井純のこと」（編者訳。同書，442-443ページ）において南部博士は，桜井純博士の論文 “Theory of Strong Interactions” について, 現在の素粒子物理学におけるゲージ理論（非可換ゲージ場を組み入れたゲージ理論）・標準モデル（標準理論）を先駆したその学術的意義を強調しておられる。〉――「場の倫理学」の構築を模索してきたこともあって、私は七十代半ば過ぎ、素粒子物理学における標準理論のパラダイムに即して「場の物理学」の理念を把握することを思い立って、標準理論の完成に至る素粒子物理学の発展について自学自習してきた。ここ数年は、専ら桜井純博士の原著論文 “Theory

of Strong Interactions” に親しんでいる。

＊〔追記〕自著の修訂

『カントとともに』viiiページ4行目の〈日乗〉を──康熙字典体を用いて──〈日乘〉に改める。『カントに学ぶ自我の哲学』115ページ4行目の〈the fact〉を──接続詞thatを追加して──〈the fact that〉に改める。『カントに学ぶ自我の哲学』219ページ18行目の二重引用符の箇所（『……』）を〈前者〉に改め、同上ページ19行目の二重引用符の箇所を〈後者〉に改める。